So war's

Marianne und Norbert Nienhaus

Das war mein Leben

Erinnerungen und Gedanken

Fürstenfeldbruck, den 29. April 1993

Wir haben mit großem Aufwand und präziser Sorgfalt, monatelang in Tagebüchern, Aufzeichnungen, im Wehrpass, in militärischen Unterlagen, in Land- und Staßenkarten, Literatur und Internet, nach bestem Wissen und Gewissen recherchiert. Dennoch können wir für die Richtigkeit und Vollständigkeit der Texte nicht garantieren. Zum Schutz aller aufgeführten Personen, Namen, Daten und Örtlichkeiten, dürfen Veröffentlichungen und Vervielfältigungen nur mit unserer schriftlichen Erlaubnis angefertigt werden.

Die Autoren

Marianne und Norbert Nienhaus

Taufkirchen, im Juli 2016

Vorwort

Vater schenkte mir zum 50. Geburtstag auf meinen lange geäußerten Wunsch, seine Aufzeichnungen über sein Leben vor meiner Geburt.

Nach seinem Tod brauchte ich sehr lange bis ich diese Erinnerungen an ihn verarbeiten und mit Hilfe von Norbert zu einem Buch umsetzen konnte.

Ein besonderer Dank gilt allen, die Vater in seinen letzten Lebensjahren liebevoll umsorgt haben.

Marianne

Mein Vater, Heinrich Gerritsen, geboren im 1.Weltkrieg, wurde als Kleinkind lungenkrank und war dadurch in der Kindheit immer kränklich. Die Missionsschule musste er deshalb abbrechen. Jene Kinder aus dem Ruhrgebiet wurden ab 1922 von der Caritas zur Erholung in den Ferien nach Bayern auf einen Bauernhof geschickt. Nach der kaufmännischen Ausbildung in München musste er zum Reichsarbeitsdienst und anschließend als Soldat in den 2. Weltkrieg. Diesen überlebte er als Kraftfahrer eines Militär-Gerätewagens nach Granateneinschlägen zweimal. Als der Krieg zu Ende war, kam er in französische Gefangenschaft, überstand eine schwere Krankheit und konnte nach 20 Monaten heimkehren nach München und Oberhausen/Rheinland.

Er heiratete Pfingsten 1950 meine Mutter Elisabeth, Jahrgang 1925, und wurde Familienvater von drei Mädchen und einem Sohn. Mutter starb 1984 und Vater starb 2003.

Marianne und Norbert Nienhaus, "So war's"
©2016 der vorliegenden Ausgabe: Verlagshaus-tredition
©2016 Marianne und Norbert Nienhaus
Alle Rechte vorbehalten
Satz: tredition-Verlag
Umschlagsgestaltung: tredition/Marianne und Norbert Nienhaus
Umschlagfoto: Privatbesitz/Marianne Nienhaus
Alle verwendeten Fotos in dieser Ausgabe:
Privatbesitz von Marianne Nienhaus
2. Auflage/Neuauflage

ISBN 978-3-7345-7243-2   Paperback
ISBN 978-3-7345-7244-9   Hardcover
ISBN 978-3-7345-7245-6   e-Book

Inhalt

Erstes Kapitel: Kindheit und Jugend

Es war ein Sonntag, 1. Oktober 1916. Morgens 7 Uhr erblickte ich das Licht der Welt in Oberhausen/Rheinland, Belemestraße. Es war die Mitte des ersten Weltkrieges. Mein Vater war Soldat an der französischen Front in Flandern (Frankreich). Die Ernährungslage in der Heimat war sehr schlecht. Durch Beziehung hatte die Mutter Zwetschgen ergattert, auch etwas Mehl und Hefe. Also wurde Samstagnachmittag Zwetschgenkuchen gebacken für den Sonntag. Leider hatte meine gute Mutter am nächsten Tag nichts von diesem guten Kuchen, sondern nur die freundlichen Nachbarn, Familie Fassbach und Familie Meier. Familie Meier wohnte neben uns, Familie Fassbach unter uns. Meine über alles geliebte Oma (Mutter von meinem Vater) kam rechtzeitig mit einer Hebamme und sie brachten mich ohne Schwierigkeiten zur Welt (so hörte ich später und habe es mir gemerkt). Unter uns wohnte noch eine Frau mit ihrer Tochter. Die Tochter war berufstätig und sorgte nebenbei für ihre kranke Mutter, keiner wusste, dass ihre Mutter lungenkrank war.

Nach der Mutterschaftszeit musste meine Mutter wieder drei Stunden in der Rüstungsindustrie arbeiten, damit sie neben dem Geld auch die Lebensmittelmarken bekam. In dieser Zeit brachte man mich immer zu dieser kranken Frau, weil meine Oma auch immer halbtags arbeiten musste. Meine gute Oma war zweimal verheiratet, der erste Mann, mein Großvater Henri Gerritsen, war ein Holländer. Da im

Ruhrgebiet weitere Zechen aufgemacht wurden um noch mehr Kohle fördern zu können, wurden im Ausland Arbeiter angeheuert – und so kam mein Opa ins Ruhrgebiet. Bei dieser Grube, wo mein Opa Arbeit fand, war meine Oma im Büro beschäftigt. Beim "An- und Abtippen" (Anwesenheitskontrolle) der Bergarbeiter lernte meine Oma diesen Holländer kennen – und sie heirateten sehr bald, weil meine Oma eine sehr strenge und geizige Mutter hatte (ihre Schwester, Tante Anna Herrschaft, erzählte mir dies). Oma heiratete im Elternhaus – 2. Stock. Im Erdgeschoss war ein großes Textilgeschäft mit Obst- und Gemüseabteilung, das ihre Eltern besaßen und auch führten. Ihre Mutter war eine tüchtige, aber geizige Geschäftsfrau.

Oma bekam nun Kinder: Onkel Bernhard, Onkel Jakob, mein Vater Josef, Onkel Johann und Onkel Gerd. Dann bekam sie noch ein Zwillingspärchen, das aber nach ein paar Tagen starb. Es starb aber leider auch schnell mein Opa, ihr Mann Henri Geritsen. Oma musste deshalb abends noch eine Putzstelle annehmen, um ihren Eltern die Miete zahlen zu können. Da lernte sie einen netten Herrn kennen – den Herrn Peters. Eines Monats konnte die Oma die Miete nicht ganz bezahlen und bat ihre Mutter um Geduld und Aufschub für die "50 Pfennig". Die Antwort: "Keinen Monat – in drei Tagen verlange ich das Geld, sonst wird deine Wohnung geräumt." Als sie nach drei Tagen das Geld nicht hatte, kamen Leute und trugen ihre Möbel auf die Straße. Oma weinte sehr, da kam – welch ein Wunder – der Bekannte Peters vorbei, sah dies und fragte die Kinder, warum sie ausziehen und wohin? Sie weinten und riefen: "Wir werden rausgeschmissen, weil Mama den Rest der Miete nicht zahlen kann." Sofort ging er in den Laden und bezahlte die Miete: 50 Pfennig, ließ sich eine Quittung geben und trug alles wieder in die Wohnung. Drei Monate später heiratete Oma diesen guten Mann. Dies ging sehr schnell. Mit der Todesbescheinigung des ersten Mannes ging es zum Standesamt, anschließend in die Johanneskirche. Ein älterer Dechant traute sie. Die zwei Ministranten durften ihre Gewänder nicht anziehen, weil das Brautpaar nichts zahlen konnte (ein damals trauriger Zustand der Kirche – auch bei Beerdigungen eines Armen durften die Ministranten dies nicht anziehen, nur das Kreuz durften sie tragen). Gleich nach dem 1. Weltkrieg wurde dies geändert! – Gott sei Dank!

Der neue Gatte war von den Schwiegereltern nicht begeistert und mietete in der Schlatstraße ein Familienhaus mit einem Garten. Die Freude war riesengroß. Oma bekam bald wieder Kinder: Onkel August; Tante Anna; Tante Jette/Henriette; dann noch zwei Kinder, die bald nach der Geburt starben; dann Onkel Heinrich (mein Patenonkel). Bei all diesen großen Schwierigkeiten hat meine gute Oma den Glauben nicht verloren. Große Traurigkeit kam für sie, als kurz vor dem Krieg auch ihr zweiter Mann – Opa Peters – plötzlich starb.

Sieben Söhne mussten in den Krieg. Der älteste Sohn vermisst, der zweite Sohn, mein Vater – schwer verwundet, ebenso Onkel Gerd.

Nicht nur meine Mutter musste arbeiten, auch meine Oma (als Witwe mit dem jüngsten Sohn in die Belemestraße gezogen). Die kranke Frau unter unserer Wohnung steckte mich nach einem Jahr durch ihre Krankheit an. Der Arzt stellte bei mir eine "Lungenentzündung" fest. Die alte Frau kam ins Krankenhaus, dort stellte man bei ihr "Lungentuberkulose" fest. Sofort musste ich auch ins Krankenhaus und man stellte dann dies auch bei mir fest. Die alte Frau starb bald. Mich konnte meine Mutter holen und daheim pflegen. Da brauchte sie nicht mehr in die

Arbeit gehen, bekam vom Staat eine kleine Rente – da mein Vater noch im Krieg war. Durch die Krankheit lernte ich erst mit vier Jahren das Laufen. Sprechen konnte ich aber vorher schon (hatte mit der Krankheit nichts zu tun). Oma kam fast jeden Tag. Die andere Oma (Mutter von meiner Mutter) kam nur einmal im Monat, sie hatte schlimme Füße, konnte kaum gehen, man musste eine halbe- bis dreiviertel Stunde gehen bis zu ihrer Wohnung. Vater und ein Bewohner im Haus, mussten ihr immer helfen beim Treppensteigen, deshalb konnte sie nicht mit dem Bus oder der Straßenbahn fahren. Sie hatte acht Kinder, alle verheiratet, nur ein Sohn war bei ihr (er war geschieden von seiner Frau und wohnte wieder bei meiner Oma) und konnte ihr in der Krankheit helfen. Er war auch nicht ganz gesund, darum war er Gelegenheitsarbeiter – war damals für kränkliche Leute üblich, Folgen des Krieges.

Als Vater wieder einigermaßen gesund war, fing er gleich wieder als Kohlenhauer in der Zeche an. Sein Bruder Johann war Steinhauer. Steinhauer verdienten mehr als Kohlenhauer, sie bekamen auch eine Woche mehr Urlaub, ebenso konnten sie schon mit 50 Jahren in Rente gehen, der Kohlenhauer mit 55 Jahren. Viele Steinhauer bekamen durch ihre Arbeit eine "Steinstaublunge", deshalb wurden sie nicht alt. Mein Onkel starb mit 61 Jahren. Ein paar Tage vor seinem Tod war ich mit meinem Vater bei ihm. Er saß im Bett und schnappte nach Luft. Seine Frau, Tante Änne, führte immer wieder einen Schlauch an seinen Mund (Sauerstoff), da ging es mit dem Atmen besser und er konnte mit meinem Vater etwas reden. Wir blieben nicht lange, es war zu traurig, dies sehen zu müssen ohne helfen zu können.

Mein Vater hatte einen guten Kumpel, der immer gut aufgelegt war und gerne lustige Streiche machte. Auch mein

Vater machte gerne mit. Neben unserem Haus hatte ein Kohlenhändler sein Holz- und Kohlenlager, dabei auch eine kleine Unterkunft, ein Steinhaus mit nur einem Raum, mit einer Tür, links und rechts ein Fenster. In der Mitte des Daches ragte ein Kamin raus, vom Ofen, der mitten im Raum stand, davor ein kleiner Tisch mit zwei Stühlen. Auf dem Tisch waren ein kleines Schränkchen mit Papieren und eine Geldkassette. Eines Abends, als der Kohlenhändler schon heimgegangen war, schlich mein Vater mit seinem Kumpel und einer Leiter an dieses Häuschen. Sie stiegen aufs flache Dach zum Kamin, legten ein Blech mit einem Stein darauf und verschwanden leise wieder. Man konnte sie kaum sehen, denn es war schon dunkel im Spätherbst. Am nächsten Tag war der Kumpel schon sehr früh da, beide hatten Urlaub. Wir schauten gespannt hinter geschlossenen Fenstern nach dem Häuschen. Kurz vor 8 Uhr kam der Kohlenhändler, schloß die Tür auf, ging hinein und machte die Tür zu. Nach geraumer Zeit gingen die zwei Fenster auf, die Tür auf, und heraus stürmte der Kohlenhändler, gefolgt von einer riesigen Rauchwolke. Nach langer Zeit, als kein Rauch mehr kam, ging er wieder rein, schloss die Türe und Fenster. Kurz danach wieder das gleiche Geschehen. Der Mann setzte sich auf einen Stuhl, fuchtelte mit den Armen und schaute in alle Richtungen. Da kam ein junger Mann, holte eine Leiter und stieg aufs Dach, nahm vom Kamin das Blech und den Stein runter und zeigte dies dem Händler. Der schlug die Hände überm Kopf zusammen, schaute nach allen Häusern, dann schüttelte er dem jungen Mann die Hand (er bedankte sich also für die "Rettung").

Die Wohngemeinschaft in unserem Haus war sehr gut, nur der Hausbesitzer, Herr Senkers, war ein eingebildeter Beamter der Stadtverwaltung. Er hatte drei Kinder, einen Sohn und zwei Töchter. Die jüngste Tochter mochte uns

Kinder sehr gerne. Wenn ihre Eltern in Urlaub waren (was bei den Bergarbeitern ein Fremdwort war), dann durften wir Kinder in ihrem Garten spielen. Sie bewirtete uns in der Laube mit Kakao und Kuchen, wir durften aber nie ihren Eltern etwas davon sagen. Sie konnte sich natürlich auf uns verlassen. Sobald ihre Eltern zurück waren, war nur die Straße unser Spielplatz, der Grillopark war etwas zu weit für uns entfernt, um alleine hinzugehen. Oma ist manchmal mit uns hingegangen. Eimal kam sie ganz aufgeregt zu uns: "Mir ist die Wohnungstür zugefallen und der Schlüssel steckt von innen. Heini (mein Patenonkel) kommt erst abends von der Arbeit, aber die Rollläden von meinem Schlafzimmer sind halb hoch und das Fenster offen." Da sagte mein Bruder Jakob: "Da helf ich sofort, wenn das Fenster auf ist", und ging gleich los. Ich hinterher! Jakob war schnell ins Zimmer geklettert, ich wollte auch, hatte aber Pech. Als ich mit beiden Händen den Fensterrahmen fasste, sauste plötzlich der Rollladen runter auf meine Hände. Ich schrie vor Schmerz. Jakob zog gleich den Rollladen wieder hoch und ich stieg von der Fenstermauer runter. Er kam sofort mit dem Haustürschlüssel und führte mich heim, dabei schimpfte er: "Warum mußt du auch überall mitgehen?" Mutter machte kalte Umschläge um meine Hände. Oma freute sich, dass sie den Schlüssel hatte und gab Jakob ein paar Bonbons. Ich bekam auch ein paar, da war der Schmerz bald vergessen.

Als mein Vater in der Zeche die Arbeit aufnahm, stellte er gleich einen Antrag auf eine Zechenwohnung, denn die war bedeutend billiger als eine Privatwohnung. Kurz bevor ich mit sieben Jahren in die Schule kam, bekam er die Zechenwohnung in der Humboldtstrasse 8, Parterre, nicht weit von der katholischen Marktschule. Es gab eine Wohnküche mit Balkon, Schlafzimmer und zwei

11

Kinderzimmer, unseres war getrennt von der Wohnung durch das Teppenhaus. Wir alle waren sehr glücklich darüber.

Damals fing das Schuljahr bei uns immer nach Ostern an, dem Tag nach dem "Weißen Sonntag". Josef und Jakob gingen schon in die Marktschule, als wir noch in der Belemestraße wohnten. Nur Josef kam in den Genuss des kurzen Schulweges, denn Jakob war beim Umzug schon in Zusamaltheim – Schwaben (Regierungsbezirk in Bayern), nicht weit von Augsburg. 1922 wurden in den großen Sommerferien Schulkinder von Familien ab drei Kinder, von der Caritas zur Erholung nach Bayern geschickt, da waren Josef und Jakob dabei. Josef kam zu einem Bauer, dessen Frau keine Kinder bekam. Leider war diese Bäuerin eine geizige und nur auf Arbeit eingestellte Person (Herr und Frau Holand). Da war Josef froh, als die vier Wochen vorbei waren, und es zurück in die Heimat ging. Anders bei Jakob, er kam zu einer Wirtschafterin, Fräulein Kathi Wiedemann. Sie verwaltete den Hof für ihren Neffen Georg Bucher, ein Vollwaise. Sein Vater starb als Soldat in Russland, seine Mutter, eine Schwester von der "Tante" Kathi, starb gleich nach dem Krieg. Der Opa Wiedemann, ehemaliger Mühlen- und Sägewerksbesitzer, hatte sein Anwesen mit Weibern verjubelt, seine Knechte waren auch nicht ehrlich. Seine Frau, eine sehr gute Müllerin, starb aus Gram. Jakob hat den alten Müller noch kennen gelernt, denn er wohnte bei seiner Tochter Kathi und seinem Enkel Georg, nachdem er den Rest seines Besitzes verkauft hatte. Jakob wurde so freundlich aufgenommen, als wenn er zur Familie gehörte. Die Kathi war als gute Frau schon bekannt. Sie bat Jakob bei der Abfahrt: "Komm wieder, du kannst hier in die Schule gehen." Der Oberlehrer Wurm und der Pfarrer Lindner hatten ihr gesagt, dass dies ohne Weiteres geht. Und so geschah es auch. Mutter meldete Jakob bei der Marktschule ab und mich an, und er konnte gleich mit einer Schülerbahnkarte zurückfahren nach Zusamaltheim. Georg Bucher, genannt Schorsch, war zwei Jahre älter als Jakob.

In der neuen Wohnung in der Humboldtstraße 8, hatte ich mit Josef ein Zimmer neben dem Treppenaufgang, mit Blick zum Hof und Garten. Es kam der kalte Winter 1922, da brauchten wir einen Ofen (Kamin war vorhanden). Vater wusste Rat und Hilfe. Gegenüber dem evangelischen Krankenhaus (jetzt steht dort das große Wirtschaftsgebäude des Krankenhauses) standen zwei kleine Einfamilienhäuser mit Garten. Im linken Haus wohnte eine Witwe mit ihrem erwachsenen Sohn. Mein Vater tapezierte ihr die ganze Wohnung: Hausflur; Küche; Wohnzimmer; Schlafzimmer und das Zimmer ihres Sohnes. Mein Vater bekam dafür Geld und einen gut erhaltenen Kachelofen. Mit zwei Kameraden brachte mein Vater auf einem großen Karren den Ofen. Er heizte sehr gut, darüber waren wir froh. In dem strengen Winter hatten wir an einem Morgen Pech. Hinter unserem Bett führte das Wasserrohr nach oben zum 1. und 2. Stock und zur Dachwohnung und zum großen Waschraum fürs ganze Haus (man musste sich ins Heft eintragen, wann man waschen wollte). Dieses Rohr platzte und ein großer Wasserstrahl goss sich über unser Bett. Gut, dass Vater Mittagschicht hatte. Er ging schnell in den Keller und sperrte das Wasser ab. Dann meldete er dies bei der Hausverwaltung. Es kam noch am selben Tag der Handwerker und brachte ein neues Wasserrohr an. Zwei Frauen vom 1. Stock halfen der Mutter beim Aufwischen. Es wurde tüchtig geheizt, damit das Bett bis zum Abend trocken würde. Da es aber noch feucht war, gab uns Mutter zwei Wolldecken. Mutter machte unsere Wohnung in Ordnung.

13

Mitte Januar, an einem Wochenende, fuhr Vater mit Josef und mir nach Duisburg-Ruhrort, dort gingen wir über den zugefrorenen Rhein – ein seltenes Erlebnis.

In Bayern, das heißt in Schwaben-Zusamaltheim, war am Weißen Sonntag, erste Hl. Kommunion von meinem Bruder Jakob. Onkel Jakob (sein Patenonkel – Bruder vom Vater) fuhr zur Kommunionfeier hin. Als Bahnbeamter hatte er ja mehrere Fahrten im Jahr frei. Onkel Jakob fiel dort natürlich mit seinem schwarzen Anzug und Zylinder auf. Mein Bruder Jakob war stolz darüber. Die gute Kathi hatte ihm einen schönen Tag zu seinem Fest gemacht.

Mein erster Besuch im bayerischen Schwabenland

Es war der Monat Juli 1926, ich sollte in den großen Ferien wieder zur Kur fort, vier Wochen wegen meiner geschädigten Lunge. Da meine beiden Brüder Josef und Jakob 1922 mit anderen Schulkindern bei der Kinderlandverschickung ins bayerische Schwaben kamen und mein Bruder Jakob dorthin gleich wieder zurück fuhr (als alle nach den großen Ferien zurückkamen), schrieb Jakob, dass ich doch nach Zusamaltheim kommen soll, statt zur Kur. Mein Vater ging mit mir zum Gesundheitsamt, um mit diesem Brief das Fahrgeld, 24 Reichsmark, für D-Zug, hin- und zurück, zu bekommen. Leider kam er damit schlecht an. Der Arzt sagte: "So schlimm ist ihr Sohn nicht mehr krank, dass ich das Fahrgeld verantworten könnte." Da ging mein Vater aber hoch und warf dem Arzt vor: "Vor vier Wochen sagten sie noch, dass er nochmal zur Kur fort muss wegen Verschlechterung der Gesundheit (ich hatte an Gewicht abgenommen und durfte deshalb nur an drei, statt an sechs Stunden Schulunterricht teilnehmen), und nun ist er auf einmal gesund, weil sie die 24 Reichsmark Fahrgeld nicht verantworten können, obwohl die Kur bedeutend mehr kosten würde." Ich musste weinen, weil ich meinen Vater noch nie so aufgeregt erlebt hatte. Die "Rote Kreuz-Schwester" – Sekretärin des Arztes – nahm mich gleich bei der Hand, versuchte mich zu trösten, führte mich hinaus und sagte: "Warte hier, dein Vater wird bald kommen." Ich erwiderte: "Ich geh zu meiner Oma, die wohnt nicht weit von hier." "Gut", meinte die Schwester, "ich sag es deinem Vater." Weinend lief ich zu meiner Oma, sie wohnte in der Belemestraße – jetzt Gewerkschaftsstraße. Sie und Onkel Heini, er war schon von der Arbeit zurück, trösteten mich, dann warteten wir auf den Vater. Endlich kam er, mir kam es wie eine Ewigkeit vor, so aufgeregt war ich. Doch es soll nur circa 20 Minuten gedauert haben, sagte mir später meine liebe Oma. Vater sagte: "Dem hab ich die Meinung gesagt, allerdings befürchte ich, dass Heinz wohl nicht mehr vom Gesundheitsamt zur Kur fortkommt", was Gott sei Dank nicht eintraf, denn ich kam noch zweimal fort, in den Hunsrück (wo ich schon mal war) und an die Ostsee, Nähe Kiel. Als mein Vater bei einer Tasse Kaffee sich beruhigt hatte, sagte mein Onkel Heini: "Heinerle, du fährst trotzdem. Ich zahle die Fahrt, die Hälfte schenke ich dir, die andere Hälfte können deine Eltern mir in Raten zurückzahlen." Freudestrahlend bedankte ich mich bei ihm, auch mein Vater sagte herzlichen Dank. Ganz glücklich marschierten wir nach Hause, wir wohnten damals in der Humboldtstraße. Vater baute in unserem schönen Garten einen Kaninchenstall und züchtete Kaninchen. Da hatten wir dann öfters einen Sonntagsbraten, besonders an den Feiertagen, Weihnachten, Ostern und Pfingsten.

Ich konnte kaum die Abfahrt nach Bayern erwarten. Da ich außer meinen Sachen auch Geschenke für Jakob und

"Tante" Kathi mitnehmen musste, gaben Onkel Heini und Tante Änne mir ihren Koffer, denn unserer wäre zu klein gewesen. Vater und Mutter brachten mich zum Bahnhof. Vater löste die Rückfahrkarte, dann gingen wir zur Bahnhofsmission. Eine Schwester ging mit mir auf den Bahnsteig; da waren meine Eltern froh, denn da brauchten sie keine Bahnsteigkarte lösen (für zwei Personen wären es 20 Pfennig gewesen – damals viel Geld). Ich verabschiedete mich von Vater und Mutter. Sie umarmte mich und sagte: "Schreib gleich wenn du angekommen bist, eine Postkarte mit Briefmarken habe ich in den Koffer getan. Wirst doch kein Heimweh kriegen, Jakob ist ja da." Vater machte auf der Zeche schon Kurzarbeit. Es wurde nicht mehr soviel Kohle gefördert, weil Kohle aus Kanada eingeführt wurde, sie war trotz des Transports billiger als deutsche. Die Abfahrt des Zuges war nachts um halb 12 Uhr. Fünf Minuten vorher fuhr er ein mit zwei großen D-Loks (Kohlelokomotiven).

Im Zug nahm sich eine Frau der Bahnhofsmission meiner an und führte mich in ein Abteil gleich neben dem Dienstabteil. Meinen Koffer hob sie über mir auf die Ablage und sagte: "Junge, wenn du müde wirst, kannst dich hinlegen, ich schau schon wieder nach." Mir gegenüber saß ein älterer Herr mit einem auffallend dicken Bauch. Über ihm lag ein sehr großer Koffer. "Nun Junge, wo fährst du hin?" "Zu meinem Bruder nach Bayern. Er ist dort auf einem Bauernhof." "So, so – und da verlebst du deine Ferien?" "Ja" gab ich zur Antwort. Ich schaute durchs Fenster. Es tauchten die Lichter der Bahnhöfe auf: Duisburg; Düsseldorf und Köln (langer Aufenthalt). Als Köln vorbei war, stand der Herr auf, nahm mich unter den Armen hoch und setzte mich vor seinen dicken Bauch, aber nicht lange. Kurz vor Bonn kam die Frau wieder nachschauen. Als sie mich auf dem Schoß des Herrn sitzen sah, riss sie die Türe auf und sagte erschrocken: "So war es nicht gemeint", nahm mich und meinen Koffer weg. Der Herr aufgeregt: "Was denken sie? Ich habe dem Jungen nichts getan." Die Frau: "Bis jetzt hoffentlich nichts, aber es hätte später was passieren können." Damit zog sie die Türe zu und führte mich ins Personalabteil. Ein Beamter fragte mich gleich: "Hat der Mann dich am Hintern oder zwischen den Beinen angefasst?" Ich sagte: "Nein, bestimmt nicht, er hat nur meine Beine gestreichelt." Ich schaute wieder zum Fenster raus, obwohl es noch dunkel war, auf den Rhein. Am Ufer sah ich Lichter vorbeiblitzen, es war für mich interessant. Es kam Bonn, Mainz, dann ging es über den Rhein nach Frankfurt. Hier war wieder langer Aufenthalt – ein Sackbahnhof. Nicht nur die Loks wurden gewechselt, auch der Zugführer. Der neue war auch sehr freundlich und gab mir Kekse, auch die Frau gab mir Süßigkeiten, sodass ich meine Brotzeit nicht rausnehmen brauchte. Ich trank zu den Süßigkeiten Kinderkaffee, Muckefuck sagte man in Oberhausen dazu.

Ab Frankfurt wurde es hell, sodass ich endlich die Landschaft sehen konnte. Es ging ein paar Mal über den Main nach Aschaffenburg, Würzburg, dann nach Nürnberg. Hier war wieder langer Aufenthalt, dann ging es bei schönstem Wetter weiter nach Treuchtlingen. Dort musste ich aussteigen. Die Frau führte mich mit dem Gepäck in die Bahnhofswirtschaft und übergab mich der Wirtin mit der Bitte, dass sie mich um 14 Uhr in den Personenzug nach Augsburg setzen soll. Es war eine sehr freundliche, ältere Wirtin, die zur Antwort gab: "Grüß Gott, freilich wird's gemacht. Komm Burle und setzt dich auf die Eckbank. Ich bring dir Rohrnudeln und Milch, oh mei, bist du blass und mager." Als die Wirtin mir die Sachen brachte, war ich überrascht, ich hatte Suppennudeln erwartet, denn Rohrnudeln kannte ich nicht. Ich betrachtete sie also als Hefekuchen und biss hinein. Erstaunt dachte ich: Hat die beim Backen etwas Zucker vergessen? Die Milch schmeckte mir sehr gut, so ganz anders als im Ruhrgebiet. Nun kamen noch andere Gäste. Manche bestellten ein Paar Würstl mit Semmel. Ich überlegte was Semmel sein könnte, da sah ich dass es "Brötchen" waren. Die Gäste redeten viel, aber ich verstand fast garnichts. Ein Wort merkte ich mir: "Noi," da wollte ich Jakob fragen, was damit gemeint ist. Um 14 Uhr brachte mich die Wirtin zum Zug. Ich bedankte mich beim Abschied. Sie sagte: "Ist schon gut Burle, hoffentlich erholst du dich gut." In Mertingen stieg ich um in den Bummelzug nach Wertingen. Die kleine Lok bimmelte bei jedem Wegübergang, in jedem Dorf hielt der Zug an. Viele junge Leute fuhren mit, doch ich verstand kaum jemanden. Immer wieder hörte ich: "Noi!"

Endlich fuhren wir in Wertingen ein. Jakob kam ins Abteil und holte mich mit dem Koffer ab. Jakob empfing mich mit: "Grüß Gott!" Ich erwiderte: "Guten Tag!" Doch der Gruß: "Grüß Gott", gefiel mir sofort. Dann führte er mich zu einer Pferdekutsche. Als wir aus Wertingen heraus waren, fuhren wir an vielen Kirschbäumen vorbei. Jakob riss mir ein paar Zweige ab, voller Kirschen. Ich war enttäuscht vom Geschmack, denn ich kannte Sauerkirschen nicht, darum aß ich nur ein paar. Ich fragte Jakob, was "Noi" heißt. Er antwortete: "Es heißt nein." Bei uns daheim sagt man "nee." Darüber musste ich lachen, denn ich glaubte, hier in Schwaben verehren sie den Noa aus dem Alten Testament, obwohl er kein Heiliger ist. Jakob trieb das Pferd zum schnelleren Gang an. Es kam das erste Dorf: Rogden. Ziemlich lang schlängelte sich der Weg durch die Ortschaft. Dann ging es wieder etwas bergauf. Oben angekommen, sah man schon die Kirchturmspitze von Zusamaltheim. Auch dort wand sich die Straße mit vielen Biegungen ins Unterdorf, wo Tante Kathi, ihr Neffe Schorsch und die Magd Afra schon auf uns warteten. Vom Haus gegenüber schauten "Tante Marie" und Anni aus dem Fenster und der Haustüre. Schon bald sollte ich diese guten Menschen kennenlernen. Kathi, Tante sollte ich nicht mehr sagen, zeigte mir die Küche, die Stube und das Schlafzimmer. Schorsch führte mich in den Kuhstall. Ich erschrak für einen Moment, denn ich stand noch nie so nah bei einer Kuh. Es waren 5 Milchkühe, 3 Rinder (die noch kein Kalb hatten), gegenüber 5 Kälbchen und eine Box mit einer Muttersau, die in einigen Tagen ihre Jungen bekommen sollte. Jakob brachte die Kutsche wieder ins Oberdorf zu einer Schwester der Kathi (die war reich verheiratet, hatte ein Kolonialwarengeschäft, eine Molkerei und Landwirtschaft). Die Schwester hatte zwei Töchter und zwei Söhne und eine Magd für den Stall. Die Töchter führten das Geschäft, der älteste Sohn die Molkerei und der zweite Sohn besuchte in Dillingen das Gymnasium und hatte dort ein Zimmer gemietet.

Am ersten Abend schickte Kathi mich mit Jakob zu der alten Tante Marie und ihrer Nichte Anni auf die gegenüberliegende Straßenseite, mit einem Kübel Milch und zwei großen Rohrnudeln. Sehr freundlich wurden wir begrüßt – leider verstand ich die alte Tante nicht, umso besser aber ihre Nichte Anni, sie sprach hochdeutsch. Ich verstand sie besser als meinen eigenen Bruder, der schon richtig schwäbelte. Jeden Tag durfte ich zu ihnen, worüber ich sehr glücklich war.

Jeden Sonntag war um 7 Uhr Frühmesse und um 10 Uhr Hauptgottesdienst. In die Frühmesse gingen abwechselnd die Bäuerinen oder die Magd, damit um 10 Uhr jemand auf dem Hof war und das Essen bereiten konnte. Auch gingen in den Dörfern ab 10 Uhr immer zwei Männer durch das Dorf, um nach dem Rechten zu sehen. Nach dem Hauptgottesdienst gab es das Mittagessen. Jeden Sonntag um 14 Uhr war Sonntagsschule. Bei uns in Oberhausen war jeden Sonntag um 14.30 Uhr Christenlehre und Andacht für die Schulkinder. Montags wurde immer vom Kaplan beim Religionsunterricht gefragt, wer gestern in der Kirche war (besonders von angehenden Kommunionkindern wurde erwartet, dass sie in der Christenlehre waren). Kinder der reicheren Eltern waren selten in der Christenlehre. Sie waren sonntags mit den Eltern oft fort und brachten montags ein Entschuldigungsschreiben mit, welches der Kaplan entgegennahm.

Zusamaltheim hatte eine Postagentur, geleitet von einer Frau. Ihr Mann war Baywa-Lagerverwalter. Sie hatten zwei Kinder, einen Buben und ein Madl. Der Bub wurde "Posthansl" gerufen und war so alt wie ich. Wir wurden sehr schnell Freunde. Jeden Tag besuchte er mich. Seine Eltern waren zu mir auch sehr nett. Die Frau tat mir sehr leid, weil sie so oft verweinte Augen hatte. Ich fragte Anni: "Warum hat die Mutter vom Posthansl so oft verweinte Augen?" Sie gab zur Antwort: "Ihr Mann hat oft eine andere Frau. Mit der ist er dann sehr lange im Lager, dies ist überall bekannt. Man hat schon zu seiner Mutter gesagt, sie soll sich scheiden lassen, aber den Kindern zuliebe tut sie es nicht, denn er ist gut zu ihnen. Dies wird der Posthansl auch sagen, dass er den Vater gern hat." Nach acht Tagen sagte Schorsch: "Heinz, Morgen kannst du mit dem Posthansl die Kühe hüten." Da war ich neugierig, wie das geht. Um halb sechs Uhr wurden die Kühe gemolken, danach gab es unser Frühstück, immer um die gleiche Zeit. Als wir fertig waren, war der Posthansl auch schon da, er hatte ja auch

Schulferien. Nun ging es in den Hof. Jeder bekam eine Peitsche oder einen Stecken. Die Magd Afra, Posthansl, Jakob und ich, stellten uns ans Tor. Kathi und Schorsch gingen in den Stall. Zuerst kamen die Kühe raus; sie gingen auf uns zu. Sie wussten also schon, wo es hinausging. Jetzt kamen die drei Rinder, wild sprangen sie umher. Ich bekam es mit der Angst zu tun. Da sagten Jakob und der Posthansl: "Brauchst nur die Geißl (Peitsche) zeigen, dann machen sie kehrt," und so war es auch. Zuletzt sprangen auch die Kälbchen heraus. Nun wurde das lange Tor aufgemacht. Schorsch ging voraus, die Kühe gemächlich hinterher, aber nicht das Jungvieh. Schnell mussten wir uns vor den Zugang der anderen Höfe hinstellen, sonst wären sie hineingesprungen. Es ging ins Pfannental, eine sehr große Wiese, von drei bewaldeten Höhen eingeschlossen, also leicht, die Kühe zu hüten. Posthansl blieb bei mir, die anderen gingen heim. Er holte Reisig aus dem Wald und machte in der Nähe eines Baches Feuer. Ich warf Kartoffeln hinein, die die Kathi mir in einem Beutel mitgegeben hatte. Mittags kam die Afra mit dem Rad und brachte eine Flasche Milch und zwei Rohrnudeln, es schmeckte alles sehr gut. Auch die geschmorten Kartoffeln mit etwas Salz mundeten sehr. Um 17 Uhr kamen Afra und Jakob uns holen. Mit dem Jungvieh dauerte es etwas, bis es im Stall war, so wild sprangen sie im Hof umher. Kathi und Afra melkten gleich die Kühe, und Jakob fuhr die Milch in drei großen Kannen mit einem Handwagen ins Dorf zur Molkerei. Um 19 Uhr gab's Abendessen: Eine Nudelsuppe; Rohrnudeln; Bauernbrot; Butter; Wurst; Käse und Bier für die Erwachsenen. Ich aß noch eine Rohrnudel und trank dazu eine große Tasse Milch. Dann ging ich mit einem Kübel Milch und zwei großen Rohrnudeln hinüber zu Tante Marie und Anni. Sie begrüßten mich sehr freundlich, die zwei

21

guten Menschen, und Anni wollte gleich wissen, wie das Kuhhüten war. Auch die kranke Tante Marie fragte viel, aber ich verstand fast nichts, doch Anni machte gleich die Dolmetscherin. Sie goss schwarzen Tee auf und bot mir auch eine Tasse davon mit Milch und Zucker an. Es schmeckte mir sehr gut, denn so einen Tee hatte ich noch nie getrunken. Anni schnitt für mich eine Rohrnudel auseinander und darauf schmierte sie selbstgemachte Himbeermarmelade. Das mochte ich sehr und ich nahm mir vor, bei Kathi es genauso zu machen, damit schmeckten die leeren Rohrnudeln viel besser.

Nun kam Sonntag, da hieß es: In Wertingen ist Markt. Anni sagte: "Heinz, da musst du mit Jakob hin. Geh mit ihm zum Pfarrer Lindner und bitte ihn, deinen Bruder von der Sonntagsschule zu befreien." Also ging ich mit Jakob am Samstagnachmittag zum Pfarrer und trug unser Anliegen vor. Der Pfarrer und seine Haushälterin empfingen uns sehr freundlich. Er sprach ziemlich hochdeutsch, sodass ich ihn gut verstehen konnte. Er wollte wissen, wie es im verrußten Ruhrgebiet zugeht. Ich erzählte ihm, dass auch bei uns jeden Sonntag für Schulkinder Christenlehre und Andacht sei, was er sehr lobte. Er gab mir eine Mark und meinte zu Jakob hin: "Lass deinen Bruder ein paar Mal mit dem Karussel fahren. Du bist also von der Sonntagsschule befreit." Freudig bedankten wir uns. Sonntag, gleich nach dem Mittagessen, ging es mit der Kutsche, Jakob hatte sie wieder bei der Schwester von Kathi im Oberdorf geholt, nach Wertingen. Ich war neugierig, wie der Markt aussehen wird, denn bei uns im Ruhrgebiet gab es auf dem Markt nur Lebensmittel usw. zu kaufen. Wie überrascht war ich über fast nur Volksbelustigungen, was man zuhause "Kirmes" nannte. Daneben gab es auch Kleinvieh zu kaufen, hauptsächlich Kaninchen; Hühner und Küken. Nachdem ich ein paar Mal Karussel gefahren war und einen Bummel durch die Budenreihen gemacht hatte, ging Jakob mit mir zum Schwanenwirt. Wir tranken Radlermaß und aßen eine große Breze dazu, was mir auch neu war und mir sehr gut schmeckte. Um 7 Uhr abends, zum Stallmisten, mussten wir wieder daheim sein. Weil wir nachmittags nicht da waren, hatte man die Kühe in die abgezäunte Weide beim Garten getrieben. Nach dem Abendessen eilte ich gleich zu Anni und Tante Marie. Ganz begeistert erzählte ich von dem schönen Nachmittag. Ab Montag hütete ich wieder mit dem Posthansl die Kühe, aber nicht mehr im Pfannental, sondern im Gauried, in der Nähe eines großen Bauernhofes. Der Fluss Zusam trennte uns von dem Hof.

Die ganze Woche war heißes Sommerwetter. Es begann die Getreideernte, der Roggen wurde zuerst geschnitten. Ich wollte dies auch gerne miterleben, deshalb wurde das Vieh wieder in die Gartenweide getrieben. Jakob zeigte mir, wie man mehrere Halme auf den Boden legt zum Binden. Dann kam die Magd Afra mit einem Ballen Getreide, legte ihn quer auf die ausgelegten Getreidehalme und band ihn damit zu einer Garbe. Wenn fünf fertig waren, wurden sie aneinander zu einer großen Garbe zum Trocknen aufgestellt. Es sah wunderbar aus, wenn diese großen Garben in einer Reihe auf dem Feld standen, was später in der "Neuzeit" durch die neuerfundenen Erntemaschinen nicht mehr gemacht wurde. Nach ein paar Tagen wurden die Garben heimgefahren. Das Getreide wurde dann im Hof gedroschen. Die Nachbarn, Verwandte von Anni und Tante Marie, droschen vorher etwas Getreide auf der Tenne mit dem Dreschflegel im Dreiertakt, damit sie genügend Halme zum Zusammenbinden des gedroschenen Strohs hatten. Schorsch kaufte fertige Binder, dadurch wurde diese Vorarbeit in Zukunft gespart.

In der letzten Woche meiner Ferien begann die zweite Heuernte. Früh um 4 Uhr fuhren Jakob und Schorsch mit dem Radl, den Sensen und einer Tasche mit Brotzeit und Getränken ins Ried, in der Nähe der Donau, zum Mähen. Dort hatte Schorsch zwei große Wiesen in Pacht. Abends kamen sie sehr müde heim. Am nächsten Tag, wieder früh um 4 Uhr, ging es hinaus, jeder mit großem Rechen und Brotzeit. Sie mußten den ganzen Tag das gemähte Gras immer wieder umdrehen, damit es schnell zu Heu trocknete. Am dritten Tag fuhren wir mit zwei Heuwagen mit je zwei Kühen davor gespannt, Rechen, Brotzeit und Getränken (Limo) ins Ried. Ich durfte mit, denn ich sollte den Kühen beim Aufladen des Heus immer etwas davon geben, damit sie ruhig stehen bleiben, was ich gern machte, denn ich hatte keine Angst mehr vor den Kühen. Es war sehr heiß. Kathi hatte mir einen Strohhut mitgegeben. Als wir von Ferne die Mittagsglocken läuten hörten, wurde eine ausgiebige Brotzeitpause gemacht. Mir schmeckten die Rohrnudeln so gut, als wäre es der beste Kuchen. Nach der Pause wurde aufgeladen. Jakob stieg auf den Wagen, ich blieb vorne bei den Kühen stehen und gab ihnen etwas Heu, damit sie ruhig standen. Das Heu, welches am Morgen noch ein paar Mal gewendet und dann dammförmig zusammengerecht worden war, wurde von Schorsch mit der Heugabel als großer Ballen aufgespießt und auf den Wagen raufgeworfen. Jakob mußte es aufschichten. Es ging sehr schnell. Ich staunte über die Kraft von Schorsch, sein Hemd war nass von Schweiß. Immer höher wuchs die Heuladung. Zuletzt sah ich Jakob kaum noch. Die erste lange Reihe war auf dem Wagen, und ich staunte, dass so viel drauf ging. Nun reichte Schorsch dem Jakob einen langen, hinten und vorne eingekerbten Balken hinauf. Ich hob mit der Heugabel ein Seil rauf und Jakob legte es in den Einschnitt, drückte den

Balken runter. Dann verzurrte er es über den Balken bis nach hinten, wo Schorsch ihm ein 2. Seil zuwarf, das rechts am Wagen befestigt war. Auch das legte Jakob durch die Kerbe. Dann zog Schorsch solange kräftig an dem Seil, gleichzeitig drückte Jakob den Balken nach unten, bis der Balken in der Waagerechten war. Schorsch band das Seil ans linke Ende des Wagens, sodass es wie ein Dreieck aussah. Jakob ließ sich am Seil herunter, und Schorsch fing ihn auf. Nun wurde der Heuwagen zum Ausgang des Feldes gebracht, zu einer Brücke, unter der ein kleiner Bach floss. Schorsch füllte einen Eimer mit Wasser und gab den Kühen zu Saufen. Der Wagen wurde derweil verkeilt, damit die Kühe nicht weiter konnten. Sie bekamen noch etwas Heu, dann wurde der zweite Wagen genaus so beladen. Danach ging die Heimfahrt los, Schorsch mit dem ersten, Jakob und ich mit dem zweiten Wagen. Es begann der heikle Aufstieg mit mehreren Kehren, denn das Zusamtal ist durch einen Bergrücken vom Donautal getrennt. Bei jeder steil ansteigenden Kurve wurden die Räder blockiert, damit sich das Vieh ausruhen konnte. Ich riss von Sträuchern ein paar Zweige ab und vertrieb damit bei den Kühen die "Bremsen" (Insekten), die sich mit Blut voll saugten, was dem Vieh genauso unangenehm war, wie den Menschen. Es wurde spät, bis wir heimkamen. Es waren viele Heutransporte auf dem Weg. Bei manchen Wagen waren Pferde vorgespannt. "Das sind Großbauern," sagte mein Bruder. Daheim bekamen die Kühe noch zu Saufen und etwas Grünfutter. Kathi melkte die vier. Sie gaben wenig Milch, was bei so einer schweren Arbeit immer so ist. Ich bin gleich zu Tante Marie und Anni rüber und habe ihnen von diesem Tag erzählt. Anni zeigte mir etwas Neues: Sie hatte Eichenblätter getrocknet und gepresst, dann mit einer Wurzelbürste vorsichtig das Blattfleisch ausgetupft, sodass nur die Adern blieben. Darauf klebte sie ein Muttergottesbild und schenkte es mir. Ich legte es gleich in meinen Koffer. Leider ist dieses schöne Andenken im 2. Weltkrieg verloren gegangen. Abends sagte Kathi: "Heinz, die Schwester vom Ilg-Wirt fährt Samstag heim nach Schweinfurt. Es ist der selbe Zug, den du nehmen musst. Sie würde dich gerne Samstagfrüh mit dem Taxi zum Bahnhof Wertingen mitnehmen." Taxifahren war etwas nur für reiche Leute. Ich sagte zu, und Kathi schrieb gleich eine Postkarte an meine Eltern mit der Ankunftszeit meines Zuges. Die Wirtsleute kannten mich, weil ich oft abends eine Maß dunkles Bier für Schorsch und Jakob geholt hatte. Der Wirt hatte nicht geheiratet, sondern führte mit zwei ledigen Schwestern die Gaststätte. Nur die Schwester in Schweinfurt hatte eine Familie. Sie kam fast jedes Jahr zur Erntezeit, manchmal mit ihren Kindern, die ich bei meinem zweiten Schwabenbesuch kennen lernte.

Es war ein trauriger Abschied, den ich hatte in diesem Dorf nur nette und liebe Menschen erlebt. Besonders schwer fiel mir der Abschied von Tante Marie und Anni. Ich war aber stolz über meine erste Taxifahrt. Jakob hatte mich mit meinem schweren Koffer und Frühstückstasche zum Wirt gebracht. Bald kam das Taxi, und fort ging es nach Wertingen, 5 Km Sandstraße (heute eine große, ausgebaute Teerstraße). Von Wertingen fuhren wir mit dem Bummelzug nach Mertingen, dort mit dem Personenzug nach Donauwörth, weiter mit dem Schnellzug München-Dortmund, über Schweinfurt, Frankfurt, Köln nach Oberhausen. In Schweinfurt verabschiedete sich die Frau, schenkte mir eine Tafel Schokolade und bat den Zugführer, nach mir zu schauen und mich in Oberhausen aussteigen zu lassen, was er versprach. Nachts um halb 12 Uhr war ich in Oberhausen, Vater holte mich ab. Es gab ein freudiges Wiedersehen mit Mutter, Josef, Trudi und Marianne, die den Schlaf unterbrochen hatte. Mutter freute sich über Mehl, Butter und Äpfel und meine neue Strickweste, was mir Kathi alles geschenkt hatte. "Die Weste fürs Kühhüten," betonte sie beim Abschied.

Montag ging die Schule wieder an. Da sagte unser gutes Fräulein Heinz. "Nun erzählt mal, wo ihr die Ferien verbracht habt." Einer sagte: "Ich war mit meinen Eltern in Österreich." Ein anderer berichtete stolz: "Ich war mit meinen Eltern in der Schweiz." Als ich dran kam, sagte ich auch stolz: "Ich war zum ersten Mal in Bayern." "Auf welchen Berg bist du hinauf gestiegen?" fragten gleich mehrere. "Auf gar keinen, ich war in Bayerisch-Schwaben, da gibt es keine hohen Berge, die sah man nur in weiter Ferne und nur bei ganz klarem Wetter." "Was hast du dann gemacht," wollten sie wissen. "Ich habe Kühe gehütet, bei der Getreideernte und bei der Heuernte geholfen, es war herrlich. Aber verstanden habe ich die Leute so schlecht, nur ein Fräulein in der Nachbarschaft konnte ich sehr gut verstehen, die sprach hochdeutsch, deshalb, wie sie mir erzählte, weil sie viele Jahre in München bei einem Arzt als Kindermädchen gearbeitet hatte." Einer fragte: "Komisch, Bayern ist doch auch Deutschland, warum hast du da niemand verstanden?" Fräulein Heinz erklärte, dass es in Deutschland viele Dialekte gibt, obwohl alle Kinder in der Schule Deutsch lernen, wird im Elternhaus meist Mundart gesprochen (Dialekt also). Das Lernen in der Schule machte mir Freude.

Es kam die schöne Adventzeit. Mutter ging wieder als Verkäuferin ins Spielwarengeschäft "Bär". Unsere Oma (Vaters Mutter) kam für diese Zeit wieder zu uns und führte den Haushalt. Darüber waren wir Kinder sehr froh. An den Advent-Samstagen kam abends Onkel Heini mit seiner

Geige und Onkel Gerd mit seiner Zither, auch Vater spielte mit seiner Zither mit. Waren das immer schöne Abende, jedoch um 21 Uhr hieß es: "Jetzt flott ab ins Bett!" Es wurde aber meistens bis 22 Uhr gespielt. Josef durfte solange noch aufbleiben, er war ja vier Jahre älter als ich und nie ernsthaft krank. Weihnachten wurde von den Eltern immer feierlich gestaltet. Mutter brachte von iher Arbeit Spielsachen für uns mit. Die Christmette war wie alle Jahre, am ersten Weihnachtstag um 4 Uhr morgens. Anschließend blieben wir am Marktplatz eine Zeitlang stehen und hörten uns die Weihnachtslieder an, die vom Kirchturm erklangen – vom Blasorchester der Pfarrei. Daheim hatte Mutter den Weihnachtstisch vorbereitet und die Kerzen wurden am Baum angezündet. Wir mussten erst ein Weihnachtslied singen, wünschten dann jedem ein schönes Fest, tranken Kinderkaffee, dazu Streuselkuchen, dann stürzten wir uns auf die Geschenke. Trudis Puppenstube war frisch tapeziert, in der Puppenküche stand ein neues Schränkchen, im Puppenschlafzimmer hatten die Betten neue Bezüge und eine Bettumrandung. Ich hatte einen Holz-Autozug bekommen. Auf mich wartete am nächsten Nachmittag noch eine ganz große Überraschung: Tante Anna Herrschaft (Schwester von unserer guten Oma) schenkte mir eine Modelleisenbahn zum Aufziehen – elektrische hatte es damals noch nicht gegeben. Ich war ganz weg vor Freude. Die Eisenbahn baute ich auf dem Tisch auf und zog die Feder der Lok immer wieder auf. Ich wollte sie auch auf dem Fußboden fahren lassen, da sagte aber der Vater: "Tu das nicht, denn da drehen sich Fäden und Fuseln um die kleinen Zahnräder und die Lok läuft dann nicht mehr." Nach Hl. Dreikönig begann die Schulzeit wieder, zugleich wurden Stunden eingeführt zur Vorbereitung auf die Erste Hl. Kommunion am Weißen Sonntag.

Frühjahr 1927

Leider wurde es mir in der Schule immer wieder schlecht, deshalb ordnete der Kinderarzt mir einen Krankenhausaufenthalt an. So kam ich gleich nach Palmsonntag ins Elisabeth-Krankenhaus-Oberhausen-Styrum. Zehn Kinder waren im Saal. Die Kinderschwester, eine Ordensfrau, war sehr gut zu allen Kindern und erteilte mir, auf Bitten von unserem Kaplan Pohlmann, Kommunion-Unterricht. Der Kaplan besuchte mich auch ein paar Mal. Eines Morgens kamen, viel früher als sonst, die Putzfrauen mit der Kinderschwester und zwei anderen Schwestern. Die Putzfrauen reinigten den Boden und die Schränkchen sehr sauber, die Schwestern machten die Betten und versorgten die Kinder. Dann gab es das Frühstück: Milch und Weißbrot mit Marmelade. Als alles fertig war und wir brav auf den Betten saßen, da ging die Tür auf und herein kam eine ältere Schwester, in Schwarz, mit schwarzem Schleier (die Krankenschwestern waren ganz in Weiß gekleidet). Sie trug ein Brustkreuz an einer Kette. Unsere Kinderschwester machte einen Knicks vor ihr und küsste ihren Ring an der Hand. Es war die Generaloberin des Ordens. Unsere Schwester führte sie von Bett zu Bett und erklärte ihr die Krankheiten der Kinder. Bei mir sagte sie: "Er ist zur Beobachtung da, er ist ein Kommunionkind, ich gebe ihm jeden Abend eine Stunde Unterricht, weil der Kaplan der Pfarrei zu wenig Zeit hat. Er kann nur zweimal kommen." Die Oberin streichelte über meinen Kopf, wünschte mir alles Gute und eine schöne Kommunionfeier im Kreise meiner Lieben.

Nun kam Ostern, es machte mich traurig, weil ich als Hilfsministrant bei der Osterliturgie nicht dabei sein konnte. Nur die Ministranten durften bei der Hl. Messe dienen, die schon zur Kommunion gegangen waren. Ich bekam viel Besuch im Krankenhaus. Meine Eltern und auch die gute Tante Herrschaft, Schwester meiner Oma, besuchten mich. Meine über alles geliebte Oma konnte nicht kommen, weil sie nicht weit gehen konnte, ließ aber Grüße und gute Besserung bestellen. Sie schenkten mir eine große Dose eingemachte Pfirsiche, ein Hochgenuss für mich, weil ich so etwas ganz selten bekam. Die Kinderschwester teilte die Pfirsiche auf die vier Abende ein, an denen sie mir Kommunion-Unterricht gab. Donnerstagabend kam der Kaplan und betonte: "Komm bloß nicht nüchtern in die Kirche, du musst vorher etwas essen, sag es deiner Mutter!" Die Kinderschwester versprach dem Kaplan, dass sie dies meiner Mutter sagen würde, wenn sie mich am Freitag heim holt – und so geschah es auch.

Man musste früher nüchtern bleiben, wenn man zur Hl. Kommunion gehen wollte. Die Kirche wollte damit betonen, wie hoch diese Speise über der weltlichen steht. Durch die Latein-Sprache in der Kirche war alles geheimnisvoller, mystischer. Man sollte nur an das Geschehen der Hl. Messe denken und das Weltliche mal ganz ausschalten. Heute, nach der Einführung der Muttersprache, nach dem Konzil von Rom und der Handkommunion, ist ein Teil des "Geheimnisvollen" leider verschwunden.

Ostern kam viel Besuch zu mir: Mein Schulkamerad Karl Ahrens; ebenso Fritz van Jarsfeld und Bernhard Sudhoff; auch Lehrerin Fräulein Heinz und Kaplan Pohlmann. Der Kaplan sagte, dass ich nach der Ersten Hl. Kommunion Messdiener werden kann und bei der Hl. Messe dienen darf (in Bayern sagt man Ministrant). Darüber war ich ganz erfreut.

Im Krankenhaus hatte ich vor Ostern noch ein Erlebnis:

Manche Kinder mussten aufstehen, sie konnten sich am Tisch mit Spielsachen beschäftigen. Die Kinderschwester sagte zu mir: "Komm Heinz, ich zeig dir was." Sie führte mich in den Gang gleich links (Männerabteil). Eine Tür stand auf und man hörte eine Stimme. Eine Schwester kniete auf einem Betschemel, der an einem Bett stand und betete aus einem Buch. Im Bett lag ein junger Mann, den Mund geöffnet, die Augen geschlossen, und röchelte. Auf dem Bettschränkchen standen ein Kreuz und zwei brennende Kerzen. Gegenüber, auf der anderen Seite des Bettes standen ein älterer Herr, eine alte und eine junge Frau, dahinter drei Männer, die Patienten des Zimmers. Die zwei Frauen weinten sehr. Das Röcheln des Sterbenden wurde immer leiser, auf einmal hörte es auf. Da stand die betende Schwester auf und breitete ein langes weißes Tuch über den Verstorbenen. Dabei betete sie: "Herr gib ihm die ewige Ruhe". Die Kinderschwester führte mich weg und sagte: "Heinz, nun ist seine Seele bei Gott. Wie dies geschieht, wissen wir nicht. Dieses Leben nach dem Tode bleibt uns allen verborgen, man muss es glauben. Du wirst Sonntag beim Empfang der Ersten Hl. Kommunion auch vor einem Rätsel stehen. Du wirst denken – ach, es schmeckt wie trockenes Brot, wie soll dies zugleich der liebe Heiland sein? – Schau Heinz, da hilft nur der Glaube. Jesus wird mit dir denken, wird dich anhalten, zu den Menschen gut zu sein. Er wird dir Kraft geben zum Weiterleben, er wird dir weiter helfen im späteren Berufsleben. Schau, du hast mir erzählt, dass der Kinderarzt zu deiner Oma gesagt hat: "Er wird das Schulalter nicht erreichen." – Du hast es erreicht und Sonntag gehst du zur Ersten Hl. Kommunion. Der liebe Gott wird weiterhelfen, da brauchst du auf einen

Arzt nicht zu höern. Wenn du mal eine Frage hast, komm nur. Du weißt ja meinen Namen und die Station, komm nur zur Pforte und verlang nach mir. Man wird mich holen, auch wenn keine Besuchszeit ist."

Nur einmal habe ich dieses Angebot angenommen, aber ich werde diese gute Schwester nie vergessen.

Freitagmorgen holte mich Mutter ab. Daheim begrüßten mich freudig die Oma, Tante Herrschaft und meine Geschwister Josef, Trudi und Marianne (Jakob war im Schwabenland, Zusamaltheim). Auch Frau Kobiolka vom 1. Stock kam mit ihrer Tochter und begrüßte mich recht herzlich.

Samstag mussten alle Erstkommunikanten um 10 Uhr in der Kirche sein zur ersten Beichte. Kaplan Pohlmann holte mich gleich in seinen Beichtstuhl. Er sprach mir Mut zu, ich soll fest daran glauben, dass ich ganz gesund werde und Sonntag soll ich bestimmt in der Früh etwas essen. Ich versprach es. Nachmittag um 15 Uhr mussten alle Kinder wieder in der Kirche sein, um für die Feier zu üben. Wir mussten immer zu zweit zum Altar gehen. Der Kaplan gab mir den Schulkamerad Karl Ahrens als Partner. Das war wohl von ihm aus gute Absicht und Berechnung, denn die Mutter von Karl Ahrens hat mir später viel Gutes getan. Mein Kommunionanzug war vom großen Bruder Josef, Mutter hatte ihn vier Jahre aufgehoben. Sie reinigte auch meine Handschuhe und bestrich die Schuhränder mit schwarzer Schuhcreme, dass sie wie neu aussahen. Mutter kaufte mir eine Schirmmütze mit einem Kreuzchen drauf, was damals der Brauch war. Am Weißen Sonntag in der Früh, bekam ich ein Honigbrot und eine Tasse Kakao, um halb neun Uhr trafen wir uns alle auf dem Schulhof. Dort wurden wir vom Pastor mit dem Kirchenchor und Musik feierlich abgeholt. Viele Leute standen am Straßenrand bis zur Herz-Jesu-Kirche. Am Kirchturm hing eine große weiß-gelbe Fahne. Das Glockengeläut kam mir besonders feierlich vor. Unsere Kirche hatte fünf Glocken, andere fast alle nur drei oder vier Glocken. Oma und Tante Herrschaft waren schon rechtzeitig in der Kirche, sonst hätten sie keinen Sitzplatz mehr bekommen. Auch Fräulein Heinz und alle anderen Lehrerinnen und Lehrer waren anwesend. Für unsere gute Lehrerin war es zugleich der Abschied, denn nach den Osterferien hatte sie sich an die alte Styrumer-Schule versetzen lassen, sie lag näher bei ihrer Wohnung. Alle Schüler und ihre Eltern bedauerten es sehr, als Fräulein Heinz nach der Kommunionfeier sich von uns verabschiedete. So eine ideale Lehrkraft habe ich nie mehr erhalten. Fräulein Heinz stand auf dem Standpunkt, dass eine Lehrerin nicht heiraten soll, wenn sie heiratet, dann leidet entweder ihre Familie darunter, oder die Schule, man kann nicht zwei Herren dienen. Von diesem Standpunkt ging sie nicht herunter, und damit hatte sie meiner Meinung nach Recht, denn man hört heute, dass verheiratete Lehrerinnen nicht das leisten, was früher geleistet wurde. Zugleich ist ein Großteil der Jugend nicht mehr so folgsam wie früher.

Gleich zu Anfang der Feier verteilte der Küster (Mesner) die Kommunionkerzen, eine Lehrerin und ein Lehrer halfen ihm dabei. An den Bänken waren dafür Kerzenständer angebracht. Die Kerzen wurden dann gleich angezündet. Nach der Feier wurden sie wieder eingesammelt und in die Sakristei gebracht, für den Marienaltar, wurde uns gesagt. In Bayern wurden die Kommunionkerzen selbst gekauft, sie waren schön verziert mit Modellierwachs. Diese wurden nach der Feier mit nach Hause genommen und bei Gewitter, oder beim Versehgang eines Kranken angezündet. Dieser Brauch hat mir besser gefallen. Nach dem 2.

Weltkrieg wurde es in den Pfarreien im Kölner Bistum auch eingeführt. Nach der Kommunionfeier in der Kirche kam Frau Ahrens zu mir und wünschte alles Gute, ich natürlich ihrem Sohn Karl auch. Dann bat sie meine Eltern, ob sie mich mit zum Fotografen nehmen darf. Meine Eltern sagten gleich zu, und so bekam ich Gelegenheit, zum zweiten Mal mit einem Taxi mitzufahren, denn Karls reicher Vater hatte ein Installationsgeschäft mit vielen Arbeitern. Beim Fotograf mussten wir etwas warten, ich war erstaunt, weil mehrere Kommunionkinder Aufnahmen machen ließen. Zuerst kam Karl alleine dran, dann mit seinen Eltern, dann mit mir. Somit hatte ich es der Frau Ahrens zu verdanken, dass ich ein Kommunionbild bekam. Bei der Heimfahrt wurde ich am Elternhaus entlassen. Natürlich bedankte ich mich vielmals. Frau Ahrens sagte: "In acht Tagen bekommst du das Bild," und so war es auch. In der Wohnung begrüßten mich meine Oma, Tante Maria mit Tochter Grete und Onkel Gerd, Onkel Heini und Tante Änne, Frau und Herr Kobiolka mit Tochter Anni. Sie schenkten mir Geld, zwei Blumensträuße und eine Sammeltasse, gefüllt mit Pralinen, geschmückt mit einer großen gelben Schleife. Geld hatte ich etwas über 20 Mark bekommen, darüber freute sich meine Mutter, denn Vater machte inzwischen auf der Zeche Kurzarbeit (später wurden alle Zechen geschlossen). An diesem Weißen Sonntag hatten wir sehr schönes warmes Wetter, deshalb gingen wir bis zum Mittagessen in unseren Garten. Vater hatte einen Kaninchenstall gebaut, die Kaninchen ließ er nun auf der Wiese laufen. Diese war umzäunt, damit sie unsere schönen Blumen nicht fressen konnten.

Montag nach Weißen Sonntag war um 8 Uhr nochmal Messe für die Kommunionkinder, danach hatten wir schulfrei. Fräulein Heinz war auch in der Kirche und nahm anschließend nochmals von uns allen persönlich Abschied. Wir waren alle sehr traurig, denn sie tat alles für uns Schulkinder. Sie gestaltete zum Beispiel mit ihrer Schwester den letzten Tag vor den Weihnachtsferien wunderbar für uns. Wir mussten vor der Klassentüre etwas warten, in der Zeit bauten sie vor dem Lehrerpult eine Krippe auf und auf jeden Platz kam ein dicker Apfel mit einem Tannenzweig und einer brennenden Kerze. Wir kamen rein und sangen ein Adventslied, dann wurde ein Krippenspiel aufgeführt. Ich habe nie gehört, dass eine Lehrkraft vorher so etwas in unserer Schule gemacht hat. Damit hat sie ein schönes Andenken in die Kinderherzen gesetzt. Eines morgens in der Vorweihnachtszeit, kam Fräulein Heinz mit einem Jungen aus der 8. Klasse, der schleppte einen großen Karton herein und stellte ihn auf den Stuhl. Fräulein Heinz bedankte sich bei ihm, bevor er wieder ging. Sie packte nun Sachen zum Anziehen aus und legte alles auf's Pult. Dann rief sie mehrere Buben auf, die zerschlissene Pullover oder Jacken anhatten. Sie erhielten Ersatz, probierten immer wieder, bis alles richtig passte. Die alten Sachen mussten sie in die Schultasche (Tornister – sagte man damals dazu) verstauen. Am nächsten Morgen brachten die Buben Briefe von ihren Eltern für Fräulein Heinz, worin sie sich bedankten. Auch bei der Kommunionfeier erwähnten viele Eltern diese Wohltat. Fräulein Heinz sagte dazu nur: "Ist schon gut, ist schon gut – ich freue mich, ich freue mich, dass ich helfen konnte." Ja, so war unsere Lehrerin – einmalig! Aber auch unser Pastor Huth war sehr tüchtig, er hatte einen Doktortitel – ließ sich aber nie mit "Herr Doktor" anreden, (wie ich im Schwabenland bei einem Pfarrer erlebt habe), sondern blieb dabei bescheiden, was die Leute ihm hoch anrechneten.

Karls Mutter war sehr christlich. Fast jeden Tag war sie

in der Frühmesse (von 6.15 bis 7 Uhr). Wir Messdiener wurden immer für eine Woche mal um 6.15 Uhr, mal um 7.15 Uhr zur Messe eingeteilt. Wenn Karls Mutter erfuhr, dass ich für 6.15 Uhr eingeteilt war, brachte sie mir immer eine gute Brotzeit mit, sodass ich in dieser Woche von daheim nichts in die Schule mitnehmen brauchte. In der Schule gab es um 10 Uhr (große Pause) eine Schulspeisung, mal eine Flasche Milch, mal eine Flasche Kakao mit Keks. Kinder von reicheren Eltern mussten jede Woche eine Reichsmark dafür bezahlen. Kinder, dessen Vater erwerbslos war, mussten eine Bescheinigung darüber vorweisen, und brauchten nichts zu bezahlen. Es wurden nach und nach alle Zechen im Ruhr- und Saargebiet stillgelegt, weil die Kohle aus Kanada, trotz Transport, billiger war, und so begann die große Arbeitslosigkeit.

Bei uns im Rheinland fing das neue Schuljahr immer nach Weißen Sonntag an. Dienstag um 8 Uhr in der Schule kam der Konrektor, der Rektor war Schulrat geworden, und stellte uns den neuen Lehrer vor. Dieser hieß: Klein-Hülsewisch (sein Bruder hatte ein Möbelgeschäft in der Nohlstraße). Der Lehrer, ein Kriegsversehrter vom 1. Weltkrieg 1914-1918, hatte das rechte Bein verloren. Man lernte sehr viel und gründlich bei ihm, aber er war sehr streng und manchmal ungerecht und brutal im Strafen: Man musste sich bücken, dann zog er die Hose noch stramm und haute mit dem Stecken drei feste Schläge auf den Hintern. Manche schrien auf, manche sagten keinen Ton. Als er meinen Schulbanknachbarn auch mal so schlug, weil dieser auf dem Sitz etwas hin- und herrutschte, Tränen liefen ihm über die Wangen, sagte aber keinen Laut, hasste ich den Lehrer von da an. Ich selbst habe nie von ihm Schläge bekommen, dafür war ich durch meine Krankheit zu ängstlich, um etwas anzustellen. Alle sagten oft: "Hätten wir doch nur noch unsere gute Lehrerin Fräulein Heinz." Manche sagten es so laut, dass der Lehrer es hören musste, er sagte aber dazu kein Wort. Höhepunkt seiner Ungerechtigkeit war folgender Fall: Ein Schulkamerad fehlte jeden 2. Samstag in der Schule, weil er da auf seine zwei Geschwister aufpassen musste. Seine Mutter ging dann arbeiten, denn sein Vater war an den Folgen des Krieges plötzlich gestorben. Sie bezog nur eine kleine Kriegsrente, die hätte aber für drei Kinder nicht gereicht, deshalb ging sie arbeiten. Kindergeld gab es nicht. Als wir noch Fräulein Heinz hatten, gab es für den Schüler kein Problem, denn sie war einverstanden, dass er jeden 2. Samstag fehlte. Das Lernen war für ihn keine Schwierigkeit, denn er war sehr gut. Aber bei dem neuen Lehrer wurde es schlimm. Als er samstags fehlte, bekam er am Montag die Schläge. Er sagte zwar warum er nicht kam und wir bestätigten seinen Grund, doch der Lehrer hörte nicht auf die Entschuldigung. Jeden 2. Montag wure er geschlagen. Nie weinte er deshalb, sondern ertrug es standhaft. Das ging fast ein halbes Jahr so, doch dann fehlte er plötzlich am Dienstag, nachdem er wieder die Schläge bekam. Kurz nach der 9 Uhr Pause ging die Tür auf und herein kam der Junge mit seiner Mutter. Aufgeregt lief sie auf den Lehrer zu und rief: "Sie Scheusal, sie Unverschämter. Der Herrgott hätt' ihnen beide Beine nehmen sollen, dann würden sie nicht so grausam die Kinder strafen, sie Bestie in Menschengestalt!" "Raus," schrie der Lehrer. "Ich geh' schon," rief sie zurück, "aber zum Schulrat, da werden sie noch mehr hören. Komm," sagte sie zu ihrem Sohn und ging mit ihm. Nach circa einer halben Stunde kam ein Bursche von der 8. Klasse und sagte zum Lehrer: "Sie sollen zum Rektor kommen, ich soll solange hier aufpassen." Aufgeregt verließ der den Raum. Nach der großen Pause kam er wieder, mit ihm der Junge ohne seine

Mutter. "Setz dich in die letzte Bank, der Klein soll mit dir tauschen." Klein war der Sohn eines Metzgers. Sie hatten eine Metzgerei in der Marktstraße. Der Junge kam also in die letzte Bank und wurde von dem Lehrer nie mehr angerührt. Ein Vorteil für uns: Der Lehrer haute nicht mehr so wild drauf los, gab mehr Strafarbeit auf. Am nächsten Tag in der großen Pause fragte ich den Jungen: "Warum ist deine Mutter erst jetzt gekommen, nachdem du schon so viel Schläge bekommen hast?" Er gab zur Antwort: "Weil meine Mutter am Montagabend beim Baden die Streifen von den Schlägen gesehen hat. Wir baden sonst immer am Samstag, aber diesmal waren wir fort und kamen erst spät heim. Da sagte meine Mutter: Nur gleich ins Bett, Montagabend wird gebadet. In der Früh' hatte ich ja die Schläge bekommen, da hatte sie abends die Striemen gesehen und gefragt, woher die kommen. Als ich ihr sagte, dass ich immer montags die Schläge bekommen habe, da weinte sie und fragte: "Warum hast du mir dies nicht schon längst gesagt? Morgen gehe ich mit dir in die Schule, das wird sich nie mehr wiederholen." Und so kam es auch. Der Lehrer hat ihn nie mehr geschlagen. Der Kamerad wechselte nach einem Jahr zur Mittelschule.

Da nun die Erste Hl. Kommunion hinter mir lag, war ich froh, dass ich jetzt bei der Hl. Messe ministrieren durfte und nicht nur bei den Andachten. Ende Mai sagte der Kaplan Pohlmann: "Heinz, du fährst Sonntag als Messdiener mit nach Kevelaer bei der Wallfahrt." Überglücklich erzählte ich dies meinen Eltern und meiner Oma. Die Oma meinte: "Das ist ja wunderbar, ich fahre mit und melde mich sofort an im Pfarrhaus." Am letzten Sonntag im Mai war also die Wallfahrt mit dem Zug. Die Fahrt kostete hin und zurück 5 Reichsmark – sehr viel Geld bei der kleinen Kriegsrente meiner Oma, aber Onkel Heini gab ihr die Hälfte dazu. Um 7 Uhr früh war in der Kirche eine kurze Andacht, dann ging es zum Bahnhof. Ich staunte über die große Anzahl der Wallfahrer. Ein sehr langer Zug nahm alle auf, es brauchte niemand stehen. Es wurde bei der Fahrt gesungen und gebetet. Um 10 Uhr ereichten wir Kevelaer. Mit Gesang ging es in die große, wunderbar ausgemalte, gotische Wallfahrtskirche. Nebenan war die Wallfahrtskapelle mit dem Gnadenbild der Gottesmutter und dem Jesuskind, davor viele brennende Kerzen. Nach dem Hochamt in der Basilika brauchten wir Messdiener das Gewand nicht auszuziehen, sondern konnten so mit den Angehörigen zum Essen gehen. Meine Oma ging mit mir und ein paar Bekannten in ein Privathaus zum Essen. Früher räumten für die Wallfahrtszeit viele Familien ihr Wohnzimmer in ein Esszimmer um, stellten auf den Küchenherd drei große Kochtöpfe:1 Topf mit Erbsensuppe 1 Topf mit Bohnensuppe und 1 Topf mit Brühwürstchen, und verkauften 1 Teller Suppe mit Würstchen für 30 Pfennig. Mit je einem Teller voll waren Oma und ich satt. Um 15 Uhr war noch eine Andacht und Weihe der gekauften Andenken, um 16 Uhr Abmarsch zum Bahnhof. Mit dem Segen des Allerheiligsten und "Großer Gott wir loben dich", wurden wir von Pastor Huth verabschiedet.

Ein Jahr danach durfte ich wieder als Messdiener mitfahren zur Wallfahrt, diesmal nach Neviges (von den Kapuzinern verwaltet), meine Oma fuhr wieder mit. Auch da gingen wir in ein Privathaus zum Essen. Ein Andenken kaufte meine Oma nicht, weil das Geld dafür nicht reichte. Ich äußerte auch keinen Wunsch, sonst hätte Oma mir zuliebe doch etwas gekauft.

Begegnung viele Jahre später

(Fürstenfeldbruck, Gedanken am 25.10.1996)

Herbst 1961: Ich war noch nicht lange aus dem Krankenhaus Perlach entlassen, da wurde ich ans Telefon gerufen zu den Nachbarn Familie Kreuzinger, wir hatten kein Telefon. Es war meine ehemalige Lehrerin Fräulein Heinz, ich sollte zu ihr in den Wartesaal im Münchner Hauptbahnhof kommen. Ich fuhr sofort mit der Trambahn dorthin. Fräulein Heinz freute sich über das Wiedersehen und stellte mir ihre Schwester und ihre Nichte vor – eine Klosterfrau, die auf dem Weg nach Indien war, wo sie ein Heim für Waisenkinder übernehmen sollte. Fräulein Heinz sprach auch das Thema "Lehrer Klein-Hülsewisch" (1927) an: "Heinz, trag ihm nichts nach, er ist ein armer Mensch: Sein Sohn fiel gleich am Anfang des Krieges, seine Tochter kam im Bombenhagel um und seine Frau starb kurz vor Ende des Krieges. Er ist jetzt in einem Altersheim und sehr schweigsam. Wenn ich zurückkomme, besuche ich ihn nochmal." Fräulein Heinz gab mir Geld für meine Kinder. Ich bedankte mich und sagte: " Grüße an den Lehrer, wenn er sich an mich noch erinnern sollte." Fräulein Heinz sagte gleich: "Doch, er kann sich erinnern, denn du warst der einzige, der den Unterricht nur drei Stunden besuchen durfte und trotzdem nicht einmal sitzen geblieben ist." "Das habe ich ihnen zu verdanken, Fräulein Heinz," gab ich zur Antwort. "Ist schon gut Heinz, ich habe es ja gerne getan," antwortete sie. Sie hatte mir viele Nachhilfestunden gegeben.

In den großen Sommerferien 1927 erlebten wir eine freudige Überraschung: Unser Bruder Jakob kam von Zusamaltheim zu Besuch. Er schrieb: Aber nur zu Besuch auf drei Wochen. Er kam mit schwerbepacktem Koffer (Mehl, Butter und Obst). Beim Abschied sagt er: "Heinz, du kannst in den Ferien wieder kommen." Darüber waren meine Eltern und ich hocherfreut. Onkel Heini zahlte wieder die halbe Fahrt. Es fuhr erneut ein Nachtzug um 23 Uhr, aber dieses Mal ging es über Mainz, Mannheim, Heidelberg, Stuttgart, Ulm und Augsburg. In Augsburg wurde ich von der Bahnhofsmission empfangen, einer sehr freundlichen Schwester. Ich bekam Milch und Hefegebäck. Nach einer Stunde brachte die Schwester mich zum Personenzug Richtung Donauwörth. Die Schwester betonte immer wieder: "Dieses Mal musst du nur einmal umsteigen, in Mertingen, da steht schon der Bummelzug nach Wertingen." Um 14 Uhr war ich am Ziel. Jakob war schon mit der Kutsche da. Auf der Fahrt nach Zusamaltheim wollte Jakob wieder Zweige mit den Sauerkirschen abreißen, ich sagte aber: "Bitte nicht, ich mag die Sauerkirschen nicht." Er wollte es nicht so richtig glauben und riss für sich ein paar Zweige ab. Auf dem Hof angekommen, wurde ich wieder herzlich empfangen von der Kathi, dem Schorsch und Afra, der Magd. Afras Vater August führte den Chor der Kirchengemeinde. Nachdem ich mich mit Milch und Rohrnudeln gestärkt hatte, ging ich hinüber zu Tante Marie und Anni. Diese guten Menschen freuten sich sehr über das Wiedersehen. Jakob hatte für mich ein Fahrrad besorgt, da konnten wir nun schöne Touren machen: Nach Welden (in der Nähe auf einer Berghöhe war ein Kloster der "Unbeschuhten Karmelitinnen"), nach dem Wallfahrtsort Violau und nach Dillingen a.d. Donau. In Dillingen besuchten wir Michael Niederhofer im Priesterseminar (vom Bistum Augsburg). Auch mit Anni und Frau Sendlinger war ich ein paar Mal dort. In einem Benediktinerkloster, eine Nebenstelle der Abtei St. Ottilien,

41

bekamen wir ein gutes Mittagessen, durch Vermittlung von Michael Niederhofer. In Fristingen kehrten wir, Jakob und sein Schulkamerad Schorsch und ich, einmal in ein Wirtshaus ein. Die Wirtsleute hatten früher einen Bauernhof in Zusamaltheim. Dieser Wechsel wurde später für die Familie ein Unglück, denn die Frau wurde eine Alkoholikerin und starb bald. Der Mann wurde in Zusamaltheim schon gewarnt, den Wechsel nicht zu machen, aber der Frau zuliebe tat er es doch. Jakobs Schulkamerad Schorsch war bei ihnen Knecht und ist auch beim neuen Besitzer Knecht geblieben. Viel zu schnell gingen die vier Wochen in den großen Ferien zu Ende. Jakob brachte mich mit der Kutsche wieder nach Wertingen an die Bahn. In Mertingen ging es mit dem Personenzug nach Augsburg, von dort bald mit dem Anschluss D-Zug nach Oberhausen. Mitternacht kam ich dort an, Vater holte mich ab. Es war ein schönes Wiedersehen, denn Josef, Trudi und Marianne waren deshalb noch nicht ins Bett gegangen. Ich brachte ja auch gute Sachen mit, Mehl, Butter und Obst.

Kurz vor Weihnachten eine traurige Nachricht für unsere Gemeinde: Pastor Huth ist gestorben in Folge einer Krankheit. Er hatte sich im Beichtstuhl angeblich angesteckt. Ich ging sofort in die Kirche, da waren schon ein paar Leute, die sagten zu mir: "Im Elisabeth-Krankenhaus ist er aufgebahrt." Ich lief dorthin, im Vorraum der Kapelle war er aufgebahrt. Er lag in einem Zinksarg, der gerade von einem Dachdeckermeister (sein Sohn ging in meine Klasse) zugelötet wurde. Er sagte zu mir: "Da ist ein kleines Fenster, da kannst du sein Gesicht sehen." Sehr schüchtern schaute ich hin, ja man konnte es sehen. Da fiel mir der letzte Ferientag ein, der ein so schöner Ausflugstag für uns Ministranten war: Eine

Dampferfahrt vom Duisburger Hafen nach Xanten, von unserem guten Pastor bezahlt. Ich erzählte dies auch dem Meister, der die letzte Naht zulötete.

Ein paar Wochen vorher war der Pastor von St. Josef in Oberhausen-Styrum gestorben, er war befreundet mit unserem Pastor. Deshalb hieß es: Er hat seinen "Huth" geholt. Die Beerdigung unseres Pastors war riesengroß, man meinte: So etwas hat Oberhausen noch nicht erlebt. Wegen der Aufbahrung in unserer Kirche waren alle Kinderkniebänke vor der Kommunionbank weggeräumt. Die vier Ecksäulen waren mit langen schwarzen Tüchern bedeckt. In der Mitte des großen Raumes stand der Sarg mit vielen Blumen und Kerzen umgeben. Die ersten Bänke der Erwachsenen waren auch mit schwarzen Tüchern bedeckt. Ein Weihbischof von Köln (Oberhausen gehörte zur Erzdiözese Köln bis 1957, da wurde das Bistum Essen gegründet mit den Städten im Ruhrgebiet) hielt die Totenmesse mit einer Ansprache. Der Leiter des Erzbistums Köln war Kardinal Schulte. Da ich als Ministrant bei der Beerdigung dabei war, konnte ich folgendes erleben: Eine Frau weinte bitterlich und sagte zu unserem Kaplan Pohlmann: "Wer bezahlt jetzt meine Miete? Der Pastor hat dafür gesorgt, dass die Hälfte der Miete meiner großen Wohnung (sie hatte acht Kinder) von der Pfarrgemeinde bezahlt wurde. In den Monaten, wo die Feiertage Weihnachten, Ostern und Pfingsten fielen, wurde die Miete ganz bezahlt, damit ich von dem Geld den Kindern etwas kaufen konnte. Gibt es da noch einen lieben Gott, der so einen guten Menschen so früh holt? " Unser Kaplan und noch andere Leute konnten sie kaum noch beruhigen. Auch am Grab weinten sehr viele, es war traurig. Nach der Beerdigung sagte der Kaplan Neff zu mir: "Du kommst ab sofort mittags nach dem Schulunterricht immer zu mir zum Mittagessen, sag es bitte deinen Eltern." Er wohnte mit seinen Eltern neben dem "Katholischen Gesellenhaus" in der Adolf-Kolping Straße. Meine Eltern waren natürlich hocherfreut über solches Angebot. Ich ging also ein ganzes Jahr dort zum Essen, seine Mutter konnte sehr gut kochen. Jeden Montag schenkte die gute Frau Neff mir ein Pfund Butter. Auch darüber freute sich meine Mutter, denn "gute Butter" kannten wir in unserem Haushalt sehr selten, die war zu teuer. So hat also der gute Pastor Huth auch nach seinem Tod uns noch geholfen. Für mich gibt es viele Heilige im Himmel, auch wenn sie von der Kirche offiziell nicht verkündet wurden.

1928

In den nächsten großen Ferien kam ich nochmal von der Fürsorgestelle Oberhausen für drei Wochen zur Erholung an die Ostsee. So lernte ich zum ersten Mal die See kennen, habe mich da auch sehr gut erholt. Anschließend durfte ich acht Tage zu meiner Tante Jette, jüngste Schwester meines Vaters und Onkel Josef (Familienname Birwe) nach Essen-West. Onkel Josef war bei der Firma Krupp als Schreiner beschäftigt. Firma Krupp hatte für seine Leute eine große Siedlung bauen lassen, mein Onkel hatte dort eine Wohnung. Zwei Töchter hatten sie, Marga und Edeltraud, waren beide jünger als ich. Später kamen noch vier Kinder dazu, die ich aber nicht mehr kennen lernte, weil ich für immer nach Bayern gezogen war.

Ostern 1931 kam ich ins Maristenkloster Meppen an der Ems, denn es war schon immer meinWunsch, "Missionar" zu werden. Dieser Missionsorden missionierte die Inselwelt zwischen Australien und Asien (die Inseln des ehemaligen

Bismark-Archipels mit Sumatra, Java, Borneo und Cele-bes/Sulawesi).

Frühjahr 1933 wurde ich schwer krank. Nach drei Wochen sagte der Kloster-Obere, dass ich Heim müsste, ein Weiterstudieren nicht mehr möglich sei. Ziemlich mutlos fuhr ich also heim. Tante Hedwig und Mutter holten mich an der Bahn ab. Tante Hedwig sprach mir Mut zu und Mutter sagte: "In Zusamaltheim wirst du dich wieder erholen. Kathi und Schorsch nehmen dich gerne wieder auf." Also fuhr ich nach Ostern wieder in das schöne Schwabenland. Jakob holte mich in Wertingen am Bahnhof ab. Er wohnte aber nicht mehr bei Kathi, sondern bei ihrer Schwester, Familie Albricht. Das Lebensmittelgeschäft und die Molkerei waren ihr Besitztum. Sie hatten vier Kinder, zwei Töchter führten das Lebensmittelgeschäft mit Textilien, der ältere Sohn führte die Molkerei, der jüngere Sohn studierte in Dillingen an der Donau, hatte dort auch ein Zimmer gemietet, kam nur in den Ferien heim. Jakob führte mit dem Bauer Albricht die Landwirtschaft. An Jakobs Stelle war Wendelin (ein Jahr älter als ich) als Knecht bei Kathi. Tante Marie und Anni freuten sich sehr beim Wiedersehen und Anni sagte: "Heinz, wenn ich meine Mutter nach München zurückbringe, nehme ich dich mit zu einem guten Arzt, bei dem ich mal als Kindermädchen in Stellung war." Eine schnelle Wende trat ein, als Kathi eines Morgens zu mir sagte: "Heinz, Jakob ist heute Nacht mit dem Radl weggefahren, Richtung Heimat, und das jetzt vor der Ernte, was nun mit dir?" Ich war ratlos und ging gleich zu Tante Marie und Anni. Die zwei guten Menschen trafen sofort die Entscheidung: "Du ziehst zu uns und in acht Tagen, wenn ich Mutter heim bringe, fährst du mit, damit du vom Dr. Steidle genau untersucht wirst. Dann werden wir weitersehen. Ich zog also um, Kathi trug meine Sachen rüber, gab noch Butter, Brot, Milch, Obst und etwas Geld und sagte: "Hier gebe ich dir etwas Geld, denn Tante Marie und Anni haben wenig zum Leben, deshalb macht Anni nebenbei Haushaltsarbeit beim neuen Pfarrer Korn." Dankend nahm ich alles an und gab es der Tante Marie. Auch ihre Schwester, Mutter von Anni (Frau Holland), freute sich sehr über meinen Umzug und meinte: "Geh nur mit nach München, ich habe eine große Wohnung, also Platz genug für dich, da lernst du meine anderen Kinder auch kennen." Zur gleichen Zeit war auch ihr Bruder Josef da. Er machte Urlaub bei seiner ältesten Schwester, Familie Gärtner, auf einem Bauernhof in der Mitte des Dorfes. Diese Schwester gab der Tante Marie jeden Abend zwei Liter Milch und zwei große Rohrnudeln (wurde von einem Mädel aus der Nachbarschaft gebracht). Dieser Bruder Josef von Mutter Holland kam nun zu Besuch und ging gleich ins Haus, obwohl er uns im Garten hörte. Anni war allein im Haus und hatte das Küchenfenster weit offen (es war ein heißer Frühjahrstag), da hörten wir: "Was, den Buben habt ihr aufgenommen! Er gehört sofort heim geschickt. Im Ruhrgebiet sind alle Zechen wieder in Betrieb, da gibt es genügend Arbeit. Schickt den bloß schnell heim!" Annis rasche Antwort: "Nein, er bleibt hier, und wir nehmen ihn nächste Woche mit nach München, damit er vom Arzt gründlich untersucht wird." Der Bruder gleich: "Seid ihr wahnsinnig? Was sagt Marie dazu?" Anni: "Die ist damit einverstanden, die hat sogar diesen Vorschlag gemacht." Josef: "Was? Wovon will sie den unterhalten, die hat doch nichts und kann nichts, die ist wohl wahnsinnig, so was zu machen!" Anni: "Es wird gehen, der Herrgott wird schon helfen, der Bua bleibt hier!" Josef: "Soo – da wolle ma warten, wie der Herrgott hilft. Pfüat di!" Dann hörten wir die Tür zuschlagen und weg war er. Mutter Holland: "Der

Bazi soll sich um seine schwermütige Tochter Kathi kümmern." Unsere Abreise verzögerte sich, weil Anni beim neuen Pfarrer und seiner kranken Mutter noch sehr viel Arbeit hatte. Nach acht Tagen kam ein Brief von Tante Maries Bruder Josef aus München: "Nachdem Du so unvernünftig handelts, bekommst Du ab sofort von mir keine Unterstützung mehr." Er hatte ihr jeden Monat 25 Reichsmark geschickt, was damals viel Geld war für uns alle. Sofort schrieb ich mit Anni an meine Eltern dieses Pech. Meine Mutter gab gleich Antwort mit 20 Reichsmark dazu, mit dem Vermerk, dass sie jeden Monat 20 Reichsmark schicken wird, weil die neue Regierung Kindergeld eingeführt hat. Die alte Regierung, "Zentrumspartei" mit Kanzler Brüning, hatte dies nicht zustande gebracht – leider. Das war auch ein Grund, dass Hitler gewählt wurde. Brüning war nach Amerika ausgewandert und hielt an einer Universität Vorlesungen. Vizekanzler von Papen war kurz Nachfolger, vom Staatspräsidenten von Hindenburg ernannt, bis Hitler Kanzler wurde.

Nach vier Wochen war es soweit, dass Anni mit Mutter und mir nach München fuhr. Ich staunte über den großen Betrieb am Hauptbahnhof. Es ging durch eine Sperre, wo ein Bahnbeamter uns die Fahrkarten abnahm. Vom Bahnhofsplatz fuhr uns die nächste Straßenbahn zum Karlsplatz-Stachus, dort mussten wir umsteigen in die Trambahn Linie 8 (Endstation Kurfürstenplatz). Eine Station vorher, an der Barerstraße stiegen wir aus, denn hier beginnt die Nordendstraße. Wir bogen rechts rein, gleich das dritte Haus war die Nr. 5, ein Gartenhaus (gehörte zum Vorderhaus). Im 2. Stock (Dachwohnung) wohnte also Familie Holland: Die Küche klein, zwei große Zimmer und ein kleines Zimmer, ein langer Raum mit Toilette - da hätte eine Badewanne noch Platz, aber die gab es nur bei reichen

Leuten, sagte Mutter Holland. Ich schlief im Zimmer vom Josef, Bruder von Anni, ein zweites Bett war schon aufgestellt, Anni im kleinen Zimmer. Mutter schlief bei der Tochter Maria. Das Zimmer war so groß, dass außer zwei Betten auch die Wohnzimmermöbel aufgestellt waren. Montag ging ich mit Anni sehr früh zum Arzt Dr. Steidle in die Königinstraße, gleich hinter der Ludwigskirche. Er hatte eine sehr große Praxis. Ich sah vier Arzthelferinnen. Es waren schon Patienten im Warteraum, trotzdem mussten wir nicht lange warten, denn Anni hatte dem Arzt vorab einen Brief geschrieben. Mir wurde Blut abgenommen, dann die Lunge geröntgt. Nach einer Stunde kam ich zum Arzt, ein recht freundlicher Mann. Er untersuchte mich gründlich, dann erklärte er mir die Lungenaufnahme und meinte : "Der Arzt im Kloster hat sich täuschen lassen, die Lunge ist zwar beschädigt, aber die Tuberkulose ausgeheilt, Blutbild in Ordnung. Gut dass du nicht rauchst und nicht trinkst. Ich gebe dir Medikamente zum Aufbau des Körpers und mehr Blutbildung, dann melde dich polizeilich an, damit du hier bleiben kannst. In einem halben Jahr sehen wir uns wieder, ich wünsche dir viel Erfolg in den Händen der guten Anni Holland." Ich meldete mich also in der Polizeimeldestation Zweigstelle Amalienstraße an. Am nächsten Tag besuchte ich mit Anni gute Bekannte der Familie Holland, die Familie Hofmann. Der Sohn studierte Theologie, sein Vater war Hausmeister im Wittelsbacher Palais (ein roter, gotischer Ziegelbau, Sitz der "SS-Gestapo"). Die Familie Hofmann hatte im Hinterhaus eine große Kellerwohnung. Wir wurden sehr herzlich aufgenommen und zum Kaffee eingeladen. Bei der Sperre mussten wir dem SS-Bewacher unseren Ausweis vorzeigen und den Besuch bei der Familie Hofmann angeben. Es wurde alles aufgeschrieben, sogar die Uhrzeit. Es regte uns aber nicht auf, denn wir waren schon darauf vorbereitet. Frau Hofmann bat mich, am nächsten Tag nochmal zu kommen. Ich ging also mit Spannung hin. Sie gab mir einen Brief und sagte: "Gehe damit in die Briennerstraße, Prinz Arnulf-Palais, dann komme wieder zurück."

In dem Haus wurde ich von einer Empfangsdame begrüßt. Ich gab ihr den Brief, sie führte mich in ein Empfangszimmer mit der Bitte, zu warten. Nach etwa einer halben Stunde ging eine Flügeltüre auf und die Dame sagte: "Kommen sie." Ich trat in einen sehr großen Raum mit Gemälden der Bayerischen Könige und Prinzessinnen und großen Bücherregalen, im Hintergrund standen Sessel und ein großer Schreibtisch. Eine alte schlanke Frau mit weißem Haar, ganz in schwarz gekleidet, kam auf mich zu und gab mir die Hand. Ich küßte die Hand und sagte: "Grüß Gott königliche Hoheit." Es war die Prinzessin Therese von und zu Liechtenstein (28.7.1850 – 13.3.1938), verheiratet mit Prinz Arnulf von Bayern (1852 – 1907). Ihr Sohn Prinz Heinrich (1884 -1916) fiel im Krieg in Rumänien. Arnulfs Bruder war Ludwig der III. (1845 – 1921), der letzte König von Bayern, er lebte die letzten Jahre in der Schweiz im Exil. Von da an ging sie nur noch schwarz gekleidet, sagte mir Frau Hofmann, die ein paar Jahre in ihren Diensten stand. Ich erzählte der Prinzessin kurz warum ich hier bin, dass ich von Dr. Steidle untersucht worden bin (den sie auch sehr gut kannte, betonte sie). Danach verabschiedete sie mich: "Alles Gute und Gottes Segen", und gab mir 50 Reichsmark. Ich bedankte mich mit einem Handkuss und sagte: "Vergelt`s Gott". Im Vorraum wartete schon die Empfangsdame, die mich hinausführte. Frohgemut ging`s zurück zu Frau Hofmann, vorbei an der üblichen SS-Kontolle. Frau Hofmann freute sich sehr über den Erfolg, gab mir auch 50 Reichsmark und wünschte alles Gute. Anni freute sich mit mir über das Geld, das ich ihr gleich gab.

Am nächsten Tag besuchten wir ihre Tante und ihren Onkel Josef Klaiber. Der Onkel wollte mich in Zusamaltheim damals vor Wut über seine kranke Schwester nicht begrüßen, darum waren wir jetzt neugierig, aber er war nicht da, nur die Tante und die zwei Töchter, Felicitas und Kathi, die krank war. Die zwei Söhne, Wolfi und Basti waren auch abwesend. Anni und ich gingen mit der Kathi in einen kleinen Park, der mit Hecken und Blumen geschmückt war. Sehr viele Bänke waren aufgestellt. Wir setzten uns in eine windgeschützte Ecke. Kathi weinte immer wieder. Wir bemühten uns, sie zu beruhigen, doch sie sagte fortlaufend: "Meinen Verlobten werde ich nie wieder sehen." Mit der Bemerkung: "In einem halben bis einem Jahr wird die Umschulung wohl beendet sein", versuchten wir sie zu trösten. Sie aber sagte: "Das ist keine Umschulung, das ist etwas viel Schlimmeres – ich habe noch nie gehört, dass jemand wieder herausgekommen ist." Leider hatte sie Recht. Nach einem halben Jahr bekamen sie und die Angehörigen ihres Verlobten die Nachricht, dass er nach einem Herzanfall gestorben sei. Er sei unter Anwesenheit der Umschulteilnehmer auf dem dortigen Friedhof beerdigt worden. Ein Außenstehender durfte nie das Lager betreten, oder einen Besuch machen, schreiben durfte man, aber nur wenige bekamen eine Antwort. Nie durfte man den angeblichen Friedhof besuchen, weil es den in Wirklichkeit gar nicht gab, aber das hat man damals auch nicht gewusst. Bevor wir nach Zusamaltheim zurückfuhren machte ich einen Besuch bei Pater Rupert Mayer, ich werde dies nie vergessen.

Bericht: Pater Rupert Mayer

Im Sommer 1933 traf ich zum ersten Mal Pater Rupert Mayer. Ich meldete mich beim Pförtner, der sagte: "Warten sie im Wartesaal und fragen sie, wer zum Pater Mayer will, denn Pater Prinz gibt auch seine Sprechstunde." Er drückte auf den elektrischen Türöffner und ich konnte in den Wartesaal eintreten – ein großer, schlecht beleuchteter Raum im Turm. Lange Bänke und Tische standen an den kahlen Wänden, nur ein Kreuz und ein Marienbild zierten eine Wand. Verschiedene religiöse Zeitschriften lagen auf den Tischen, damit konnte man sich die Zeit vertreiben. Endlich war ich an der Reihe – ich weiß nicht mehr wie lang ich warten musste, aber bestimmt zwei Stunden. Es ging durch einen dunklen Gang, erste Tür links, rechts war Pater Prinz. Ich klopfte an und hörte: "Nur herein!" Ich öffnete und sah Pater Mayer hinter seinem Schreibtisch, von einer hellen Tischlampe erleuchtet. Die Wände des Raumes waren mit Bücherregalen verstellt. Nur ein Fenster, nicht besonders groß und ziemlich hoch, erhellte noch den Raum. Pater Mayer saß etwas schräg zum Schreibtisch – es war, als wenn er ein Bein hoch auf einem Hocker liegen hätte, wahrscheinlich sein Holzbein. Er gab mir die Hand: "Grüß Gott" und "was hast du auf dem Herzen?" Ich nannte meinen Namen und berichtete, dass ich krank aus dem Maristenkloster in Meppen an der Ems entlassen worden sei, dass ich gute Menschen in Schwaben angetroffen habe, durch die ich zu Dr. Steidle gekommen war und der feststellte, dass es nicht die Krankheit ist, die der Arzt in Meppen feststellte, sondern eine leichtere, die durch eine Erholung auf dem Lande bestimmt beseitigt werden könnte. Dabei betonte ich, dass ich immer noch glaube, ich könnte in die Mission gehen. Pater Mayers Antwort: "Für die Mission braucht man eine feste, dauerhafte Gesundheit. Kann doch sein, dass der Herrgott etwas ganz anderes mit dir vorhat. Wenn du die Möglichkeit hast, dich auf dem Land zu erholen, so tue es. Melde dich aber vorher in München bei der Polizei (Einwohnermeldeamt) an, damit du dann hier feststellen kannst, was du für einen Beruf erlernen möchtest." Meine Antwort: "So meint es Dr. Steidle auch." Pater Mayer: "Also mach es so – ich wünsche dir alles Gute und Gottes Segen – behüt dich Gott!" Und somit verabschiedete ich mich bei Pater Mayer, den ich später noch einmal besuchte.

Es ging zurück nach Zusamaltheim. Dort sagte uns gleich Tante Marie, dass die Frau Albrecht gestorben sei – sie habe immer geschrien: "Ich will sterben!" Ihr Mann musste einen Professor aus München holen, aber auch der konnte sie nicht retten. Der gute Ortspfarrer Korn habe auch versucht sie zu beruhigen. Erst als es zu Ende ging, ließ sie den Pfarrer zu sich kommen. Sie sei dann ruhig eingeschlafen. Ihr Mann ließ auf ihrem Grab einen auffallend schönen, großen Grabstein errichten, was aber nicht aus Liebe geschah, denn alle im Ort wussten, dass er noch zu Lebzeiten seiner Frau, ein Verhältnis mit seiner Magd hatte. Diese reiche Familie ging durch den Tod der Mutter ganz auseinander. Der Sohn heiratete und übernahm die Molkerei. Die zwei Töchter ließen an der Straßenkreuzung ein neues Haus mit Geschäftsräumen für Kolonialwaren und Textilien bauen. Die jüngste Tochter heiratete einen Kaufmann. Nach drei Monaten nahm die ältere sich das Leben, ertränkte sich in der Zusam am Wasserfall. Zwei Monate danach nahm Frau Rauner, eine sehr gute Bekannte von Tante Marie und Anni, sich das Leben, auch in der Zusam am Wasserfall. Als die Ernte begann rief der Bucher Schorsch rüber: "Der Schreiner Hans ist tödlich verunglückt!" Wir waren erschüttert, denn er hatte am Haus der Tante Marie verschiedenes umsonst repariert. Acht Tage danach die schreckliche Nachricht: Kind vom "Unteren Schreiner", (Sohn, 4 Jahre) hat mit der Pistole des Vaters gespielt und sich in den Kopf geschossen. Der Vater hatte vergessen, nach der Jagd – er begleitete immer den Jäger – die Pistole zu entleeren. Anni und ich gingen gleich hin. Der Vater ließ uns eintreten, der Arzt kam gerade aus dem Krankenzimmer. Die Mutter stand am Bett und weinte. Still drückten wir ihr die Hand und schauten den Buben an, er lebte noch und man sah an der Stirn ein Loch. Die Mutter legte den Verband wieder drauf. Traurig verabschiedeten wir uns, da kam uns der Pfarrer Korn entgegen, er grüßte uns und sagte: " Mein Gott, was ist bloß in meiner Pfarrei los?" Nach etwa drei Stunden meldete uns Zenzi, Annis Cousine, dass der Bub gestorben sei – ganz ruhig eingeschlafen – und dass die Polizei da war und der Vater mit einer Strafe zu rechnen habe. Acht Tage nach der Beerdigung des Buben nahm der Pfarrer Korn mich mit nach Dillingen zum Priesterseminar und wir besuchten den Studenten Michael Niederhofer. Seine Eltern führten einen kleinen Bauernhof mit zwei Kühen in Sontheim, einem Nachbardorf. Der jüngere Sohn besuchte noch die Sonntagsschule, kam aber bald nach St. Ottilien auf die Landwirtschaftsschule (Fachrichtung-Schusterhandwerk), auch dort haben wir später einen Besuch gemacht. Als der Familie Niederhofer einmal eine Kuh verendete, bekam sie vom Kloster eine neue Kuh geschenkt. Dieses Benediktinerkloster hatte ein riesiges Gelände mit Gymnasium, Landwirtschaftsschule, Milchwirtschaft, Hühnerfarm, Obstanbau, Eisen-, Metall- und Schreinerwerkstätten, ein Missionsmuseum, Druckerei, Post und Bahnhof, also ein

Dorf für sich, alles geführt von Patres und Klosterbrüdern, an der Spitze ein Abt mit dem Rang eines Bischofs. Warum die Naziregierung dem Kloster nichts abgenommen habe, sei eine Berechnung gewesen, wurde allgemein angenommen, es wusste aber niemand warum. Mit Anni machte ich viele Radtouren, so auch nach Welden, wo Anni mich mit der Familie Kapfer bekannt machte, eine sehr nette und freundliche Familie. Sie hatten sechs Kinder, der Mann war bei der Bahn beschäftigt. Die Frau führte den Hof mit fünf Kühen und acht Jungtieren, dazu dreißig Hühner und mehrere Gänse, die sie auf dem Bauernmarkt verkaufte. Dieser schöne Bauernhof stand am Fuße eines kleinen Berges, auf dessen Höhe ein Kloster der "Unbeschuhten Karmelitinnen" stand. Bei einem goldenen Professjubiläum der Oberin durften wir auch dabei sein, mussten aber eine halbe Stunde vorher schon dort sein, sonst hätten wir keinen Platz mehr bekommen. Sehr viele Geistliche aus dem Bistum Augsburg waren anwesend. Nach dem Gottesdienst konnte man kurz die unverschleierte Oberin sprechen, was sonst nicht möglich war. Wegen des Jubiläums kam von der Generaloberin aus Rom diese Sondergenehmigung. Ich wünschte ihr alles Gute und Gottes Segen mit der Bitte, für meine Gesundheit zu beten, damit ich endlich einen Beruf ergreifen könnte. Sie versprach es und sagte: "Vergelt's Gott für die 10 Mark," die ich ihr gab. Bei der Familie Kapfer gab es danach ein schmackhaftes Mittagessen. Am Nachmittag reichte sie uns noch Kaffee und Kuchen, dann sind wir heimgeradelt. Tante Marie freute sich, dass alles so gut verlaufen war.

Ein andermal nahm Pfarrer Korn mich wieder mit nach Dillingen und machte mich bekannt mit zwei Studenten, Georg und Toni Rauch. Im Gespräch hörte ich, dass beide nach dem Abitur ins Priesterseminar gehen wollten, sie wären schon angemeldet. Beide luden mich ein, in den großen Ferien zum Musbauer in Marzelstetten zu kommen, von dort seien sie her. Ich nahm die Einladung gerne an und erzählte der Tante Marie und Anni davon. Sie freuten sich sehr darüber. Dieser kleine Ort mit nur fünf Bauernhöfen ist nach den drei Heiligen Marcellus, Marcellinus und Marcellianus benannt, sie waren auch in der kleinen Kapelle dargestellt. Ich radelte noch in den Sommerferien hin und wurde sehr freundlich aufgenommen. Der Bauer war kränklich, man sah es gleich. Seine Frau, die Bäuerin, war das Gegenteil, sehr kräftig. Eine Jugendgruppe aus Augsburg hatte ein großes Zelt auf ihrem Grundstück aufgeschlagen. Ein Koch sorgte für das leibliche Wohl der zwanzig Burschen. Der Gruppenführer war ein Theologiestudent, mit dem rechten Fuß etwas gehbehindert, ein feiner Mensch. Als er mein Rad mit dem PX-Fähnchen sah, meinte er: "Du traust dich damit herum zu fahren, in Augsburg hätte dies die H.J. (Hitlerjugend) dir schon längst abgerissen. Mir ist dies nie passiert, obwohl ich damit überall hingefahren bin, nach Violau, nach Dillingen, Donauwörth und das ganze Zusamtal. Ein schöner, regenarmer Sommer verschönte mir die Zeit, dabei vergaß ich nicht, jeden Tag meine Aufbaumedizin von Dr. Steidle einzunehmen. Für Ferdinand Schuster, meinem Freund, waren es die letzten Ferien, danach begann seine Lehrzeit beim Bayerischen Roten Kreuz.

Am letzten Sonntag der Sommerferien sollte ich um halb zehn Uhr in Wengen sein, der Pfarrer Dr. Krones hatte mich eingeladen zur Bannerweihe in Villenbach. "Wie, sie machen so etwas, die Partei ist doch kein Freund unserer Kirche?!" So redetete ich zu Dr. Krones. Er meinte: "Schau Heinz, Militärpfarrer haben im Weltkrieg Kanonen gesegnet, und diese Dinger haben so viele Menschen

55

vernichtet, so ein Banner vernichtet niemand." "Und was sagt der Bischof von Augsburg?" "Sein Sekretär hat mir die Wahl überlassen – ich tue es – gleich kommt uns der Pfarrer von Villenbach mit seinem Wagen holen." Der Pfarrer holte uns pünktlich ab. In der Kirche ging ich auf die Empore über der Sakristei, da konnte man auf den Hochaltar schauen. Gleich am Beginn des Gottesdienstes segnete Dr. Krones die Fahne mit dem Hakenkreuz. In seiner kurzen Ansprache betonte er: "Möge die Fahne nie einen Krieg erleben, sondern nur gute und freudige Anlässe." Die Schwester des Pfarrers hatte uns nach der Messe ein sehr gutes Mittagessen bereitet. Ich bedankte mich und ging dann zu Fuß über Sontheim nach Zusamaltheim zurück. Der Anni und Tante Marie erzählte ich, wie es war. Diese zwei guten Menschen werde ich nie vergessen, denn ihnen habe ich es zu verdanken, dass ich gesund wurde, in Bayern bleiben konnte und eine Familie gründen konnte. Leider hat meine Elisabeth, meine spätere Ehefrau, diese gute Tante Marie nicht mehr kennen gelernt, denn sie starb 1943, als ich auf der Nachrichtenschule für Militär in Halle an der Saale/S.-Anhalt war, zur Ausbildung zum Truppführer. Ich durfte nicht zur Beerdigung. Anni besuchte mich dort, ebenso mein Vater. Ich konnte ihnen in der Nähe der Nachrichtenschule in einer kleinen Wirtschaft ein Zimmer besorgen. Anni litt sehr unter dem Tod ihrer guten Tante. Zwei schöne Weihnachten verbrachte ich in Zusamaltheim mit ihnen, dann hieß es Abschied nehmen, Anfang 1936 zog ich nach München.

Dr. Steidle schrieb mich gesund. Mit der Bestätigung ging ich zum Arbeitsamt, ebenso hatte ich die polizeiliche Anmeldung dabei. Ich meldete mich in der Abteilung Büroarbeiten. Der Beamte sagte: "Von Oberhausen sind sie, da müssen sie zurück, dort sucht man Arbeitskräfte." Ich zeigte meine polizeiliche Anmeldung, da sagte sein Kollege: "Halt, den kannst du nicht zurückschicken, wer über ein Jahr hier angemeldet ist, muss nicht zurück."

So kam ich zu der Firma Winkelhofer & Söhne "IWIS-Fahrräder", war aber schon umgestellt auf Produktion von Ketten für Panzer und Kettenfahrzeuge. Ich kam zum Sohn Fritz Winkelhofer – Schreibmaschinenvertretung der Firma Conti, Fabrik Schönau bei Chemnitz. Ich musste im Büro und der Werkstatt helfen und beim Außendienst eilige Sachen an Firmen abliefern. Mein Anfangsverdienst war 20 Reichsmark in der Woche. Natürlich gab ich alles ab an Maria, Schwester von Anni, die den Haushalt führte, weil Mutter Holland es nicht mehr konnte. Ich meldete mich auch bei der Kolping-Familie, Hauptsitz in der Schommerstraße, Nähe Stachus-Karlsplatz, an (nach dem Krieg Straßenumbenennung in "Adolf Kolping Straße"). Nach einem Jahr kam mein Schulkamerad Fritz von Jarsfeld aus Oberhausen nach München, als Maler und Anstreicher bei einer Maler- und Tapezierfirma. Im Kolpinghaus bekam er ein Zimmer. Darüber war ich froh, ebenso die Familie Holland. Fast jedes Wochenende war ich deshalb im Kolpinghaus. Da Fritz gut verdiente, suchte er sich bald ein Zimmer in der Barerstraße, trotzdem waren wir jedes Wochenende im Kolpinghaus, denn dort war immer etwas los. Präses Meier verstand es für Abwechslung und Unterhaltung zu sorgen. Da, an einem Abend, ich weiß nicht mehr warum ich mit meinem Kamerad Fritz früher als sonst heim ging, da geschah im Kolpinghaus etwas Schreckliches. Am nächsten Morgen stand in der Zeitung: "Gestapo" durchsuchte Kolpinghaus – viel Umsturzmaterial gefunden – der Präses Meier verhaftet (Umsturzmaterial war eine Lüge). Tage danach erfuhren wir, dass viele Kolpingmitglieder zusammengeschlagen worden waren, manche Freunde mussten ins Krankenhaus, die ich am Wochenende besuchte. Aus war es mit den gemütlichen Samstagen im Kolpinghaus. Nach zwei Jahren ging Kamerad Fritz in die Heimat zurück, was Familie Holland und ich sehr bedauerten.

An meiner Arbeitsstelle ging es mir sehr gut. Da ich von den Angestellten der jüngste war, nannte mich die Chefin, Frau vom Chef, immer "Bubi". Um 10 Uhr musste ich für sie immer Brotzeit kaufen, für mich jedesmal ein Stück Kuchen dazu. Nach drei Monaten sagte die Chefin: "Bubi, du bist schon länger bei uns, da kannst du doch den Führerschein machen, bespreche dies doch mal mit deinen Leuten. Wir bezahlen die Hälfte der Kosten." Maria und Sepp, die Geschwister von Anni, waren gleich damit einverstanden und sagten: "Wir zahlen die andere Hälfte." Also meldete ich mich bei der Fahrschule in der Adalbertstraße, nicht weit von der Nordendstraße, an. Mit dem Personenwagen "Ford Eifel", lernte ich und machte damit auch die Abschlussprüfung. Der Fahrlehrer verlangte 90 Reichsmark, der Prüfer 10 Reichsmark. Die Rechnung zeigte ich meiner Chefin. Sie gab mir gleich 50 Reichsmark und Maria und Sepp gaben mir je 25 Reichsmark. Einen Monat später fuhr ich meinen Chef Winkelhofer mit seinem Wagen, einem Opel P4, nach Rosenheim, über die erste Autobahn in Deutschland, Richtung Salzburg. Es war ein herrliches Gefühl – sehr schönes Wetter – wunderbar war das Gebirge zu sehen. Der Chef lobte meine Fahrweise. In der Firma fragte mich der Meister der Werkstatt: "Warum gehst du nicht zur H.J. (Hitler Jugend)? Da würdest du etwas werden, denn du hast das Zeug in dir." Meine Antwort: "Ich bleibe bei der katholischen Jugend." Er schüttelte den Kopf – mit ihm bekam ich nie so ein kameradschaftliches Verhältnis, wie mit den anderen. Da ich mir aber Mühe gab bei der Arbeit in der Werkstatt und im Büro, blieb er höflich, aber fremd (reserviert) zu mir, umso freundlicher waren die Chefin und auch ihr Mann, mein Chef, zu mir.

Pfingsten 1936 lernte ich zum ersten Mal die Berge kennen. Mit der Isartalbahn ging es nach Benediktbeuern, von dort zu Fuß aufwärts nach Pfisterberg, nahe der Benediktenwand, auf einen Bauernhof. Die Bäuerin war eine ehemalige Schulkameradin von Maria, die mit ihr die Mittelschule in Neuötting besuchte und auch dort im Internat wohnte (geführt von Ordensschwestern der Englischen Fräulein). Mit Maria war auch ihre zwei Jahre jüngere Schwester Franziska, im Internat. Als der Vater mit 52 Jahren plötzlich an einer Nierenkrankheit starb (wie später auch Maria mit 52 Jahren im Krankenhaus Rechts der Isar), hatte Mutter Holland eine Putzstelle angenommen, in der Villa Pöhler in der Briennerstraße (Antiquitätenhändler-Millionär). Die Schwiegertochter des Hauses war sehr kinderlieb, bekam aber selbst keine Kinder. Sie sorgte dafür, dass Maria und Franziska nach Neuötting ins Internat der Englischen Fräulein kamen, das war eine große Hilfe. Bruder Josef wurde von Tante Zenzi und Onkel Julius aufgenommen (die Tante war die Schwester des Vaters, ihr Mann Bahnbeamter, sie hatten keine Kinder). Der Onkel Julius verschaffte dem Josef später eine feste Anstellung bei der Bahn, nachdem Josef die Prüfung als Geselle der Goldschmiedekunst mit "gut" bestanden hatte. Die jüngste Schwester Rosa kam ins "Mutterhaus" bei Augsburg, auch ein Internat, das von der jungen Frau Pöhler bezahlt wurde, die gerne gesehen hätte und auch gehofft, Rosa wäre eine weltliche Lehrerin geworden. Aber sie trat später in den Orden ein, was die Frau Pöhler sehr bedauerte, denn sie hatte an die Mutter Holland gedacht, damit sie später einmal versorgt sei. Die junge Frau Pöhler litt sehr darunter, dass sich ihr Mann am Ende des 1. Weltkrieges scheiden ließ. Ich habe sie noch als kranken, gebrechlichen Menschen durch Maria kennen gelernt. Mutter Holland und später Maria, haben jedes Jahr in St. Ludwig für sie eine Messe lesen lassen, als Dank für ihre große Hilfe.

Im April 1937 kam der erste Bescheid zum Reichsarbeitsdienst. Sofort ging ich zu Dr. Steidl. Mit dem ärztlichen Bericht und einem Schreiben meines Chefs, ging ich in die Dienststelle in der Neuhauserstraße (im ehemaligen Kloster aus dem 17. Jahrhundert). Nach vierzehn Tagen bekam ich die schriftliche Mitteilung, dass ich ein Jahr zurückgestellt bin. Alle freuten sich mit mir.

Kurz vor Weihnachten 1937 war ich in Zusamaltheim um der Tante Marie und Anni Weihnachtsgeschenke zu bringen. Sie bedauerten immer noch meinen Abschied nach München, doch hatten sie sich dazu durchgerungen, dass es sein musste. Weihnachten 1937 verlebte ich wieder bei Familie Holland. Im Zentralgesellenhaus (Kolping) war seit der Durchsuchung durch die "Gestapo" nichts mehr los, dafür bei der Jugend in der Pfarrei St. Ludwig, umso mehr.

Im Februar 1938 kam erneut der "Stellungsbefehl" für Arbeitsdienst und Wehrmacht. Ich zeigte meinem Chef diesen Bescheid und bekam sofort frei für den kommenden Montag. Pünktlich um 9 Uhr war ich dort. In dem großen Kapitelsaal des ehemaligen Klosters waren mehrere medizinische Geräte aufgestellt, Stühle und Schreibtische. Sanitäter in Uniformen saßen dort um aufzuschreiben, was die Stabsärzte ihnen zuriefen. In einem großen Nebenraum mussten alle sich ausziehen. Als wir mit der kurzen Unterhose rauskamen, schrie der Stabsarzt: "Auch die Unterhose ausziehen!" Einer sagte: "So eine Unverschämtheit." Zu Zehnt mussten wir in einer Reihe antreten. Der Arzt schaute jeden von oben bis unten genau an, dann sagte er: "Umdrehen – Füße auseinander – bücken – Arschbacken auseinander. Verdammt nochmal," damit ging er zu einem hin, "packen sie mit beiden Händen so die Backen auseinander, damit ich sehen kann, ob sie Hämorriden haben – jetzt hoch – kehrt!" Er ging weiter zu jedem. Da ich der Größe wegen der zweite war, kam er zu mir und rief dem Schreiber zu: "Braune Augen – mittelbraune Haare – gebärfreudiges Becken!" Ich schaute ihn spöttisch an, da sagte er schnell: "Die Töchter, die sie mal zeugen, werden die Kinder leicht zur Welt bringen." Ich warf ihm einen verächtlichen Blick zu, da ging er zum nächsten. Noch bei zwei weiteren sagte er dies. Mein Nachbar flüsterte: "Ein zweihundertprozentiger arischer Forscher." Danach mussten wir zum nächsten Arzt für Hals – Nasen - Ohren, am Schluss zum Augenarzt. Dann konnten wir uns wieder anziehen und gehen, mit den Worten: "In vier Wochen bekommt ihr Bescheid!" Beim Hinausgehen sagten zwei: "So ein gemeiner Ton, da bin ich gespannt, wie es beim Arbeitsdienst zugeht."

Bei meiner Arbeitsstelle wollten sie wissen wie es war. Ich erzählte ihnen, wie ungebildet und gemein der akademisch gelehrte Stabsarzt sich ausgedrückt hat, man könnte ausspucken vor so einem Menschen. Da sagte der Chef der Werkstatt: "Ja Heilige wie in eurer Kirche können sie da nicht antreffen." – "Aber wenigstens Gebildete, besonders wenn man studiert hat. Er hat doch keine Wilden aus Afrika vor sich, sondern Leute die Schulbildung haben." Meine Chefin gab mir hundertprozent Recht, daraufhin sagte der Meister der Werkstatt nichts mehr. – Bei der heutigen Bundeswehr geht es andständiger zu.

Zweites Kapitel: Einberufung und Krieg

Der Arbeitsdienst

Am 4. April 1938 musste ich mich in der Schreibstube vom Arbeitsdienstlager bei Malching am Inn melden. Jetzt lernte ich ein Barackenlager kennen. Es war alles sehr sauber, zwischen den Baracken Blumenbeete. Wir durften am ersten Tag unsere Zivilkleidung anbehalten. Am nächsten Morgen 6 Uhr früh wecken, um 7 Uhr Frühstück: Es gab Kaffee (Mischkaffee), dazu Brot, Butter und Marmelade. Um 8 Uhr antreten zum Wäsche- und Kleiderempfang. Zur Ausstattung der Wäsche gehörte auch eine "Dreiecksbadehose" mit Arbeitsdienstzeichen, darüber waren manche erstaunt, denn sie hatten gehört, dass es sowas bei der Wehrmacht nicht gab. Dann bekamen wir noch Schuhe, Stiefel, die Arbeitsdienstuniform und einen Drillichanzug (für die Arbeiten) und einen blanken Spaten nur zum Exerzieren, nicht für die Arbeit. Gott sei Dank ging es anständiger zu als bei der Musterung, auch der Ton der Vorgesetzten war entsprechend angemessen. Es gab Unterrichtsstunden, hauptsächlich politisch. Da gab es Diskussionen, denn es waren drei Theologiestudenten in meiner Gruppe, die gaben dem Feldmeister (ein 200%iger Nazi) großartige Antworten, die ihn oft in Verlegenheit brachten. Darüber freute ich mich sehr und gab deshalb auch oft meinen Kommentar dazu. Der Feldmeister ärgerte sich darüber. Aber weil ich sonst meine Arbeit,

Pünktlichkeit, Sauberkeit, alles richtig und ordentlich machte, konnte er bei mir nichts beanstanden. Zudem hatte ich beim Abteilungsleiter eine gute "Nummer" – warum wusste ich nicht, habe es auch nie erfahren. Wer sonntags in die Kirche wollte, bekam dafür frei, was diesem Feldmeister ein Dorn im Auge war. Wir waren in drei Gruppen eingeteilt. Die drei Theologiestudenten und ich waren der 1. Gruppe zugeteilt. Darüber war ich froh, denn der 200% Nazi-Feldmeister führte die 2. Gruppe. Unser Feldmeister redete wenig über Politk, sondern hielt Vorträge über die Natur und warum wir den kleinen Fluß, die Rott – ein Nebenfluß vom Inn – regulieren mussten, damit er nicht jedes Jahr über die Ufer trat, die Weiden dadurch besseres Futter (Heu) für das Vieh brachten. Wir mussten an der Flußregulierung arbeiten, damit der nicht bei jedem großen Regenschauer gleich über die Ufer treten konnte.

Der 20. April war der "Heldengedenktag". Mit vier großen Bussen fuhr unsere Abteilung nach Braunau am Inn (Österreich). Dort besuchten wir das Geburtshaus von Adolf Hitler. Außen war das Haus mit Blumen und Girlanden geschmückt. Innen war alles sehr sauber. Es wurden uns Küche, Wohn- und Schlafzimmer gezeigt, alles kleine Räume, ein altes Haus, frisch renoviert. In einer großen Wirtschaft, nicht weit vom Geburtshaus, gab es in einem Nebenraum für uns ein sehr gutes Mittagessen. Die Bevölkerung grüßte uns sehr freundlich bei der anschließenden Stadtbesichtigung. Um 18 Uhr waren wir wieder im Lager. Bei der Busrückfahrt hatten wir Gedankenaustausch: Manche hatten in Braunau von Engelbert Dollfuß (1829-1934) gehört, ehemaliger Bundeskanzler von Österreich. Er soll von österreichischen Nationalisten im Bundeskanzleramt umgebracht worden sein. Nur so soll der Anschluss an Deutschland möglich gewesen sein (Dollfuß hat den Nationalsozialismus abgelehnt). Wir meinten unter uns: Warum ist er nicht abgehauen wie unser ehemaliger Reichskanzler Brüning, der ist nach Amerika und gibt jetzt Vorlesungen an einer Universität in einer westlichen Stadt der Vereinigten Staaten.

Pfingsten bekamen alle frei, mit Ausnahme einer kleinen Wache. Freiwillige, aus Norddeutschland, blieben da, um das Lager zu bewachen. Der Lohn beim Arbeitsdienst betrug pro Tag 25 Pennig, somit bekamen wir alle 10 Tage 2,50 Reichsmark (später bei der Wehrmacht das Doppelte).

Da Wehrmachts- und Arbeitsdienstangehörige nur ein Drittel der Kilometerpauschale bei der Bahn zahlen brauchten, sagte Maria Holland (die mir Zeit ihres Lebens wie eine treusorgende Schwester war): "Heinz, da fahren wir zu deinen Eltern nach Oberhausen." Freudig war ich damit einverstanden, und so lernte Maria Pfingsten 1938 nicht nur meine Eltern kennen, sondern auch meine Geschwister. Mein ältester Bruder Josef war bei der Infanterie Feldwebel, wohnte mit seiner Familie in der Nähe von Aachen. Jakob, der zweite Bruder, war Unteroffizier bei der Luftwaffe und wohnte mit seiner Familie in Detmold. Trudi und Marianne wohnten noch im Elternhaus. Es war ein schönes, unvergessliches Wiedersehen. Damals dauerte die Fahrt von München nach Oberhausen 12 Stunden (heute 1998 - circa 7 Stunden). Pfingstmontag nahmen wir den Nachtzug zur Heimfahrt nach München zurück, denn Dienstag früh um 8 Uhr, musste ich wieder im Arbeitsdienstlager antreten.

An Fronleichnam gab es leider bei der Prozession in Malching einen traurigen Zwischenfall. Ich selbst habe ihn nicht miterlebt, weil ich an einer anderen Straße stand. Ein Mann vom Arbeitsdienst spöttelte öfffentlich über das Beten und Singen der Teilnehmer, daraufhin ging ein Bauer auf ihn zu und gab ihm eine schallende Ohrfeige. Leider wurde der Bauer noch am Abend von der Gestapo geholt, weil der Arbeitsdienstler bei der Lagerverwaltung Meldung machte. Wer dieser Bursche war, wurde nicht bekannt, vielleicht mit Absicht verschwiegen, weil viele sonntags in die Kirche gingen. Am nächsten Tag arbeiteten wir wieder auf der Baustelle.

Ende Juli bekam ich plötzlich Fieber. Gleich war ein Arzt da, er verordnete, sofort ins Krankenhaus, Verdacht auf Lungenentzündung. So kam ich ins Bezirkskrankenhaus in Neumarkt-St. Veit, es wurde geführt von "Mallersdorfer Schwestern" (Ordensschwestern). Das ganze Personal war sehr freundlich und hilfsbereit. Die Ärzte stellten fest: keine Lungenentzündung, sondern Überanstrengung, zu schwach für Kanalarbeiten. Sonntags ging ich immer in die Kapelle zur Heiligen Messe. Ob die Schwestern deshalb so freundlich und aufmerksam zu mir waren – ich weiß es nicht. Nach drei Wochen kam der Feldmeister von meinem Zug und sagte, dass ich Sonntag ins Lager zurückkommen muss, mit Genehmigung der Ärzte. Montag sei ich beim Vorkommando, da das Lager verlegt würde – so geschah es auch. Montag früh waren wir um 9 Uhr in München am Hauptbahnhof. Im Wartesaal hieß es: Eineinhalb Stunden Aufenthalt. Sofort rief ich Maria Holland im Büro ihrer Firma an. Sie ließ sich freigeben und kam gleich. Sie blieb bis zur Abfahrt des Zuges. Im Zug fragte mich der Feldmeister: "Wer war das, mit der sie sich so lange unterhalten haben?" Meine Antwort: "Eine gute Bekannte, die zufällig von ihrer Firma aus bei der Bahn etwas zu erledigen hatte." Mit dieser Antwort gab er sich zufrieden. Um 10.30 Uhr fuhren wir ab, über Augsburg, Ulm, Stuttgart, dann hinunter nach Kehl am Rhein. Nachmittags waren wir dort, ein Bus fuhr uns zu einer Turnhalle im Zentrum von Kehl. Es war ein großer Bau mit mehreren

Räumen, die mit Holzbetten ausgestattet waren. Im größten Raum der Turnhalle waren Tische und Bänke aufgestellt, ebenso zwei große Kochherde. Der Bürgermeister, einige Stadträte und zwei Frauen begrüßten uns. Wir verstauten unsere Sachen im Spind (kleiner hoher Schrank) und setzten uns dann erschöpft an die Tische. Es gab einen guten, geschmackvollen Eintopf. Acht Tage später kam der Transport mit den Baracken. Bis dahin hatten wir jeden Tag die Wege vorbereitet und die Flächen gesäubert, wo die Baracken hingestellt werden sollten. Kaum waren wir mit dem Lageraufbau fertig (ich musste Blumenbeete anlegen, da ich für den Aufbau die Kraft nicht hatte), lautete der Befehl: Statt Übungen mit dem Spaten, wie in Malching, Stacheldrahtzäune zur Eigensicherung um die Baracken ziehen und unterirdische Fernsprechkabel von einem Haus zum anderen verlegen.

Unser Lagerführer gab uns jeden Sonntag die Erlaubnis für den Kirchgang, sehr zum Verdruss des zweiten Zugführers, ein 200%iger Nazi, der in dieser Zeit den anderen Kameraden politischen Unterricht gab. Wir, die drei Theologiestudenten und ich, durften mit dem Müller der Ortschaft (seinen Familiennamen habe ich vergessen) in dessen Auto in den nächsten Ort in die katholische Kirche zum Gottesdienst fahren. Da die Zahl der Teilnahme immer größer wurde, organisierte der Müller Verwandte, die uns mitnahmen, was immer klappte. Folglich bekam der zweite Zugführer dadurch immer weniger Zuhörer für seinen politischen Unterricht. Auf einmal hieß es: Ab Montag Ausbildung vom Unteroffizier und Feldwebel der Wehrmacht am Gewehr. Sie waren pünktlich da und verteilten Gasmasken, Gewehre und Pistolen mit Platzpatronen für Übungszwecke. Am folgenden Sonntag waren die Leute, die uns mitnahmen, sehr besorgt, als sie von uns erfuhren, dass wir noch zusätzlich eine militärische Ausbildung bekommen.

Alle waren überglücklich, als am 25. Oktober 1938 das Münchner Abkommen zwischen Deutschland, Frankreich und England zustande kam. Eigentlich sollten wir schon Ende September entlassen werden, deshalb bekamen wir zum Abschied eine große Schwarzwaldfahrt spendiert. Danach mussten uns die Eltern die Zivilkleidung schicken, damit wir die Arbeitsdienstsachen abliefern konnten. Freudig traten wir mit Freifahrtscheinen die Heimreise an.

Stellungsbefehl

Die schöne Freiheit dauerte nicht lange, denn Maria Holland zeigte mir beim Wiedersehen den Stellungsbefehl der Wehrmacht zum 11.11.1938. Somit fehlte die Zeit, um noch zu meinen Eltern nach Oberhausen/Rheinland zu fahren. Dafür reiste ich am Wochenende nach Zusamaltheim, dort gab es ein freudiges Wiedersehen mit Tante Marie, Anni und all den anderen guten Bekannten. Leider gab es kein Wiedersehen mit dem Pfarrer Korn. Er war verhaftet worden auf dem kurzen Weg von der Kirche zum Pfarrhaus. Tante Marie und Anni weinten, auch ich war sehr betroffen über diese traurige Nachricht. Ein bekannter Bauer sagte zu mir: "Er ist selbst schuld, warum musste er bei der Predigt so streng über die Regierung schimpfen?" Ich gab zur Antwort: "Einer muss mal die Wahrheit sagen." Da schaute er mich betroffen an und hat sich nie mehr mit mir unterhalten. Anni bat mich: "Bitte Heinerle, red' so was nicht mehr, sonst holen sie dich auch noch." Es war ein schönes Wochenende, allerdings konnte ich nicht ahnen, dass es das vorletzte Wiedersehen mit Tante Marie war.

Am 11.11.1938 war ich pünktlich um 8 Uhr in der Kaserne – Kornachrichtenabteilung 47, München 13, Saarstraße 14.

Wir mussten vor dem Bau der 1. Kompanie Aufstellung nehmen. Der Hauptmann hieß uns willkommen. Die drei Zugführer wurden vorgestellt. Da ich einen Führerschein hatte, kam ich zur Abteilung der Kraftfahrer, geführt von einem Schirmeister (Wachmeister statt Feldwebel). Unsere Bude (Zimmer) lag im Erdgeschoß. Jede Bude wurde mit sechs Mann belegt. Um 12 Uhr gab's das Mittagessen mit Suppe, Hauptgericht und Nachspeise, also ein sehr gutes Essen. Anschließend eine halbe Stunde Ruhe, danach in die Kleiderkammer (Dachboden). Dort bekam jeder 1 Paar Stiefel, eine Uniform mit Koppel (Lederriemen), einen Stahlhelm, eine Schiffchenmütze, einen Drillichanzug und ein Gewehr (Karabiner) mit 12 Schuss Schreckschuss-Munition. Samstag und Sonntag bekamen wir frei, um die Zivilkleidung nach Hause zu bringen. Kameraden die auswärts wohnten, erhielten Freifahrtscheine mit dem Vermerk des Heimatortes. Ich hatte es nicht weit bis zur Nordendstraße 5. Familie Holland freute sich, dass ich zwei Tage frei hatte. Sonntag nach dem Gottesdienst besuchte ich gleich den Kaplan Specht, Kaplan für die Jugend der Pfarrei St. Ludwig – damals größte Pfarrei von München. München hatte 72 Pfarreien. Nachmittags ging ich mit Mutter Holland und Maria im "Englischen Garten" spazieren. Abends gemütliches Beisammensein mit Familie Held (Marias Schwester Franziska mit Familie). Montag pünktlich 8 Uhr antreten zum Rapport auf dem Kasernenhof. Es wurde dem Hauptmann Meldung gemacht, dass alle anwesend sind. Dann wurde die Arbeit eingeteilt: Die 1. Abteilung ab zum Exerzieren, ich dabei. Die 2. Abteilung die Waffe kennen lernen und die 3. Abteilung Unterricht –

Aufbau der Wehrmacht. Jede Woche wurde gewechselt.

Gedanken zu den Aussagen im Unterricht:

Wegen den Inhaftierungen in der "Anstalt Dachau" wurde Folgendes gesagt: Diese politisch irregeführten Menschen werden umgeschult. Die Schwulen werden medizinisch behandelt, sodass sie wieder als "normale" Männer auftreten können. Erst später erfuhr man, dass alle, so wie die Juden, vergast und verbrannt worden sind. Warum gibt es nicht für alle Opfer ein gemeinsames Denkmal?

Nach 14 Tagen begann die Fahrschule für Klasse II, Lastwagen und Omnibus, Ausbildung gehalten vom Schirmeister. Nach vier Wochen hieß es: Prüfung. Der Schirmeister meinte zu mir: "Ich weiß nicht, soll man ihnen noch ein paar Fahrstunden anhängen?" Meine Antwort: " Nein!" Am nächsten Morgen um 9 Uhr musste ich als erster am Steuer Platz nehmen, drei andere hinten im Wagen auf einer Bank. Neben mir saß unser Fahrschullehrer, der Schirmeister, daneben unser Hauptmann, der Prüfer, sehr ernster, aber gerechter Mann. Ich fuhr also los durch München Richtung Nockherberg. Auf halber Höhe vom Nockherberg sagte der Hauptmann: "Halt!" und schrieb etwas, dann sagte er: "Hier haben sie den Führerschein, sie haben frei bis mihnenorgen früh 8 Uhr, wünsche ihnen alles Gute." Der Schirmeister wünschte mir auch alles Gute und schüttelte den Kopf. Ich zog die Handbremse an und stieg frohgelaunt aus mit dem Führerschein. Ich musste noch den nächsten Kameraden nach vorne bitten, dann fuhr ich mit der Tambahn Linie 7 heim. Familie Holland freute sich sehr und gratulierte. Am nächsten Morgen war ich um 8 Uhr wieder in der Kaserne. Meine Kameraden lachten und gratulierten, da fragte ich: "Und die anderen drei?" Da wurde noch lauter gelacht und der Schirmeister sagte: "Ach wenn ich ihnen dies erzähle." "Warum" – fragte ich," sind die durchgefallen?" "Ja!" schrie der Schirmeister, "und wie: der Erste gab Vollgas ohne die Handbremse zu lösen, da rief der Hauptmann: Halt – der Nächste. Wir wissen doch, oben über der Bahnbrücke ist rechts eine Einbahnstraße, aber nur von der anderen Seite befahrbar. Der Hauptmann befahl: Rechts rein! Prompt fuhr der Depp rein!, schon rief der Hauptmann: Halt der Nächste! Der fuhr los und wollte am Giesinger Bahnhof einen Linienbus überholen – es hätte beinahe einen Zusammenstoß mit einem entgegenkommenden PKW gegeben – ich habe die Situation gerettet. Der Hauptmann befahl: Ab in die Kaserne!"

In der nächsten Woche war Scharfschießen auf dem Schießplatz mit dem Gewehr, stehend, 12 Scheiben. Ich traf alle 12. Der Hauptfeldwebel, auch Spieß genannt, schüttelte den Kopf und lachte. Am nächsten Morgen musste ich zu ihm in die Schreibstube, er fragte mich: "Sind sie in einem Schützenverein?" Ich antwortete: "Nein, warum?" Da meinte er: "Sie waren gestern der beste Schütze von 24 Mann, sie werden die Schützenschnur bekommen, wenn sie nächstes Jahr als Cheffahrer nach Halle an der Saale in die Militär-Nachrichtenschule versetzt werden. Vorher müssen sie noch den Führerschein Klasse I (Motorrad mit Beiwagen) machen. Nächste Woche beginnen für sie die Probefahrten, der Schirmeister weiß Bescheid." Ich nahm Haltung an (nie so stramm wie die anderen), sagte Danke und verabschiedete mich. Da rief der Spieß mich zurück. Meine Worte klangen wie eine Frage: "Herr Hauptwachmeister?" Da sagte er: "Ach Gerritsen, wenn sie doch nur etwas "zackiger" wären, da könnten sie etwas beim Militär werden." Meine Antwort war gleich: "Ich will beim Militär nichts werden, ich kann's kaum erwarten, bis die zwei Jahre vorbei sind." Kopfschüttelnd sagte er: "Ist schon gut, gehen sie." Samstag sagte ich zu meinen fünf Kameraden, die immer beim Essen an meinem Tisch saßen: "Heute werdet ihr etwas erleben. Ihr kennt doch den jungen Leutnant von der 3. Kompanie, ein Angeber mit seiner komischen Grußhaltung. Heute grüße ich wie er, dieselbe falsche Handbewegung." Ihre Antwort war: "Mensch Heini, verdirb dir doch den Sonntag nicht." "Das lasst nur meine Sache sein, geht einfach hinter mir her." Wie jeden Tag, kam der Leutnant pünktlich aus dem Speisesaal. Ich ging gleich in seine Nähe und grüßte wie er. Da rief er: "Halt, was erlauben sie sich!" "Herr Leutnant, ich erlaube mir gar nichts, ich grüße nur wie sie. Im Unterricht wurde uns erklärt, dass die Offiziere unser Vorbild sind, darum grüße ich wie sie." Seine aufgeregte Antwort: "Verschwinden sie, sie werden noch von mir hören!" "Jawohl!", salutierte ich, und ging mit meinen lachenden Kameraden in den Speisesaal. Beim Essen sagten die Kameraden: "Heini, wir glauben, für dich gibt es ein böses Nachspiel." "Mir kann gar nichts passieren, ich hab nur seinen Gruß nachgemacht." Kaum hatte ich mich in meiner Stube auf's Bett gelegt, kam der Kamerad vom Dienst. "Gerritsen zum Rapport in die Schreibstube." Schnell stand ich auf und zog mich um, ich hatte den Drillichanzug (Arbeitsanzug) an. Mit Koppel und Schirmmütze ging ich und meldete: "Funker Gerritsen zur Stelle." Der Spieß meinte: "Was hast du schon wieder angestellt?" Meine Antwort: "Nichts habe ich angestellt, fünf Zeugen habe ich. Ich habe nur genauso gegrüßt, wie er es macht. Sie wissen doch, wie alle grinsen über seine Handstellung beim Gruß. Ich machte es

71

genauso." Der Spieß lachte und sagte: "Moment mal", und ging ins Zimmer vom Hauptmann. Nach zehn Minuten kam er wieder raus und sagte: "Ist schon gut, geh und zieh dich um zum Unterricht." Mit Jubel wurde ich von meinen Kameraden empfangen, als sie mein Lächeln sahen..

Noch etwas bleibt in meiner Erinnerung

Bei einer Übung bei Freimann (Stadtteil von München) mussten wir zehn Kilometer Kabel legen und dabei fünf Vermittlungsstellen aufbauen. Ich fuhr konzentriert den Mannschaftswagen, mein Kamerad, einer der bei der ersten Prüfung duchgefallen war, den schweren Gerätewagen. Bei einer leichten Kurve rutschte er mit dem Vorderreifen rechts ab und stand mit der Motorfront in einem Gartenzaun. Ich rief ihm zu: "Bleib steh'n, ich zieh dich rückwärts raus!" Beim Umkehren sah ich, dass er weiterfuhr und versuchte, selbst rauszukommen. Er rutschte immer wieder ab und legte dabei den 100 m langen Zaun um. Der Bauer kam mit seinem Knecht und seiner Frau und schimpfte fürchterlich. Der Schirmeister und der Spieß eilten herbei. Sie beruhigten ihn und gaben ihm eine Bescheinigung, damit wurde er von der Militär-Staatskasse entschädigt. Mich fragte der Spieß: "Warum haben sie ihn nicht rausgezogen?" Gleich antwortete ich: "Ich habe ihm zugerufen, er solle stehen bleiben, ich wollte ihn rückwärts rausziehen, aber er versuchte es trotzdem alleine, was ihm ja nicht gelang." Mein Wagenbegleiter bestätigte dies. Da sagte der Spieß zu dem Pechvogel: "Statt Samstag, Sonntag frei, müssen sie Wache schieben."

Nun begannen für mich die Fahrten mit dem Motorrad BMW 500 mit Beiwagen. Fünf Fahrten verliefen zur vollen Zufriedenheit des Schirmeisters. Bei der sechsten Fahrt sagte der Wachmeister: "Jetzt fahr ich mit." Der Schirmeister war einverstanden und meinte zu mir: "Wenn sie zurück sind, bekommen sie den Führerschein Klasse 1." Dann fuhren wir los. Der Wachmeister sagte: "Richtung Wolfratshausen!" Unterwegs sagte er: "Von dort aus fahren wir nach Kufstein, machen eine ausgiebige Brotzeitpause und fahren dann zurück." Das war mir nur Recht. Das Funkgerät hatten wir dabei. Da, kurz vor Wolfratshausen, funkte das Gerät: Sofort in die Kaserne – **Mobilmachung!** Sprachlos machte ich kehrt und fuhr mit mehr Tempo in die Kaserne zurück. Dort war schon die Wache umgewandelt in eine Feldwache. Am nächsten Morgen mussten alle ihre Privatsachen heimschicken. Wer in München wohnte, konnte nach Hause gehen, musste aber am Nachmittag um 17 Uhr zurück sein. Meine Familie Holland war sehr betroffen und die Mutter weinte. Ich tröstete sie und bat Maria, meine Eltern davon Nachricht zu geben. Der Abschied war sehr traurig. Es war der **28.8.1939,** am 27.8. war Mobilmachung. Ich versprach, sobald als möglich eine Nachricht von mir zu senden.

Am nächsten Morgen war die Aufstellung. Ich bekam den schwer beladenen Gerätewagen. Ein Kamerad vom 2. Jahrgang (im November wäre seine Entlassung gewesen) bekam den Mannschaftswagen zugeteilt. Ich erhielt einen sehr großen Sanitätskasten, weil ich schon einen kurzen Sanitätskurs mitgemacht hatte, zusätzlich eine große Dose Penatencreme. Wie nötig diese Creme war, zeigte sich später, denn es war ein heißer Sommer. Warum ich den Gerätewagen bekam, wurde mir erst später klar.

Am folgenden Morgen um 5 Uhr wecken, anschließend Frühstück. Um 8 Uhr Abfahrt zum Güterbahnhof Freimann-Verladebahnhof. Es ging alles sehr schnell. Gleich Abfahrt mit dem Zug über Hof nach Dresden bis Breslau.

Dort am Güterbahnhof ausladen – Mittagessen – danach per Achse Weiterfahrt über Oppeln (Schlesien) nach Groß Strehlitz, nicht weit von der polnischen Grenze. Dort ging alles in Privatquartiere. Ich kam mit einem Kamerad, auch Kraftfahrer, zu einer sehr netten Familie mit zwei kleinen Kindern: Frau Walli Kapitza, Malapanerstraße 29. Der Ehemann war Schneidermeister und abkommandiert in die Heereszeugmeisterei Hamburg, er kam aber fast jedes Wochenende Heim. Ich habe ihn nicht kennen gelernt, weil eine Heimfahrsperre kam, so sagte uns die Frau. Auch für uns kam der Befehl: "Morgen früh 6 Uhr zum Abmarsch antreten!" Wir nahmen die paar Privatsachen, die wir ins Quartier mitgenommen hatten, und schnell ging's zum Appellplatz (Marktplatz), wo unsere Fahrzeuge standen. Langsam, ohne viel Geräusch, fuhren wir bis zur polnischen Grenze. Da – ein Schuss unserer Artillerie – und mit Vollgas ging es über die Grenze. Die Panzer waren schon voraus. Ich musste anhalten, weil meine Kameraden die Kabeltrommel holten und das dicke Telefonkabel am Straßenrand auslegten. Nun wusste ich, warum ich den Gerätewagen bekam, denn der Mannschaftswagen blieb zurück und sein Fahrer musste mitarbeiten. Ich dankte dem Herrgott, dass der Spieß für mich so entschieden hatte. Die Sonne stieg höher und damit auch die Hitze. Gegen Mittag wurde eine Pause eingelegt, die Gulaschkanone wurde gebracht und das Mittagessen ausgeteilt. Es gab Erbsensuppe mit Speck und Würstchen. Nach dem Essen kamen vier Kameraden, die etwas beleibter waren und stöhnten: "Heini, die Creme bitte, ich kann kaum noch gehen." Breitspurig kamen sie daher. Ihr Hintern war wund, fürchterlich wund. Sie trugen die Penatencreme dick auf und gingen breitbeinig an die Arbeit zurück. "Wenn es so weiter geht, wird die eine Dose zu wenig sein," sagte ich zum

Spieß, der das Essen mit austeilte. Seine Antwort: "Nur rechtzeitig melden, wir haben reichlich Vorrat." Gleich nach dem Essen ging es weiter. Das erste Dorf hatten wir schnell durchquert. Es war total zerstört. Beim zweiten Dorf hieß es: "Halt, die erste Vermittlungsstelle wird aufgebaut." Wir sahen die ersten toten polnischen Soldaten. Frauen standen da und weinten. Unser Wachmeister fragte: "Wie ist dies geschehen?" Einige Frauen konnten deutsch und sagten: "Sie hielten die Panzer für Attrappen und sind mit Bajonetten auf die Panzer losgegangen. Die Begleiter der Panzer haben sie erschossen." Mir taten die Toten so leid, wie kann man bloß die eigenen Leute so falsch belehren? Doch weiter zu grübeln gab's keine Zeit – weiter ging es bis abends 21 Uhr, schon etwas dunkel, da kam wieder der Verpflegungswagen. Man teilte belegte Brote aus, dazu Kaffee mit Milch, sehr gute Verpflegung. Früh um 6 Uhr weiter, wieder wurde es sehr heiß, meine Cremedose wurde bald leer, aber ich bekam vom Tross die nächste Dose. Gegen Mittag sahen wir unsere Artillerie in Tätigkeit, anscheinend gegen verzweifelten Widerstand. Durch Funk erfuhren wir, dass auch der Russe jetzt im Angriff steht. Ebenso hörten wir, dass Frankreich und England "uns" den Krieg erklärt haben – aber nicht Russland – warum? Die Weltpolitik scheint undurchsichtig zu sein, ging mir durch den Kopf. Wieder marschierten wir durch ein zerschossenes Dorf. Weinende Polenfrauen kamen uns entgegen.

Am Sonntag, den 3. September 1939 erreichten wir die Fabrikstadt Wojkowice in Polen. Wir richteten eine Vermittlungsstelle ein, dann ging es weiter. Zwei Kameraden setzten sich vorne auf den rechten Kotflügel meines Wagens und legten von dort das Kabel aus. Ich erlaubte es ihnen, musste aber noch vorsichtiger fahren. Meine Kameraden waren mir dafür sehr dankbar, denn für sie war es eine große Erleichterung, sie hatten sich wieder wund gelaufen. Abends wurde das Essen gebracht, aber bei manchen war die Müdigkeit größer als der Hunger. Sehr früh, 5 Uhr, war Frühstück. Um 6 Uhr ging's weiter an einem zerfallenen alten Schloss vorbei ins nächste, teilweise zerschossene Dorf. Dort wurde eine große Pause eingelegt. Durch Funk bekamen wir den Auftrag: Alle männlichen Personen nach Waffen durchsuchen, von oben bis unten abtasten. Ich brauchte es nicht machen, denn ich musste beim Wagen bleiben. Ein polnischer Zivilist hatte einen deutschen Infanteristen mit einer Pistole erschossen, darum dieser Befehl. Es wurde Gott sei Dank nichts gefunden, denn sonst hätten wir den Mann auf Befehl sofort erschießen müssen. Beim nächsten Ort kamen uns viele Frauen entgegen und weinend baten sie: "Bitte, bitte nicht kaputt machen, wir waren in Wald geflüchtet. Nun möchten wir mit Kindern zurück." Natürlich gaben unsere Oberen die Erlaubnis.Weinend gingen sie mit ihren Kindern ins Dorf. Wir zogen weiter bis Pilica in ein Schloss. Mit einem Kameraden, auch ein Kraftfahrer, musste ich hundert Gefangene die ganze Nacht bewachen, die anderen Kameraden konnten sich ausruhen. Dafür hatten wir zwei Verständnis, denn wir waren ja den ganzen Tag gefahren. Es war die Nacht vom 7. auf den 8. September.

Am nächsten Morgen um 7 Uhr nach dem Frühsück ging's weiter zu dem Ort Jedrzejow. Von weitem sah man schon die brennenden Häuser. Wir mussten durch diesen Ort fahren. Es wurde uns mitgeteilt: Keine Gefahr! Mitten im Ort war eine große Straßenkreuzung mit vier Häusern, alle brannten. Rechts sah ich durchs offene Fenster an der Wand ein Marienbild vom polnischen Wallfahrtsort. Ich hielt an und sprang ins Haus. Meine Kameraden riefen: "Heini, zurück, es stürzt gleich ein!" Ich schrie zurück: "Ich hol mir das Bild!", und sprang auf das Sofa darunter. So konnte ich das Bild erreichen. Glücklich legte ich es unter meinen Fahrersitz – und weiter ging die Fahrt. Bald kamen wir zu einer richtigen Sandwüste durch einen Kiefernwald. Ich musste mit einem anderen Kraftfahrer sofort umsteigen in ein Kettenfahrzeug der Panzerkompanie. Kurz wurde uns gezeigt, wie die zwei Lenkstangen auf die Panzerketten reagieren, und schon musste ich fünf Fahrzeuge durch den Sand auf eine feste, breite Straße ziehen, und das bis 14 Uhr. Dann ging es mit meinem LKW weiter, an einer Schlange von Infanterie-Einheiten vorbei, die nach vorne marschierten, um ihre Kameraden abzulösen. Weiter ging es mit dem Kabelbau. Meine Kameraden schwitzten wahnsinnig, es war etwa 40° heiß. Dann kamen wir an eine Artilleriestellung. Dort erfuhren wir, dass sie in "die eigenen Reihen" geschossen hatten. Schuld waren die Infanteristen, die hatten den Ort eingenommen, ohne zu funken, dass sie schon dort sind. Gott sei Dank waren nur wenige verletzt. Jetzt ging es auf die Weichsel zu. Wir mussten eine große Pause einlegen bis die Pioniere die Notbrücke freigaben, die große Brücke hatten die Polen gesprengt. Endlich war es soweit. Langsam fuhr ich rüber, zwei Leute wieder auf dem rechten Kotflügel, das Fernsprechkabel abwickelnd. Gut kamen wir ans andere Ufer. Niemand schimpfte von der langen Autoschlange, die ich hinter mir hatte. Meine zwei Kameraden bedankten sich, dass sie nicht laufen mussten. Dann – Stockung – letzter Widerstand der Polen mit Packgeschütz. Ich hielt an und wollte aussteigen - da - ein Volltreffer in den Kühler meines Wagens, die Windschutzscheibe total zertrümmert. Mich warf der Druck links an die Türe, meinen Wagenbegleiter rechts an seine Türe. Als ich mich nach kurzer Benommenheit aufrichtete, schaute ich nach meinem Begleiter. Doch, oh Schreck, sein

Gesicht war mit Blut überdeckt. Schon kamen meine Kameraden mit dem Truppführer, Sanitäter und Truppenarzt. Sie zogen den Begleiter aus dem LKW und legten ihn auf eine Bahre und trugen ihn schnell fort. Ich habe ihn nie mehr gesehen und auch niemehr etwas von ihm gehört. Jetzt zogen sie mich aus dem Wagen. Etwas benommen sagte ich: "Mir fehlt nichts." Der Arzt: "Bitte ausziehen, ich muss nachsehen, ob sie wirklich keine Splitter im Körper haben." Also zog ich mich ganz aus. Der Arzt schaute genau nach und sagte: "Tatsächlich, nicht ein Splitter, haben sie Glück gehabt." Meine Kameraden schauten mich entgeistert an und schüttelten den Kopf. Der Spieß befahl: "Holen sie ihre Sachen heraus, sie bekommen einen neuen Wagen." Als ich das Marienbild unter meinem Sitz hervorhob, fragte der Spieß: Wo haben sie dies her?" "Im letzten Ort holte ich es aus einem brennenden Haus heraus", war meine Antwort. Meine Kameraden bestätigten dies. Mit dem neuen Wagen ging es weiter über den kleinen Fluß Sahn, die Brücke war nicht gesprengt, und um Mitternacht trafen wir auf die Russen, die uns mit Wodka empfingen. Wir hatten Wein und Sekt dabei, so wurde bis in die Morgenstunden gefeiert. Mit Funk hatten wir uns vorher verständigt. Als wir nun in der Früh die Sachen wieder zusammen packten, fragte ich: "Wo ist die Karbidlampe?" Ein Kamerad antwortete: "Ein Russe hat sich sehr dafür interessiert, denn die hatten nur Kerzenlampen." Verdammt, der hat sie schnell mit seiner Lampe getauscht. Jetzt war es zu spät nachzuschauen, denn sie fuhren schon ab. Wir fuhren zurück und bauten dabei die Telefonleitung wieder ab, bis zum Dorf, wo wir viele Juden angetroffen hatten. Komisch, ihre Häuser waren jetzt leer – kein Jude zu sehen. Ich fragte einen Polen der deutsch konnte: "Wo sind denn eure Juden?" Seine Antwort: "Es kamen große Busse und LKWs mit deutschen Soldaten, aber die hatten braune Uniformen an, mit einer Hakenkreuzbinde am linken Arm, und nahmen alle Juden mit ihren Familien mit. Die Frauen weinten und baten flehend, mit ihren Kindern bleiben zu dürfen, aber es half nichts. Ich hörte nur Kommandorufe und Schreien, alle mussten in die Busse und auf LKWs. Mit uns redeten die Deutschen kein Wort." Nachdenklich ging ich zu meinem Wagen zurück, da kam der Spieß und sagte: "Gerritsen, wenn du gegessen hast, musst du mit deinem Wagen 20 Mann nach Breslau zum Bahnhof fahren. Es sind die Älteren, die bei der Mobilmachung in München eingezogen wurden und unsere Trupps von 10 auf 12 Mann verstärkt haben. Sie dürfen als Erste ihren Urlaub antreten, der Wachmeister fährt als Begleiter mit." Ich aß mich richtig satt, bekam aber noch eine kräftige Brotzeit mit und Kaffee in meiner Feldflasche. Auch der Wachmeister hatte sich reichlich mit Brotzeit eingedeckt. Die Kameraden wünschten uns gute Fahrt und eine "heile" Rückkehr. Wir fuhren eine kürzere Strecke nach Breslau und kamen nach Mitternacht an. Tatsächlich stand ein Personenzug dort unter Dampf. Wir hatten gerechnet, dass wir wohl bis in der Frühe warten müssten, so war es uns allen aber angenehmer. Die Kameraden bedankten sich bei mir. Zum Dank gaben sie mir Kekse, Schokolade und Zigaretten (obwohl ich nicht rauchte, dachte ich an meinen Vater, dem ich damit meine erste Feldpost schicken wollte). Wir warteten bis zur Abfahrt des Zuges. Sie winkten und riefen: "Auf Wiedersehen!", was aber doch nicht stattfand, denn wir bekamen später jüngere Kameraden von der Mosel zugeteilt. Mit dem Wachmeister machte ich noch eine Brotzeit, dann ging es zurück zur Einheit. Mitternacht erreichten wir sie. Die ganze Kompanie war bei der Siegesfeier. Der Truppführer reichte mir einen Becher

Wodka – ich dachte es sei klares Wasser – und nahm einen großen Schluck. Ich bekam keine Luft und wäre fast umgefallen, da hielt er mich fest, reichte gleich einen anderen Becher mit Wasser und sagte: "Trink schnell!" Ich trank und kam wieder ganz zu mir. "Nie mehr trink ich dieses Gift, das hat bestimmt 90%!" So richtig mitfeiern konnte ich nicht, ich war zu müde von der Fahrt. Als erster legte ich mich im Wagen zum Schlafen. Am nächsten Morgen war ich sehr früh auf den Beinen. Da sah ich am kleinen Fluß nackte Kameraden die ihre verschmutzten (verschissenen) Hosen wuschen. Nass zogen sie die Sachen wieder an. Bei dieser Hitze, in der Früh schon 30°, ging dies schon, da trockneten sie auch am Körper. Nach dem Frühstück befahl der Spieß: "Gerritsen, sie fahren ihren kaputten LKW bis Breslau Verladebahnhof, sie kennen ja die Strecke schon. Der Wagen ist bereits am neuen LKW mit 5 Meter Abschleppseil angehängt. Ebenso ist die Telefonverbindung zwischen den Fahrzeugen hergestellt, damit der Vordermann ihnen sagen kann, was vorne geschieht." Wir packten also unsere Sachen wieder um, vom neuen in den alten Wagen. Das Marienbild kam wieder unter meinen Sitz, wo eine Wanne angebracht war, die ich mit Verbandszeug ausgefüllt hatte, darauf kam das Bild. Mein Begleiter hatte unter seinem Sitz den Tank. Dann ging es endlich los. Wir durften uns nur am Ende der Kolonne anschließen, denn wir konnten ja nicht so schnell fahren. Auf der Fahrt mussten wir ein paar Kilometer die breite Straße nach Warschau benutzen, dann ging es links ab Richtung Breslau-Schlesien. Auf der breiten Straße ging es sehr lebhaft zu. Die Polen strebten aus ihren Dörfern, die sie laut Befehl ihres Militärs verlassen mussten. Ihre Pferde, je eines, zogen einen Wagen mit zwei Rädern (Pannjewagen sagte man dazu). Der Wagen war voll beladen mit allerlei

Sachen, darüber Wolldecken, auf denen die Familie saß. Der Mann saß auf der vorderen Bordwand mit dem Zügel des Pferdes in der Hand. Plötzlich kam durchs Telefon: "Heini, Achtung!" Schon bog unser Zugwagen unerwartet nach links, um zu überholen. Für mich kam die Warnung zu spät zum Reagieren. Mit meinem rechten Vorderrad beschädigte ich das linke Rad eines Polenwagens. Mein Wagenbegleiter beobachtete, dass dadurch der Pferdewagen umkippte und die Frau mit den zwei Kindern runterfiel. Da packte mich die Wut und ich telefonierte nach vorne: "Sepp, wenn du das nochmal machst, melde ich dies dem Kompaniechef. Meinst du vielleicht, ich will als indirekter Mörder weiterleben?" Seine Antwort: "Es kommt nicht mehr vor." Er fuhr ab sofort vorsichtiger, nicht mehr über 60 Km/h. So kamen wir mit unserer Kompanie heil um Mitternacht in Breslau-Verladebahnhof an. Man hatte schon auf uns gewartet. Gleich ging es über eine Rampe auf die Wagons. Als wir alles fest verankert hatten, kamen die Köche von der Feldküche und brachten uns das Essen und Kaffee, wieder sehr gut und reichlich. Wir waren noch nicht fertig mit dem Essen, da fuhr der Zug schon ab. Ich legte mich im Führerhaus hin zum Schlafen, mein Begleiter hinten im Wagen, denn der war ja leer, die Geräte waren im neuen LKW. Die Fahrt ging über Leipzig, Dresden, Hof, am Main entlang nach Frankfurt-Süd, weiter nach Mainz und Koblenz. In Frankfurt-Süd blieb der Zug kurz stehen, da sah ich auf einer Bank am Bahnhofsgebäude einen älteren Offizier. Der schrie mich gleich an: "Können sie nicht grüßen?" Ich wartete mit der Antwort bis der Zug anfuhr, dann rief ich: "Ich bin müd, pfüat di!" Zornig rief er etwas zurück und rannte nach vorne. Er wollte sicher den Wagon ereichen, wo der Abteilungsstab sich befand, aber der Zug zog jetzt schneller an, da blieb er stehen und sah wohl ein, dass er den Wagon nicht mehr erreichen konnte. Er drohte mir noch mit der Faust, ich winkte lässig mit der Hand und legte mich wieder hin.

In Mainz meinten meine Kameraden vom Vorderwagen: "Hast du den Alten auch gesehen? Mensch, war der zornig, wen hat er bloß gemeint?" Ich antwortete: "Der war wohl zu aufgeregt, vielleicht dachte er bei unserem Anblick, dass er auch bald an die Front muss. Ich hab mit der Hand gewunken und mich dann hingelegt." Die Kameraden grinsten, fragten aber nicht weiter. Bei Koblenz wurde ausgeladen und ab ging's per Achse links über die Mosel, ein kleiner, wasserarmer Fluss, kein Wunder bei dieser Hitze und sehr wenig Regen in diesem Jahr. Erst nach dem Krieg wurde die Mosel mit vielen Schleusen schiffbar gemacht, durch einen Vertrag mit Frankreich. Uns hat es gefallen, dass es per Auto weiterging, dadurch kamen wir (rechts der Mosel) durch all die schönen Orte und Weinberge. Überall begrüßten uns die Leute und Kinder recht freundlich.

In St. Aldegund war Halt, das erfuhren wir schon im Zug. Der Bürgermeister und die Einwohner hießen uns herzlich Willkommen. Nachdem wir unsere Fahrzeuge auf einem großen Platz direkt an der Mosel abgestellt hatten, wurden die Namen der Quartiere, die auf den Zetteln notiert waren, verteilt. Ich kam mit einem Kameraden zu einer jungen Witwe mit einem Sohn von acht Jahren, der sehr schüchtern und ängstlich war. Es war die Frau Anna Stein mit Sohn Hermann, sehr symphatische Menschen. Der Bruder von Frau Stein war auch zur Begrüßung da. Er wohnte fünf Häuser weiter an der Moselstraße und hatte mehrere Kinder. Natürlich wurde die Begrüßung mit Wein begossen. Es war ein altes Haus mit einem Weinkeller, alles sehr sauber und gepflegt. Auch die kleinen Zimmer waren sehr sauber mit einem Waschbecken, fließendes kaltes

Wasser, einem Spiegel und Handtuchhalter. Heizung und warmes Wasser gab es noch nicht, wurde erst nach dem Krieg eingebaut, auch kein Bad im Haus. Das machte uns Soldaten nichts aus. Nachts gingen wir in der Mosel baden. Da es bald Mitternacht war, kamen keine Kinder oder Bewohner, da konnte man auch ohne Badehose ins Wasser (bei der Wehrmacht gab's keine Badehosen, nur beim Arbeitsdienst). Das Baden tat uns gut, die Nächte waren schwül warm dieses Jahr. Eines Tages sagte Frau Stein: "Heute Abend machen wir eine Weinprobe. Mein Bruder kommt mit ein paar Bekannten, macht ihr mit?" Freudig sagten wir zu. Nach dem Abendessen kam ihr Bruder mit zwei Bekannten. Es ging die Stufen hinunter in den Weinkeller, ein Tonnengewölbe. Zwölf Fässer Wein standen an den Wänden entlang, auf jedem brannte eine Kerze, die Deckenlampe war ausgeschaltet. Jeder musste für sich selber ein Gläschen Wein füllen, mit einem kleinen Schlauch im Mund aus einem Fass saugen. Frau Stein und ihr Sohn schauten zu, tranken aber nichts. Beim Fass Nr. 6 sagte ich: "Mir reicht's!" und rannte raus die Treppe rauf. Oben angekommen, schmiss es mich der Länge nach auf die Straße. Gleich stand ich auf, ging noch aufs Klo und dann schnell ins Bett. Ich schlief sofort ein. Am nächsten Morgen um 6 Uhr stand ich auf, wusch mich und fühlte mich wieder wohl. Um 7 Uhr weckte ich den Kameraden, der stöhnte: "Wie, schon auf?" "Ja, auf! Um 8 Uhr antreten!" "Oh, mein Kopf," stöhnte er. Draußen hörte ich Wasser und schaute hinunter. Frau Stein lachte und goss nochmal einen Kübel Wasser nach: "Da ist einem die Weinprobe nicht bekommen." Ich sagte: "Das kann nur mein Kollege gewesen sein." Der antwortete: "Ich war's, konnte nicht mehr schnell genug zum Klo kommen, da hab' ich gleich aus dem Fenster gekotzt." "Hoffentlich hast du die Wand nicht voll gemacht?" meinte ich. Da rief Frau Stein: "Ich habe es schon weggeputzt." Mein Kamerad stand schnell auf, lief ans Fenster und rief: "Vielen Dank Frau Stein, entschuldigen sie bitte, dass mir das passiert ist." Sie lachte und sagte: "Ist schon gut," und spülte die Stelle sauber ab.

Am Samstag, den 18. Dezember 1939 mussten wir um 8 Uhr antreten. Mit Bussen ging es nach Trier zur Stadtbesichtigung. Eine Frau vom Verkehrsamt übernahm die Führung. Sie erklärte die wichtigsten Stadtteile und die Ruine der Porta Nigra. In einer großen Gaststätte erhielten wir ein Mittagessen. Es war immer noch sehr warm, obwohl es schon auf Weihnachten zu ging, und es wurde viel getrunken. Alkohol war verboten, damit alle gut in ihre Quartiere zurückkamen. Es war wirklich ein schöner Tag. Heilig Abend feierte unsere Kompanie in Alf in einem großen Saal einer Wirtschaft. Jeder erhielt einen Teller voll Weihnachtsgebäck, Weihnachtslieder wurden gesungen, und es gab ein festliches Abendessen. Um 22 Uhr war Schluss, wir marschierten zurück in die Quartiere. Bei Frau Stein wurde weiter gefeiert, unter einem schönen Christbaum, mit einem guten Glas Wein. Um 23.30 Uhr gingen wir in die Christmette. Die Kirche war ein schöner gotischer Bau. Wir Soldaten standen, sonst hätten die Einwohner keinen Platz in den Bänken gehabt. So voll war die Kirche noch nie, meinte Frau Stein. Der Pfarrer hielt eine ansprechende Predigt über den Frieden. Natürlich waren auch meine Gedanken: Hoffentlich kommt der Krieg mit Frankreich nicht, obwohl der Franzose und der Engländer uns den Krieg erklärt hatten.

Nach Neujahr hieß es: Abmarsch! Es ging nach Niersbach und Speicher, nahe der Luxemburger Grenze. Auf dem kleinen Dorfplatz wurden wieder die Quartierszettel verteilt. Ich war mit drei Kameraden zur

Familie Heinz eingeteilt, sie hatten ein neunjähriges Mädel. Der Herr Wilhelm Heinz war im Amt tätig, nebenbei Korbmacher. Es war eine sehr nette und gute Familie. Wir waren aber nur zu dritt anwesend. Ich fragte den Spieß: "Wo ist der vierte?" Seine Antwort: "Der musste schnell mit dem Saniwagen ins Krankenhaus nach Trier gefahren werden. Wir wissen noch nicht was ihm fehlt." Also musste ich mit zwei Kameraden, die mir schon in der Kaserne in München unsympathisch waren, Quartier nehmen. Es war nicht besonders groß, das Haus, aber innen sehr gut eingeteilt: Küche; Wohnzimmer; vier Schlafzimmer; Vorratskammer und ein Wasch- und Baderaum. Im 1. Stock befanden sich die Schlafzimmer. Die Frau zeigte uns unsere Räume, man konnte sehr zufrieden sein. Unsere Zimmer waren mit einer Zwischentüre verbunden. Leider musste ich mit dem unsympathischen zusammen sein, der andere alleine, weil der Kollege ja im Krankenhaus war. Beim Kleiderempfang in der Münchner Kaserne bekam jeder auch ein weißes Nachthemd. Es reichte bis über die Knie. Ich zog nachts auch eine kurze Unterhose an. In der ersten Nacht ging alles gut, nichts passierte. Aber in der zweiten wurde ich plötzlich wach. Mein Nachbar hatte mir die Unterhose runter gezogen und meinen Penis in der Hand. Sofort sprang ich auf und gab ihm eine saftige Ohrfeige. Er war 10 cm größer als ich und wog 10 kg mehr. Gleich kam der andere, nackt, mit einem Zollstock und sagte: "Heini, sei doch kein Spielverderber. Es ist doch nur eine Gaudi!" Ich schrie: "Rührt mich bloß nicht an, ich schrei um Hilfe!" Trotz der Warnung zog er wieder an meiner Unterhose. Wieder gab ich ihm eine Ohrfeige und rief laut: "Herr Heinz, kommen sie sofort – Hilfe!" Schnell zogen die beiden ihre Nachthemden an, da stand schon Herr Heinz in der Tür und fragte laut: "Was ist los?" Ich antwortete: "Mit dem Zollstock wollen sie messen, wer den "Längsten" hat, das verbiete ich mir."- Ich erinnerte mich, dass schon in der Kaserne über den einen im Duschraum gespöttelt wurde. Viele riefen ihm zu: Mensch Toni, einen Zentimeter kürzer, dann hast du ein Loch! Aber ich muss zugeben, dass ich da nie mitgemacht habe. Ich beeilte mich immer und zog mich im Umkleideraum schnell wieder an. Kein Mensch kann etwas dafür, dass die Natur seiner Größe angemessen, ihn etwas stiefmütterlich ausgestattet hat. – Herr Heinz sagte: "Der Gerritsen hat recht, lasst ihn bloß in Ruhe. Wenn ich noch mal etwas höre, bin ich morgen bei eurem Kompaniechef, ich weiß sein Quartier." Wir legten uns wieder hin, ich konnte lange nicht einschlafen. Meinen Nachbar hörte ich bald schnarchen, ebnso den anderen. Immer überlegte ich: Sollst du morgen Meldung machen? Ich ließ es sein mit dem Gedanken: Wenn dies nochmal geschieht, dann machst du sofort Meldung. Es kam aber nie mehr vor, für dies dankte ich dem Herrgott. Diese zwei waren für mich keine Kameraden mehr. Sie hielten immer einen größeren Abstand von mir, auch wenn mal wieder gebadet wurde, waren sie nie mehr in meiner Nähe – Gott sei Dank!

Nach zwei Tagen, als wir morgens antreten mussten, lag der ganze Ort unter einer dicken Schneedecke. Alle mussten Schnee schaufeln, um auf den Dorfplatz zu kommen. Wir waren sprachlos, dass nach so einem heißen Sommer so schnell der Winter mit Schnee kam. Am nächsten Tag hatten wir im Schnee eine Übung mit der Gasmaske. Genau wurde erprobt, ob sie auch richtig sitzt bei jeglicher Bewegung. Danach musste ich mit dem neuen Wagen, mit Wagenbegleiter, zu dem kleinen Städtchen Speicher in die Werkstatt, da die Einspritzpumpe nicht in Ordnung war. Da es mindestens zwei Tage dauern würde, bekamen wir dort ein Quartier bei einer Witwe. Sie hatte ein sehr schönes kleines Haus mit gemütlich eingerichteten Zimmern. Sie war eine nette, freundliche Frau, die aber sehr viel weinte. Wir fragten sie, warum? Da sagte sie: "Kurz vor dem Krieg starb plötzlich mein Mann und mein einziger Sohn fiel gleich zu Anfang des Feldzuges in Polen." Bei soviel Leid fehlten einem die Worte des Beileids. Am nächsten Tag kaufte ich ein für zwei Kommunionkinder: Für Hermann, den Sohn von Frau Stein in St. Aldegund und für die Tochter der Familie Heinz in Niersbach. Am Abend wollte die Witwe trotz ihrer Trauer wissen, wie es uns im Polenfeldzug ergangen ist. Dabei erzählte ich von dem Marienbild im brennenden Haus und dann vom Teffer in meinen Wagen beim letzten Widerstand der Polen. Sie wünschte uns weiterhin viel Glück und Gottes Segen. Am kommenden Morgen um 8 Uhr fuhren wir mit dem reparierten LKW zurück zur Kompanie. Auf der Fahrt dorthin sagte mein Kamerad: "Ich weiß nicht, ich kann nicht mehr so richtig glauben." Ich darauf: "Warte nur ab, vielleicht kommst du in eine Situation, wo du feststellst, dass keiner dir hilft, was dann?" Bei der Kompanie angekommen ging's gleich los, den Wagen zu beladen.

Nun kam Ostern, der Schnee war Gott sei Dank weg. Die Geschenke waren erledigt, dass heißt an den Buben in St. Aldegund per Post geschickt und bei Familie Heinz schon abgegeben, denn wir mussten startbereit sein, durften also nicht bis zum Weißen Sonntag warten. Meine zwei "Lumpen" staunten, dass ich an den Weißen Sonntag gedacht hatte. Sie hatten nichts, obwohl sie auch Gelegenheit gehabt hätten, ein Geschenk zu kaufen. An Ostern war in der Früh vor der Wirtschaft ein langer Tisch aufgestellt mit den Ostergeschenken. Jeder von uns bekam eine Tafel Schokolade, eine Rolle Keks und zwei bunte

Ostereier. Danach mussten wir bis mittags die Geräte instand setzen. Zu Mittag gab's in der Wirtschaft gemeinsames Essen, Eintopf, aber sehr gut, anschließend Freizeit, aber keiner durfte mit dem Postbus in die Stadt fahren. Es war Alarmbereitschaft. Meine zwei "Lumpen" gingen fort, ich blieb bei der Quartiersfamilie. Herr Heinz bat um die Adresse meiner Eltern, weil er ihnen einen Gartenkorb schicken wollte und zeigte ihn mir, ein sehr schöner großer, mit Weidenruten geflochten. Ich schrieb noch ein paar Zeilen und legte den Briefumschlag in den Korb. Bei meinem ersten Urlaub erfuhr ich, wie sehr sich meine Eltern darüber gefreut hatten.

Am 10. Mai ging's in der Früh los. Ohne jeglichen Widerstand zogen wir in einem Tag durch Luxemburg. Die Bewohner schauten uns teils erschrocken, teils belanglos an. Wir hatten keine Gelegenheit jemanden zu fragen, wie sie über diesen Überfall denken. An der Grenze zu Belgien machten wir große Pause. "Stukas" flogen über uns hinweg. Es waren Flugzeuge mit etwas abgeknickten Flügeln, die im Sturzflug ein Ziel ins Visier nahmen und ihre Bomben treffsicher abwarfen. In Villers, gleich hinter der Grenze, sahen wir das Werk der "Stukas". Die Belgier hatten ein paar Bunker vor dem Ort – alle waren restlos zerstört. Ob Tote darin lagen, wussten wir nicht, wir hatten keine Zeit nachzuschauen. Unaufhörlich ging es weiter. Wie froh war ich, dass ich den Gerätewagen wieder hatte und dankte innerlich Gott dafür. Meine Kameraden waren abends restlos fertig. Es gab zwar ein gutes Essen, doch die meisten waren so müde, dass sie nur wenig davon nahmen. Meine Penatendose war bald leer, denn viele hatten sich wieder wund gelaufen. Ich bekam gleich eine neue. Es waren meist die dickeren Kameraden, die diese Hilfe brauchten. Sie taten mir leid, als ich sah, wie breitspurig sie an ihren Platz zurückgingen. Einen hörte ich reden: "Ich weiß nicht, wie lange ich das noch aushalte."

Pfingsten 1940 waren wir in der Stadt Arlon – Südbelgien. Auf dem Rathausplatz machten wir große Pause. Nur vereinzelt sahen wir ein paar Bewohner, die hastig vorbei gingen. Beim Ort Enilly et Lonbut/Frankreich bauten wir das nächste Lager auf. Ein Kamerad ging weiter weg vom Lager um zu pieseln (die meisten gingen immer nur ein paar Schritte weg), da kam er schnell zurück und rief: "Da liegt eine große Bombe im hohen Gras!" Spieß und Schirrmeister gingen sofort mit ihm hin. Der Schirrmeister stellte fest: Eine französische Fliegerbombe. Sofort wurde eine weiße Schnur als Absperrung darum gelegt mit einem Schild: "Vorsicht Blindgänger". Deswegen bauten wir unser Lager in etwa 200 m Abstand auf. Am nächsten Tag ging es weiter, vorbei an zerstörten Bunkern, von unserer Artillerie vernichtet. Bevor wir weiter fuhren, wurde durch unsere Führung ein Gefangener, schwarzer französischer Soldat verhört. Das nächste Ziel war Toul, eine Stadt, von unserer Luftwaffe weitgehend zerstört. An einer Straße am Stadtrand waren noch ganze Häuser, da hieß es: "Nach Männern und Burschen durchsuchen, immer zu zweit, jedes Haus!" Jeder erhielt eine Pistole, kein Gewehr. Bei jedem Eintritt in ein Haus betete ich: "Herrgott, lass es gutgehen!" Beim dritten Haus im 2. Stock, öffnete eine sehr alte, magere Frau mit schneeweißen Haaren, auf unser Klopfen die Tür. Ganz aufgeregt sagte sie was zu uns. Mein Kamerad konnte etwas französisch: "Sie sagt, bitte ihr nichts tun, sie ist ganz alleine." Ich machte mit den Händen eine beruhigende Bewegung, schloss die Tür zu, und wir gingen leise die Treppen runter. Die alte Frau tat mir leid – der verdammte Krieg! Auch die anderen hatten niemanden gefunden. Zwei Kameraden berichteten, sie hätten eine Frau mit zwei kleinen Kindern angetroffen. Die Frau konnte ein wenig deutsch und hätte gesagt, dass kein Mann im Haus sei, alle seien als Soldat einberufen worden.

Bevor wir nach Toul kamen, hatten drei Tage uns in Angst und Schrecken gehalten. Wir waren gerade in einer großen, länglichen Mulde, da hieß es plötzlich: "Halt – volle Deckung!" Sehr laute Detonationen waren sofort hörbar. Unser Hauptmann sagte: "Es ist die französische Artillerie." Drei Tage und zwei Nächte überschüttete sie uns mit ihren Geschossen. Die einen flogen zu kurz, die anderen über uns hinweg – wir lagen glücklicherweise in einem toten Winkel, weil die Anhöhe der Franzosenseite höher war, als unsere Deckung. Am dritten Tag hörten wir endlich unsere Fernbomber. Da bebte die Erde durch die vielen Bomben, die sie abwarfen. Als wir am vierten Tag weiter vordrangen, sahen wir ihre "Arbeit". Der Anblick war einfach fürchterlich. "Der verdammte Krieg!" entfuhr es mir. Zerrissene Menschen, zerrissene Pferde – einfach grauenhaft – ich konnte nicht mehr hinschauen. Weiter ging es nach Belle Fontaine. Dort gab es eine große Pause, denn wir hatten nach den drei fürchterlichen Tagen einen Heißhunger. Es gab reichlich, alle wurden satt. Jetzt kamen uns endlos lange Schlangen von französischen Soldaten entgegen, ab in die Gefangenschaft.

Am 23. Juni bis 1. Juli 1940 waren wir in der Stadt Vezelise, nur teilweise durch unsere Flieger zerstört. Die Bevölkerung war aus den Wäldern wieder zurück. Bei dieser Pause bekamen wir eine neue "eiserne Ration", die alte hatten wir in den drei Tagen in der Mulde verzehrt, denn unsere Köche konnten ja nichts tun. In Vezelise fuhren die sich ergebenden französischen Panzerdivisionen vorbei, für sie war der Krieg zu Ende?!

Im Ort Commercy besuchten wir das Grab unseres stellvertretenden Zugführers von der alten Kompanie in München. Wir alle waren sehr ergriffen, denn er war ein feiner, guter Mensch – besser als der, den wir jetzt hatten. Doch allzulange konnten wir uns auf dem neu angelegten "Heldenfriedhof" nicht aufhalten.

Verdun fiel ohne Widerstand – im Gegenteil zum 1. Weltkrieg, wo die Franzosen zum Nachteil der Deutschen, den größten Widerstand leisteten. Mein Kamerad machte ein paar Fotos, eines schenkte er mir. Bei Verdun, im Gefangenenlager der Franzosen, waren viele Marokkaner die gleich mit uns eine Unterhaltung anfingen. Man merkte ihnen an, dass sie nur durch ihre Notlage noch eine Kolonie der Franzosen waren. Nun kamen unsere Infanteristen, die nach vorne marschierten, um ihre Kameraden abzulösen. Der Ort Fremblois wurde von unseren Stukas dem Boden gleich gemacht – ich war entsetzt. Die Franzosen leisteten anscheinend keine Abwehr. Die Maasbrücke bei Dun war zerstört, doch unsere Pioniere hatten in der Nacht eine schwimmende Brücke gebaut, sodass wir schnell und sicher rüber kamen. Bei Villers ging es an einem neu angelegten Deutschen "Heldenfriedhof" vorbei – meine Gedanken waren dabei: Mein Gott, musste das sein, alles junge Menschen zwischen 21 und 25 Jahren – die armen Eltern – der verdammte Krieg! Sehr traurig wurden wir, als wir auf dem Dorffriedhof Neuville bei Vaucbouleurs, das Grab unseres besten Zugführers sahen. Wir hatten vorher schon etwas gehört, nahmen aber an, er sei nur verwundet. Wir dachten an seine junge Frau, wie wird sie die Nachricht aufnehmen? Oh, dieser unselige Krieg! Doch es ging weiter, keine Zeit für langes Grübeln.

Nun kam St. Vincent, eine stark befestigte Ortschaft. Aber, oh Wunder – die Franzosen übergaben diese Festung ohne einen Schuss, bedingungslos. – Wie dankte ich dem Herrgott! Ein Kamerad machte viele Aufnahmen von dieser Festung, die bestimmt viele Opfer gefordert hätte, wenn es zum Kampf gekommen wäre. Wir machten eine große, ausgedehnte Pause, weil uns der Waffenstillstand mitgeteilt wurde. Wir zogen an einem riesigen "Beuteplatz" vorbei, nach der Stadt Nancy. Hier war vorläufig das Endziel. Unsere Abteilung zog ins Schloss, unsere Truppe bekam das Haus des Schlossverwalters. Das Haus und das Schloss waren leer, die Bewohner vielleicht nach England geflohen? Im Radio hörten wir, dass die Engländer mit Teilen der Franzosen-Armee, fluchtartig über den Kanal nach England abgehauen sind. In der Soldatenzeitung, die wir zum ersten Mal erhielten, stand: Mit Mann, Ross und Wagen hat sie der Herr geschlagen!

Oh armes Deutschland, wie hast du zu früh gejubelt! 1945 konnten die Amerikaner mit Engländern und Franzosen so jubelieren. Leider? , oder doch gut so?!

Uns ging es vorläufig sehr gut im Schlosspark, wo wir uns jeden Tag bei schönstem, warmen Wetter aufhielten. Mit Kameraden mussten wir vom 8. bis 11. Juli hundert französische Gefangene bei ihren Aufräumungsarbeiten bewachen. Jeden Morgen bekamen wir die "Genfer Bestimmungen" vorgelesen, bevor wir den Dienst antraten, kein Gefangener wurde angefasst. Mittags kamen ihre Angehörigen oder Bekannten und brachten etwas zum Essen. Ich ließ es immer geschehen. Den ganzen August ging es uns sehr gut, nur unsere Autos und Fernsprechgeräte mussten wir in Ordnung halten. Wir bekamen etwas Geld und konnten in der Stadt einkaufen. Bei dieser Gelegenheit sahen wir unseren Zugführer (ein Oberleutnant) mit seinem

Kollegen von der 3. Kompanie, wie sie auf einem Balkon eines schönen Hauses, mit zwei jungen Französinnen, mit Weingläser anstießen. Ein Kamerad sagte ganz laut: "Aha, unser Oberleutnant und sein Freund haben sich hübsche Weiber geholt, wohl damit sie bei ihnen im Bett "Handbetrieb" machen können!" Der Oberleutnant drohte mit der Faust. Wir verschwanden schnell. Danach fragten wir den Kameraden, was er damit meinte? Er antwortete: "Beim letzten Appell sagte er zu uns: Nützt diese Freiheit nicht zum Schaden aus - ab heute nur Handbetrieb statt Französinnen." Ich schüttelte den Kopf und meinte: "Sowas will Vorbild sein – armes Deutschland" Der Kamerad sagte: "Wie, hast du so edel über unsere Führung gedacht? Es sind nicht alle so, wie der gefallene Zugführer. Ich könnte dir noch manches sagen, mit ihrem strammen Erscheinen als Offizier übertünchen sie ihre wirkliche Einstellung, ihren Charakter." Meine Antwort: "Ich meine, diese Sorte trifft man in allen Schichten, nicht nur bei den Offizieren."

Am 4. September plötzlich Alarm. Um 8 Uhr antreten. Es wurden Leute ausgesucht für ein Kommando nach Norwegen. Es wurden zwei Trupps aufgestellt, ich war dabei. Am nächsten Tag, 5. September, ging es zum Verladebahnhof Nancy – ich bekam wieder meinen neuen Gerätewagen – mein Marienbild kam wieder unter meinen Fahrersitz. In Koblenz stiegen zwei Trupps aus Köln, Kornachrichten-Abteilung, zu uns in den Zug. Wir machten uns kurz bekannt, dann ging es weiter über Frankfurt nach Hamburg. Von dort weiter nach Aalborg (Dänemark), Grenze passiert am 7. September um halb 12 Uhr nachts, Ankunft 8. September 1940. In Aalborg kauften wir geräucherte Aale, ein ganzer Aal nur 2 Reichsmark, die Verkäuferin nahm deutsches Geld an. Am 10. September wurden unsere Fahrzeuge auf große Transportschiffe verladen. Tags danach, 11. September, Mittag um 1 Uhr Abfahrt. Mit gemischten Gefühlen stieg ich hinunter in den Mannschaftsraum. Fremdes Motorengeräusch lockte uns gleich wieder nach oben. Da sahen wir über uns ein Wasserflugzeug. Wir schauten rückwärts, da sahen wir noch zwei große Transportschiffe, links ein Schnellboot der Kriegsmarine und rechts von unserem Schiff ein zweites Schnellboot. Ein Matrose erklärte uns, dass am Konvoi-ende ein Rettungsschiff mit der "Genfer Rote-Kreuz-Fahne" mitfährt.

Am Abend kam Sturm auf, und schon gab es die ersten Seekranken. Sie hielten sich an der Reling fest und speiten ("fütterten die Fische"). Da ich nicht seekrank wurde, musste ich auf den Hochstand klettern: Doppel-MG-Flugabwehrstellung. Von oben schaute ich auf die Kameraden runter. Immer mehr stürmten aus der Kombüse an die Reling und fütterten die Fische. Jetzt kam auch der Spieß und hinterher der Oberleutnant. Der stellte sich in falscher Richtung hin, sodass er die ganze Ladung vom Spieß ins Gesicht und auf den Anzug bekam. Ich musste laut lachen, aber niemand hörte es bei diesem Sturm. Alles rannte wieder zurück in die Kombüse, nur Matrosen waren noch an Deck, und das war gut, denn ein Bus wackelte verdächtig. Drei Matrosen sprangen gleich hin und machten die Verankerung besser fest. Ich befürchtete schon, der Bus könnte ins Meer stürzen. Die Matrosen bestätigten meine Befürchtung. Das hätte schon passieren können, wenn sie nicht rechtzeitig die Lösung der Verankerung entdeckt hätten. In der Früh legte sich der Sturm, es kam ein sehr schöner Tag. Ich freute mich, als endlich abgelöst wurde. Viele Kameraden waren immer noch krank und trauten sich nicht, etwas zu essen. Immer wieder hörte ich: "Heini, hier nimm, ich kann noch nichts essen." An diesem Tag hab ich ausnahmsweise zwei Portionen gegessen, ich konnte nicht mehr, ich war so satt. Ich ging an Bord spazieren, zum Hinsetzen war es zu kalt. Auf einmal rief mein Kamerad, der mich abgelöst hatte: "Ich sehe im Osten Land!" Da sagte ein Matrose: "Das ist Schweden." Spätnachmittag rief wieder der Kamerad: "Vorne Land in Sicht!" Ein Matrose erklärte: "Das ist Norwegen." Alle Kameraden kamen aus dem Mannschaftsraum nach oben. Wir fuhren langsam in den Oslofjord ein und keiner war mehr seekrank. Nach einer längeren Zeit befahl unser Kommandant: "Alle Mann links an Bord in Reihe, stillgestanden! Wir kommen jetzt an der Stelle vorbei, wo unser Schlachtkreuzer "Blücher" auf Grund liegt. Man kann das Wrack sehen, weil das Wasser so klar ist. Es wurde von einem Torpedo getroffen und sank sofort. Über 100 Kameraden liegen dort unten, norwegische Marine schoss es ab." Ein Matrose erzählte: "Ein paar Kameraden konnten sich noch retten, weil sie am Beobachtungsstand und an den Geschützen standen. Durch Schwimmen konnten sie sich retten. Sie wurden von den Norwegern gefangen genommen. Als das nächste deutsche Schlachtschiff kam, ergaben sich die Norweger und ließen natürlich die Deutschen frei." Ich fragte einen Matrosen: "Könnte man diese toten Kameraden alle rausholen und an Land beerdigen?" Seine Antwort: "Doch, aber es geschieht nicht, es bleibt ihr Grab." Ich fragte weiter: "Und was geschah mit den geretteten Marinesoldaten?" Er erwiderte: "Sie wurden auf verschiedene Kriegsschiffe verteilt. Sie waren sehr schweigsam, redeten nicht viel. Wir vermuten, dass dies einen Grund hat: Wie kann man nur mit einem so großen Kriegsschiff ohne Vorkontrolle in diesen Fjord einfahren? Der Kommandant hätte ein Boot vorausschicken müssen, denn jeder wusste doch, dass auch Norwegen gerüstet und gegen uns war, aber man darf dies nicht laut sagen." Ich hatte es mir auch gedacht, dass der Kapitän die Schuld trägt, aber ich sagte es auch nicht öffentlich. – Der verdammte Krieg! - Ein anderer Matrose, der zugehört hatte, fragte: "Bist du Kriegsberichterstatter?" Gleich antwortete ich: "Nein, nein, ich bin Kraftfahrer und Fernsprecher bei der Kornachrichten-Abteilung, mich interessiert es nur." Jetzt sah man in der Ferne Häuser: "Oslo", sagte ein Matrose. Wir fuhren an einem großen Passagierschiff vorbei. Ein Matrose meinte, dass dieses Schiff den Hafen micht mehr verlassen darf, die Norweger es deshalb als Lazarettschiff umgebaut haben. Dort pflegen sie ihre verwundeten Soldaten. Gegen Abend waren wir am Kai festgemacht und es folgte sofort die Entladung, wir brauchten aber nicht helfen. Ich musste den Mannschaftswagen übernehmen, und ab ging es in eine leerstehende Volksschule. Die deutsche Kriegsfahne war schon aufgezogen über dem Haupteingang. Jedem Trupp wurde ein großer Schulraum zugewiesen. Es waren 12 einfache Betten aufgestellt – vor jedem Bett ein Spind. Zwei Mann mussten in die große Küche runtergehen und das Abendessen holen, es gab belegte Brote und heißen Mischkaffee, wie immer reichlich. Am nächsten Tag nach dem Frühstück: Unterricht. Dabei wurde ein Plakat aufgehängt mit der Diensteinteilung: Wer tagsüber Dienst und wer Nachtdienst mit Telefondienst hatte. Essen wurde immer auf der Stube eingenommen, zwei Mann mussten das Essen holen, jeder hatte ja sein persönliches Kochgeschirr und Essbesteck (Löffel und Gabel in einem Stück zusammenklappbar und ein Taschenmesser mit Korkenzieher). Es war jedem freigestellt, sonntags in die Kirche zu gehen. Norwegen ist überwiegend evangelisch. Die Evangelischen gingen in den Dom. Wir Katholiken gingen in die St. Olaf-Kirche. Ein brauner, gotischer

Backsteinbau mit einem spitzen Turm, die drei Glocken hörten wir immer läuten. Da damals noch die lateinische Messe gelesen wurde, war uns also der Gottesdienst nicht fremd. Bei der Predigt sprach der Geistliche immer ein paar Gedanken auf Deutsch. Die Leute staunten, wie viele deutsche Soldaten in die Kirche gingen, das war bei den evangelischen Soldaten nicht so – nur ganz wenige besuchten die Kirche. Da wir jeden Sonntag in der Kirche waren, grüßten uns die Einheimischen recht freundlich. Sonntags konnten wir auf einer Anhöhe, nicht weit vom Hafen, den deutschen Soldatenfriedhof besuchen, von der deutschen Sanitätsstaffel sehr schön angelegt: Fünf Reihen, jede Reihe 100 Gefallene. Oh arme Mütter und Frauen, wenn ihr diese Nachricht bekommt! Von diesem "Heldenfriedhof" aus konnte man weit ins Land schauen, im Osten sah man Ausläufer der schwedischen Berge. Immer kürzer wurden die Tage. Ein alter Norweger sagte uns: "Hier gibt es noch den ganzen Winter über etwas Tageslicht, aber in Nord-Norwegen gibt es ab Ende November die ewige Nacht, im Sommer den ewigen Tag, also keine Dunkelheit. Manche Menschen können den ewigen Tag schon vertragen, aber nicht die ewige Nacht. Da haben schon viele aus Schwermut sich das Leben genommen – traurig aber wahr."

Wir bekamen viel Freizeit um uns die Stadt und Umgebung anzuschauen. Einen ganzen Tag brauchten wir, um das "Norsk-Folkemuseum" anzuschauen: Alte Häuser aus ganz Norwegen zusammengetragen, ausgestattet mit antiken Möbeln und Bildern, Ölgemälde von früher, auch Trachtenpuppen. Momentan meinte man, echte Menschen vor sich zu haben, sehr sehenswürdig. Auch waren in einem Park (Vigelandpark), dort waren viele nackten Figuren mit Kindern, in unterschiedlichen Bewegungsstellungen, dagestellt. Wir besichtigten die Universität und das Königsschloss (der König war mit seiner Familie nach England, von dort weiter nach Kanada geflohen). Von der norwegischen Armee war ein Teil in Schweden interniert, ein Teil nach England geflohen, ein Teil kam in die Gefangenschaft, wobei einige bald wieder entlassen wurden, weil sie eine Familie hatten. Ein großer Teil unterstand der deutschen Straßenbau-Organisation "Todt". Diese deutsche Gesellschaft baute eine Felsenstraße von Narvik bis Kirkenes, denn diese Orte waren bis dahin nur mit Schiffen erreichbar. Später kamen noch russische Gefangene zum Bauen dazu. Bei schönem Wetter saßen wir ein paarmal am Hafen im Café. In einem Restaurant wollten wir mal ein echtes norwegisches Gericht genießen. Wir gingen auf einen Tisch zu, an dem nur ein Norweger saß. Wir fragten höflich, ob die anderen Plätze frei wären. Statt einer Antwort stand er auf und ging nach hinten, wo noch zwei Tische frei waren. Wir setzten uns und fragten den Ober, warum der Mann aufstand und nach hinten ging? Da sgte er: "Sie sehen hier alles runde Tische mit vier Stühlen. Alle Tische, bis auf die zwei dort, waren besetzt. Wenn diese zwei auch besetzt gewesen wären, wenn auch nur mit einer Person, so hätte er euch erlaubt, Platz zu nehmen." Das Fischgericht war sehr gut, so etwas hatten wir in Deutschland noch nicht bekommen.

Ab Dezember hatten wir enorm viel Schnee. Das Weihnachtsfest in der großen Turnhalle war sehr schön und gemütlich. Jeder bekam ein kleines Geschenk, dazu ein gutes Abendessen. Es war eine Bühne aufgebaut, links und rechts davon zwei mächtige Tannenbäume mit Lametta und Kerzen. Auf fünf großen Schultafeln hatte ein Künstler tolle Zeichnungen gemalt, was uns bis dahin in Norwegen alles passiert ist. Auch kleine Theaterstücke wurden aufgeführt. Ein wirklich schöner, feierlicher Heilig Abend. In die Mitternachtsmesse durften wir nicht, da kein Soldat nachts von der Truppe fernbleiben durfte. Nun, auf den Stuben wurde weiter gefeiert bis Mitternacht. Am 1. Januar 1941 konnten wir wieder um 9 Uhr in die Kirche gehen. Der Pfarrer betonte bei der Predigt: "Auch den deutschen Christen wünschen wir ein gutes und friedliches Neues Jahr."

Oh – wie hoffte ich, dass dieser Wunsch in Erfüllung gehen möge! Nach dem Gottesdienst wünschten einige Norweger uns auch ein friedliches Neues Jahr, wir es ihnen auch von Herzen. Ende Januar fiel wieder Schnee, die Kälte stieg auf 12 bis 15 Grad minus. Es blieb auch Anfang Februar so kalt.

Montag, den 26. Februar, Nachtwache

Über Funk erfuhren wir, dass unsere Jäger (Messerschmitt) drei russische Bomber (Ratas) abgeschossen haben. Es war weiterhin Alarm, deshalb durfte keiner in die Stadt. Abends vorher kam Post von den Eltern und Anni Holland. Es war wieder kalt, 11 Grad minus. Am nächsten Morgen mussten wir Holz sägen und kleinhacken für die Kompanie, ebenso Geräte überprüfen, ob alles in Ordnung ist – weiterhin Bereitschaft – Ausgangssperre. Es waren Kämpfe in Nord-Norwegen noch im Gang, doch die norwegische Armee löste sich auf: Ein Teil floh mit den Engländern nach England, ein Teil nach Schweden, der Rest ergab sich endgültig. Wir waren sprachlos, dass sich noch so viele norwegische Soldaten in den Bergen versteckt hielten. Am 25. Februar durften wir auf den Holmenkollen. Jeder mietete sich einen Schlitten für ein paar Öre. Es war eine großartige Rodelbahn angelegt. Es gab keinen Sturz. Unten konnte man den Schlitten abgeben, er wurde mit einer Lastenschwebebahn wieder raufgezogen.

Bei einer Nachtwache hörte ich zwei Kameraden, die auch Wache hatten: "Du musst ein paar Sachen mitnehmen. Geld nehmen sie nicht gerne an, lieber Wolldecken, oder Haushaltgeräte. Ich hab schon mein Taschenmesser und eine Wolldecke vervögelt." "Eine Wolldecke?" fragte der andere. "Das ist doch unmöglich, die braucht man doch." Darauf der erste: "Doch nicht meine, die hab ich aus der Kammer besorgt, mir ist doch egal, wenn Kontrolle kommt und der Kammerbulle bestraft wird, wenn die Stückzahl nicht mehr stimmt. Dafür hab ich eine tolle Stunde verlebt bei zwei Weibern, die ich beide haben konnte." Der andere darauf: "Vorgestern hab ich von meinen Eltern ein Päckchen bekommen, eine warme Unterhose, eine gut riechende Seife und ein kleines Handtuch, welches ich jetzt immer beim Essen brauche." Gleich der erste: "Mensch, damit kannst du dir eine tolle Stunde machen, ich führe dich hin, hast du schon mal ein Weib gehabt?" Die Antwort: "Nein, vor lauter Arbeit keine Zeit." Der erste: "Aha, machst du Handbetrieb. Ein Oberleutnant hat uns in Frankreich den Rat gegeben, er hat sich selbst nicht danach gerichtet. Ich natürlich auch nicht, ich bekam das, was ich wollte, der hielt ja die Kameraden für so blöd. Halt mal, ich überlege wann es geht. Ja, in acht Tagen, da haben die zwei wieder Wache, denen ich ein paar Kronen gegeben habe, damit sie ein Auge zudrücken. Es hat prima geklappt, also bis in acht Tagen." Am nächsten Tag hatte ich die Gelegenheit den einen alleine zu sprechen. Dabei stellte ich fest: Ein sehr junger Mensch, er war Hitlerjugendführer und hatte sich freiwillig zu den "Nachrichten" in einer Kaserne in Köln gemeldet. Er sei tatsächlich angenommen worden, obwohl er erst in einem Jahr zur Wehrmacht müsste. Ich sagte also zu ihm: "Ich hab alles gehört, was der "Schlawiner" dir gesagt hat – mein Rat ist, überlege es dir reiflich. Dieser Mann hat kurz vor der Mobilmachung als Soldat geheiratet und zwar kirchlich, wie er mir mal sagte. Von so einem Menschen, der nichts von einem feierlichen Versprechen der Treue hält, von so einem Menschen einen Rat annehmen ist eine gewagte Sache – überlege es dir reiflich! Angenommen du wirst erwischt, da kannst du dir damit deine Zukunft verbauen, diesen Rat gebe ich dir." Später erfuhr ich, dass er meinen Rat befolgt hat, der andere bekam eine Woche Ausgehverbot, wofür habe ich nicht erfahren. Ich habe mit ihm nie etwas zu tun gehabt, obwohl er zur Kompanie gehörte. Brauchte auch mit ihm nie Wache schieben, dafür war ich dem Herrgott dankbar. Eines Nachts hörten wir plötzlich Geräusche von Flugzeugen, aber keine deutschen, dessen Ton hatten wir uns gemerkt. Jetzt hörten wir auch Bombeneinschläge. Am nächsten Morgen erfuhren wir: Es waren russische Bomber – aber nichts getroffen – ob sie sich verrechnet hatten?

Ich denke zurück an meinen ersten Urlaub am 28. Februar 1941. Für diesen Urlaub hatte ich vorher etwas zu erledigen, Bestimmung vom Chef. Der Spieß: "Herr Gerritsen, wo sind an ihrer Uniform die Ehrenzeichen? Nähen sie diese bitte an, sonst kann ich sie nicht in den Urlaub fahren lassen. Also nähte ich das "Deutsche Schutzwall-Ehrenzeichen" vom 30.10.1940 an. Die Medaillen "Winterschlacht im Osten", verliehen am 11.9.1942 und "K.V.K. II. Kl. mit Schwertern, verliehen am 20.4.1945, diese Zeichen blieben später in meiner Seitentasche. Es hat auch keiner mehr gesagt oder angeordnet, dass ich sie tragen muss.

Mit dem Zug ging's durch Schweden nach Trelleborg, von dort weiter mit der deutschen Fähre nach Sassnitz. Die

Ostsee war zugefroren, deshalb fuhr ein Eisbrecher voraus. In Sassnitz stand schon ein Zug bereit nach München. Da ich in München meinen Wohnsitz hatte (bei Familie Holland), meine Eltern aber in Oberhausen/Rheinland wohnten, bekam ich großzügig, ausnahmsweise eine Rundreisefahrkarte. Ich fuhr zuerst nach München. Maria und ihre Mutter freuten sich sehr. Natürlich musste ich über Polen, Luxemburg, Belgien und Frankreich erzählen, auch von dem Marienbild aus Polen. Gleich fragten sie: "Warum hast du es nicht mitgebracht?" Meine Antwort: "Ich brauche ja den Schutz Mariens weiter, drum bleibt das Bild unter meinem Fahrersitz." Fünf Tage blieb ich. Maria nahm deshalb ein paar Tage Urlaub. Ich fuhr mit ihr nach Starnberg und besuchte dort im Teillazarett Percha den Gefreiten Josef Specht, unser Jugendpräses von St. Ludwig. Der gute Mensch war sehr überrascht, er sagte: "Ich hab zwar immer an dich gedacht, dass es aber so ein Wiedersehen gibt, da bin ich ganz erfreut. Gott behüte dich weiter."

Als ich dann von München die Reise nach Oberhausen machte, fuhr ich auf eigene Verantwortung erst nach Zusamaltheim, mit dem planmäßigen Bus von Augsburg Hbf. bis Wertingen, von dort nahm mich ein Bauer mit einer Pferdekutsche nach Zusamaltheim mit. Mit ihm vereinbarte ich gleich, dass er mich nach zwei Tagen wieder mit zurück nach Wertingen nahm. Anni und Tante Marie waren überglücklich, sie weinten vor Freude. Auch alle Nachbarn und der Pfarrer mit seiner Schwester begrüßten mich sehr herzlich. Die Nachbarbauern gaben mir viel zum Essen auf die Reise mit. Doch alles konnte ich nicht mitnehmen, denn ich hatte in meinem Rucksack die Geschenke für meine Eltern und Schwestern. Deshalb schenkte ich einen Teil der Lebensmittel der Tante Marie.

Nach zwei Tagen fuhr ich also um 9 Uhr mit dem Bauer

nach Wertingen, dort hatte ich gleich Anschluss mit dem Bus nach Augsburg Hbf. Nach einer halben Stunde Aufenthalt kam der D-Zug nach Dortmund. Unterwegs war im Zug Kontrolle für Soldaten. Sie schauten meinen Ausweis mit Fahrkarte lange an, gaben mir beides zurück und wünschten: "Gute Reise." Ich war sprachlos über soviel Höflichkeit, denn diese "Bullen" waren im Allgemeinen sehr verhasst. Fünzehn Stunden brauchte der Zug bis Oberhausen, dort mussten wir gleich in den Luftschutzkeller. Nach einer Stunde konnten wir rausgehen. Es kam auch bald eine Straßenbahn nach Lipperheidebaum, ein Ortsteil von Oberhausen. Meine Eltern und Schwestern weinten vor Freude. Nun packte ich die Geschenke aus. Meine Schwestern erhielten Reliefs von norwegischen, alten Bauernhäusern. Als ich meinem Vater die 1000 Zigaretten gab, da sagte er ganz erfreut: "Oh Heinz mein Junge, das ist ja ein Reichtum, da hab ich schnell vom Dachdeckermeister mein Dach repariert. Es ist beim letzten Luftangriff der Engländer schwer beschädigt worden." Ich sagte: "Wie, es heißt doch beim Göring: Ich will Meier heißen, wenn ein Engländer rüber kommt!" Meine Schwester gleich: "Der heißt schon lange Obermeier." Ich besuchte alte Bekannte und die Schwester meiner Oma., Tante Anna Herrschaft. Meine Mutter begleitete mich dorthin. Die Tante wohnte in einem großen Raum, schön eingerichtet. Eine Nachbarin pflegte sie. Die Tante weinte und sagte: "Oh Heinerle, dass ich dich nochmal zu sehen bekomme hatte ich nicht geglaubt. Als ich krank wurde, habe ich mir gedacht, den siehst du nimmer, denn der Krieg hat schon so viele Opfer gefordert, alles junge Menschen. Ich hab schon so viel Trauriges gesehen. Jetzt komm ich natürlich nirgendwo mehr hin. Wie war es in Polen, in Luxemburg, Belgien, Frankreich, hast du das Gnadenbild mitgebracht? Deine

103

Mutter hat mir immer deine Briefe vorgelesen." "Liebe Tante, das Bild bleibt vorläufig im LKW unter meinem Sitz, ich brauch ja weiterhin den Schutz der Muttergottes." "Ach Heinerle, du hast Recht, ich hab immer für dich gebetet. Wir haben dich doch nicht großgezogen für den Krieg – dieser unselige Krieg – ach, wenn er doch bald zu Ende ging, bevor alle Städte in Schutt und Asche liegen!" Sie machte ein Kreuz auf meine Stirn (wie Tante Marie und Anni in Zusamaltheim beim Abschied). Ich habe sie nie mehr gesehen, sie hat das Kriegsende nicht erlebt, sie liegt bei ihrem Mann auf dem Styrumer Friedhof, der zur Pfarrei St. Josef in Oberhausen gehört. Nach fünf Tagen hieß es Abschied nehmen, es gab wieder Tränen, ich beherrschte mich, damit Mutter nicht noch trauriger wurde. Ich musste über Berlin nach Sassnitz. In Berlin machte ich Pause und fuhr mit dem Bus nach Babelsberg zu meinem Lieblingsonkel Heini Peters. Dort wohnte er mit seiner Familie in einem Haus mitten in einem kleinen Wald, in der Aue 55/57. Das war eine riesige Überraschung, ich wurde fast erdrückt von seinen drei Töchtern. Mein Onkel sagte immer: "Ist das möglich, dass ich dich doch nochmal sehe." Sie hatten auch ein sehr nettes Mädel (Ria Arhelger) im Haus, die ihr Pflichtjahr machte. Ich fand sie sehr schön und nett, doch als sie am Abend, als alle ins Bett gingen, sehr deutlich zu verstehen gab, dass sie mich liebe und sich über ein Kind freuen würde, nahm ich sofort Abstand und sagte: "Meine liebe Ria (Wohnung in Oberhausen, Schenkendorfstraße 36), ich habe dich auch sehr gerne, aber ein Kind – nein und nochmals nein! Falls ich aus dem Krieg nicht zurückkomme, soll mein Kind kein Halbwaise werden und vielleicht einen Stiefvater bekommen." Ich gab ihr einen Kuss und sagte: "Sei mir bitte nicht böse, aber mit diesem Vorsatz bin ich in den Krieg gezogen, mich kann keiner davon abbringen. Hab' doch Verständnis dafür", ich küsste sie nochmal, sie nickte nur und ging enttäuscht in ihr Zimmer. Ich legte mich aufs Sofa, Tante Änne hatte ein Kissen und eine dicke Wolldecke darauf gelegt. Ich schlief sehr gut, aber um 6 Uhr war ich schon auf. Tante Änne stand auch so früh auf, denn sie wusste, dass ich um 7 Uhr schon nach Berlin fahren musste, um den Zug nach Sassnitz zu erreichen. Sie kochte einen guten Kaffee und schmierte Butterbrote zum Mitnehmen. Tante Änne weinte, Onkel Heini drückte mich und sagte: "Oh mein Junge, komme heil und gesund aus dem Krieg zurück." Der Ria gab ich einen Kuss und sagte: "Lern bitte mich zu verstehen." Sie hat mich aber nicht verstehen gelernt, denn als ich 1947 aus der Gefangenschaft zurück kam, war sie schon verheiratet, aber ihr Mann war krank und starb bald. In Berlin musste ich eine halbe Stunde warten, bis ich mit dem Eilzug nach Sassnitz weiter fahren konnte. Dort ging es gleich auf eine deutsche Fähre. Wir Soldaten mussten aber im Gang bleiben, denn die Kabinen waren alle belegt mit Rotkreuz-Schwestern und Offizieren. Uns machte es nichts aus, denn wir hatten uns so viel zu erzählen, sodass die Zeit schnell verging. Die See war nicht mehr durchgehend zugefroren, deshalb fuhr kein Eisbrecher voraus. In Trelleborg stiegen wir gleich in den schwedischen Eilzug. Die Türen wurden zugesperrt und durch Lautsprecher gemeldet, dass wir auf keiner Station bis Oslo aussteigen dürfen, weil wir sonst von der schwedischen Polizei verhaftet und interniert würden. Es ist bis Oslo auch nichts passiert. In der Kantine des Zuges gab es nichts, aber jeder hatter ja sein Reiseproviant dabei. Bei der Truppe angekommen gab es natürlich viel zu erzählen. Am Abend beim Waschen unter der Dusche sagte ein großer, stämmiger Bursche: "Heini, leih mir "Deinen" aus, denn meine Freundin spürt mich kaum. Ich hab eine

105

Wut, weil ich einen so kleinen hab." Meine Antwort: "Leck mich…!", drehte mich um und machte, dass ich schnell mit dem Waschen fertig wurde. Ich war richtig sauer über seine immr wiederholte Bemerkung. Er fuhr am nächsten Tag in den Urlaub. Bei seiner Rückkehr sagte er: "Entschuldigung Heini, ich werde es nicht mehr sagen, ich möchte die gute Kameradschaft mit dir nicht verlieren." "Ist schon gut", war meine Antwort. Nach seiner Rückkehr dauerte es nicht mehr lange bis zur Alarmbereitschaft. Auf die Belästigung zurückkommend: Ein Kamerad, der kräftiger war als ich, musste dies: "Leih mir mal aus!" noch viel öfter anhören als ich, aber er hatte da mehr Humor. Seine Antwort war immer: "Momentmal, ich habe ein Vergrößerungsglas mit vierfach Vergrößerung, das nehme mit, da braucht deine Freundin nicht mehr lange suchen!" Trotz des Spottes haben sie immer wieder ihn danach gefragt. Das war und ist eben das raue Klima bei den Soldaten. Aber im Allgemeinen war die Kameradschaft in unserer Truppe sehr gut.

Dienstag, 29. April 1941, alles fertig machen zum Abschied! Es wurden die Privatsachen per Feldpost abgeschickt in die Heimat. Durch die Heimatpost erfuhr ich, dass alles gut angekommen war. Abends saßen wir nachdenklich zusammen: Wohin wird es gehen?

Dienstag, den 13. Mai, hatten wir nochmal Übung Richtung Bergen. In Bergen selbst war längere Pause. Die Standseilbahn, Fløibahn, war gerade wieder instand gesetzt. Da durften wir einmal hinauf und hinunter fahren. Doch schnell mussten wir nach Oslo zurück.

An einem Mittwoch, morgens um 8 Uhr, ging die Verladung los. Es waren andere Transportschiffe, auf die wir verladen wurden. Ein Kriegsschiff fuhr voraus. Als wir aus dem Fjord raus waren, begleiteten uns rechts, westlich, zwei Schnellboote, links auf schwedischer Seite war kein

Begleitschutz. Ich musste natürlich beim Abwehr-MG Platz nehmen, aber es kam kein Sturm, es war schönes Wetter und ganz ruhige See. Wir fuhren über Skagerak – Kattegat – Oeresund (Dänemark) in die Ostsee. Dort wurde es wieder kälter. Die Durchfahrt über den Sund habe ich nicht sehen können, denn ich wurde abgelöst und konnte mich hinlegen zum Schlafen. Ich wurde erst wach, als Eisschollen an unser Schiff krachten, es war Montag, der 9. Juni um halb 7 Uhr Früh. Um 11 Uhr waren wir im Hafen von Jakobstad, finnische Stadt am Bottnischen Meerbusen, gegenüber Schweden. Gleich begann das Ausladen. Wir wurden von der Stadtverwaltung und dem Bürgermeister sehr freundlich empfangen, dann auf den Güterzug umgeladen, ein finnischer Zug mit Breitspur. Auf unsere Frage wegen der Breitspur, kam die Antwort: Finnland gehörte bis 1917 zu Russland. Mit Hilfe der kaiserlich-deutschen Truppen wurde das Land ein selbständiger Staat. Da die Eisenbahn-Werkstätten auf Breitspur eingestellt waren, arbeitete man deshalb so weiter und ließ die Gleise liegen. Die meisten von uns wussten dies schon. Wir fuhren bis zur Hauptstadt von Nordfinnland, Rovaniemi. Dort begrüßten uns die Finnen sehr freundlich. Sie feierten gerade den Sieg ihrer Kameraden im Süden des Landes. Es wurde gesungen und getanzt bis ein Uhr nach Mitternacht. Doch es gab keine Nacht, es gab nur den "ewigen Tag" mit Mitternachtssonne, im Winter dagegen die "ewige Nacht".

Am Freitag, den 20. Juni, fuhren wir nach Hautajärvi um einen Lagerplatz ausfindig zu machen und im Wald nach abgestorbenen Bäumen zu suchen, die als Bauholz verwendet werden sollten. Es gab reichlich, aber der Weg dorthin war fürchterlich, viel Sumpf, manches Gebiet sehr gefährlich. Eine Spur war aber von den Finnen mit Fähnchen abgesteckt. Die Leute dort waren sehr freundlich.

Die vielen Seen lernten wir dabei auch kennen. Finnische Flachboote mit je einem Bootsführer waren bereit für uns. Auf jedem Boot war Platz für einen Lastwagen oder zwei PKW's. Der Finne verstand sein Handwerk, es klappte alles sehr schnell. Einmal waren wir wieder auf Suche nach Bäumen, in einem Sumpfgebiet mussten wir über zwei nebeneinander verbundene Balken gehen. Dabei rutschte ich aus und versank bis zur Hüfte. Sofort sprangen Kameraden herbei, legten ein Seil um mich und zogen mich heraus. Aber, oh Pech, ein Stiefel blieb stecken und war nicht mehr ausfindig zu machen. Der Spieß meinte: "Macht nichts, morgen werden wir sowieso alle als Gebirgsjäger umgekleidet, wir erhalten die Gebirgsjäger-Uniform." Alle freuten sich, denn vorne an der Front waren nur Gebirgsjäger. Die waren erstaunt darüber, dass wir jetzt "Normaluniform" trugen, als wir bei ihnen eine Funkstelle einrichteten. Erst recht lachten sie, als wir sagten, dass wir eine Münchner Abteilung sind. Als wir wieder einmal bei ihnen waren, bemerkten sie: "Aha, habt ihr euch bekehren lassen?" Unser Truppführer erklärte ihnen, dass wir schon beim Betreten von Finnland die neuen Uniformen bekommen sollten, doch die Sendung von München kam zu spät.

Da die Straße nach Salla noch nicht ganz fertig war, musste auch mein Wagen stehen bleiben und ich musste Kabel ziehen. Die Kameraden an der Spitze wurden immer nach einer Stunde abgelöst. Es ging durch einen richtigen Urwald. Jetzt kam ich an die Spitze. Ich legte mir das dicke Gummikabel über meine rechte Schulter, nahm das Verbindungsstück in die rechte Hand und zog. Zehn Meter hinter mir war der nächste Kamerad, so alle zehn Meter einer. Das Kabel war 50 Meter lang, auf einer dicken Trommel aufgerollt, die immer mit der Hand abgewickelt wurde. Auf einmal blieb ich wie festgebunden stehen. Ich dachte mein Herz setzt aus, mir schwanden fast die Sinne, war wie gelähmt und betete: "Herr, verzeih mir, Muttergottes lass mich nicht verloren gehen!" Da hörte ich hinter mir rufen: "Heini – weiter!" Ich konnte nicht. Die zwei Sicherheitskräfte kamen zu mir und fragten: "Was ist?" Ich konnte nichts sagen und zeigte mit der linken Hand nach vorne. Sie gingen zu zweit dorthin und der rechte schlug mit seiner Maschinenpistole ein Ast vom Baum ab. Ein Russe fiel sofort hinunter, er war mit dem Gürtel, hinten an seinem Mantel, am Ast hängen geblieben, als ihn ein Todesschuss in den Kopf traf. Hinter mir der Kamerad sagte zu mir: "Mein Gott, wie siehst du aus, komm und ruh dich aus, ich übernehme die Führung." Ein anderer gab mir aus seiner Feldflasche Tee mit Rum, ein paar Schluck, da fühlte ich mich bald besser, und ich ging die ganze Länge zurück. Bei der zweiten Länge übernahm ich wieder die Spitze, da kam auch schon der Spieß und fragte: "Was war los?" Meine Kameraden erzählten ihm alles, da sagte er zu mir: "Ich lass sie in zehn Minuten ablösen, damit sie sich erholen, sie sehen ja fürchterlich aus." – Ich sehe den Russen noch vor mir, Gewehr bei Fuß, den Lauf in der rechten Hand, den Körper etwas vorgebeugt. Wie konnte ich ahnen, dass er schon tot war?

Spät am Abend, circa 22 Uhr, die Sonne schien am Bergesrand, kamen wir bei Salla an. Da hieß es: Ab in die finnische Sauna! Die lag an einem See. Vorher klärte uns unser Truppenarzt auf: "Nur wer kein Herzleiden hat kann da hinein." Niemand meldete sich, also Abmarsch. Im Umkleideraum kam ein nackter, finnischer Bademeister und sagte: "Keine Badehose, sonst bekommt ihr wegen der Hitze einen roten Streifen, wo der Gummi sitzt." Wir beruhigten ihn: "Bei uns gibt es keine Badehosen." Das war gut so, dann empfahl er: "Zunächst auf der untersten Sitzfläche anfangen, dann langsam höher steigen", damit ließ er uns rein in die Hitze. Unser Oberleutnant sprang gleich auf die höchste Sitzfläche. Da rief der Bademeister: "Oh, nein – nein, sie fallen in Ohnmacht, wenn ich gleich auf die glühend heißen Steine einen vollen Eimer Wasser gieße." Er goss einen großen Eimer Wasser auf die glühenden, kugelrunden Steine und lief eilig raus, dabei rief er: "In drei Minuten raus!" Wir schwitzten sehr rasch, ich hielt meine Hände schützend vors Gesicht, wie die meisten auch. Nach drei Minuten ging die Türe zum Waschraum auf und der Bademeister rief: "Raus!" Draußen standen zehn Kübel mit kaltem Wasser. Ah – wie tat das gut! Dann sahen wir einen zweiten Finnen, und wussten gleich warum, denn in so einer kurzen Zeit hätte einer alleine die Eimer nicht füllen können. Mit Hurra sprangen wir in den See zum Abkühlen. Der Finne rief wieder: "Rein!" Wir setzten uns zwei Stufen höher. Und wieder schüttete der Bademeister einen großen, gefüllten Eimer Wasser, über die erhitzten Steine und rannte raus. Einer von uns hatte sich auf die höchste Stufe gewagt, kam aber bald zu uns runter. Nach drei Minuten schwitzen ging die Tür erneut auf und wir sprangen raus in den Waschraum. Sofort schütteten wir wieder einen Kübel kaltes Wasser über uns und ab in den See. Dann wieder die gleiche Prozedur. Ein paar mutige Kameraden setzten sich auf die höchste Stufe, ich blieb auf der dritten. Als der Finne Wasser aufgoss, kamen einige wieder runter. In der Mulde des Steinhaufens brannte ein großes Feuer. Die Mulde war gestützt durch dicke Eisenstäbe. Ebenfalls die Wände wurden durch Eisen- und Asbestplatten geschützt. Der Finne gab dem Oberleutnant eine Beschreibung zum Bau einer Sauna. Durch das Saunen fühlten wir uns viel wohler, denn wir durften nachher in der

Baracke eine Stunde ruhen. Am nächsten Tag wurde die Leitung Richtung Alakurtti weitergebaut. Der Oberleutnant bemerkte bei der Abfahrt: "Wir bauen uns in Alakurtti eine neue Sauna, die alte der Finnen ist im finnischen Winterkrieg mit den Russen, zerstört worden." Alle waren damit einverstanden und jubelten: Eine Sauna ist ja ein Heilbad. Jedoch dauerte es noch einige Wochen bis Alakurtti erobert war. Viele russische Gefangene gingen an unserem Zelt vorbei. Bei uns war auch eine kleine Gruppe Finnen zur gegenseitigen Verständigung im Einsatz. Einmal lief ein Finne auf die Gefangenen zu und hielt einen am Kragen, schrie und griff mit der linken Hand aus seiner Manteltasche eine Pistole. Sofort sprang unser Truppführer mit zwei Kameraden hinzu, befreite den Gefangenen und riss dem Finnen die Pistole aus der Hand. Dieser schrie und tobte, wir verstanden aber nichts, doch schon war der finnische Dolmetscher da und erklärte uns die Sachlage: "Dieser Mann hat den Mörder seiner Familie wiedererkannt. Im Winterkrieg 1939-1940 hat dieser Russe seine Frau und seine zwei Kinder in seiner Gegenwart (er war gefesselt) erschossen und sein Haus in Brand gelegt." Wir waren erschüttert und konnten den Finnen kaum beruhigen. Die deutschen Bewacher mit einem Leutnant an der Spitze, fragten wegen der Störung, was da los war? Unser Truppführer beschrieb die Situation und was der Dolmetscher gesagt hatte. Nach einiger Überlegung sagte der Leutnant: "Sie haben richtig gehandelt – laut Genfer Bestimmung!" Auch der Dolmetscher-Finne meinte, dass er froh sei und richtig finde, dass seine deutschen Kameraden so gehandelt haben, sonst hätte er seinen Landsmann gefangen nehmen müssen, denn sie kennen auch die Genfer Verordnung. Am Abend verlebten wir ein paar schöne Stunden bei den Finnen. Es kam an diesem Abend auch die

Post aus der Heimat. Ich erhielt Briefe von den Eltern, Maria Holland und ihrer Schwester, Frau Petra Holland (Ordensschwester). In der kommenden Nacht war sehr stürmisches Wetter. Man konnte nicht schlafen, wir fürchteten, dass unser Zelt weggerissen würde, obwohl wir es doppelt verankert hatten. Bei diesem Sturm kam noch schweres Artilleriefeuer der Russen dazu, aber für uns keine Gefahr. Wir lagen in einem toten Winkel. Am nächsten Tag flogen gegen Mittag zwölf englische Fernbomber an, Flughöhe etwa 1000 Meter, und legten einen fürchterlichen Bombenteppich über uns. Wir hatten im LKW gerade unsere Post angeschaut: Zu meinem Namenstag von meinen Eltern einen Brief, von Anni aus Zusamaltheim ein Päckchen mit selbstgebackenen Süßigkeiten. Ich hatte soeben ausgepackt, da, ein ohrenbetäubendes Krachen, die Windschutzscheibe in Trümmern. Mich hat es links an die Wagentüre, meinen Kameraden an die rechte Türe gedrückt (wie beim Granateinschlag in Polen). Ich war kurz benommen, meine Post war weg. Als ich wieder denken konnte, schaute ich zu meinem Kameraden hin – oh Schreck! Sein Gesicht war mit Blut bedeckt. Schon rissen bei ihm Kameraden und Sanitäter die Türe auf und holten ihn raus. Der arme Kerl hatte den Einschlag nicht überlebt. Nun rissen die Kameraden bei mir die Türe auf, ich schaute sie an, sie starrten mich an und sagten: "Wie, fehlt dir nichts?" "Nein", war meine Antwort. Da holten sie mich raus und fragten: "Ja, spürst du wirklich nichts?" "Nein", wiederholte ich. Dann kam der Spieß mit dem Arzt. "Das kann's doch gar nicht geben, schau die Löcher in der Plane. Der andere ist ja auch schwer getroffen, und bei ihnen nichts, das gibt's doch gar nicht!" "Doch, mir fehlt nichts!" Da sagte der Arzt: "Ausziehen, ich muss sie von allen Seiten genau anschauen." Also zog ich mich ganz aus. Der Arzt untersuchte mich gründlich und sagte: "Tatsächlich, nichts zu sehen, keinen einzigen Blutstropfen. Ziehen sie sich wieder an!" Ich dankte innerlich dem Herrgott und der Gottesmutter. Alles heil überstanden: Ab ins Zelt zum Mttagessen. Die große Gulaschkanone war da, es gab Kartoffelbrei mit Blaukraut und eine große Bratwurst, anschließend Pudding mit Blaubeeren, von den Finnen im vorigen Jahr gepflückt, denn die diesjährigen waren noch nicht reif. Nach dem Essen sagte der Spieß: "Gerritsen, lass den Wagen so stehen. Ich rufe jetzt Rovaniemi an, damit bald ein neuer LKW kommt." Am nächsten Tag gegen Abend, war er schon da, gleich packte ich meine Sachen und das Gnadenbild in den neuen Wagen. Als meine Kameraden das Bild sahen, meinten sie: "Wie, du hast es im Urlaub nicht mit heim genommen, warum nicht?" "Weil ich das Bild immer bei mir haben will, meinen Eltern hab ich davon erzählt." Am nächsten Morgen, sehr früh, flog ein großes Geschwader deutscher Stukas an. Von Ferne konnten wir beobachten, wie die Flieger plötzlich, einer nach dem anderen, nach unten stießen, ihre Bomben abwarfen und damit Salla in Schutt und Asche legten, dabei die russische Artillerie vernichteten. Als wir am anderen Tag hinkamen, sahen wir das Vernichtungswerk – furchtbarer Anblick: Menschenteile, Pferdefetzen – schrecklich! "Der verdammte Krieg!" entfuhr es mir wieder. Ein Kamerad: "Was hast du gesagt?" "Ist doch wahr, warum spricht sich die Führung eines Volkes mit der Führung des Gegners am grünen Tisch nicht aus? Warum muss es so immer geschehen?" Ein Kamerad antwortete: "Ach Heini, warum denkst du immer darüber nach, ich habe das Grübeln aufgegeben. Wir können doch nichts ändern!" "Du hast zwar Recht, aber ich bin immer wieder empört und muss mir Mühe geben, dass ich es nicht laut hinausschreie." Für unseren Wohnbunker, der unter der Erdoberfläche geschützt errichtet werden sollte, mussten wir die Erdausgrabung durchführen. Abgestorbene Bäume gab es genug in dem Urwald um uns herum. Mit meinem Gerätewagen wurden die Stämme geholt. So wurde ein Wohnbunker nach dem anderen fertig. Es musste ziemlich schnell gehen. Da es im Sommer keine Nacht gab, wurde ununterbrochen gearbeitet. Jeder wurde immer wieder abgelöst, um ein paar Stunden zu schlafen, dann ging es weiter. Jeder Bau wurde eingeteilt in ein Schlaf- und ein Wohnraum. Pünktlich kam mittags und abends die Gulaschkanone. Es gab immer ein gutes Essen, dabei wurde auch die Feldpost mitgebracht und wir konnten unsere schnell geschriebenen Briefe mitgeben.

Noch ein trauriges Erlebnis: Ein "SS"-Regiment stieß nördlich von uns vor, um ein kleines Dorf zu erobern, denn es sollte die Stadt Alakurtti von zwei Seiten angegriffen werden. Diese war durch die Russen stark befestigt und hatte einen Flughafen, auf dem die russischen Bomber landeten. Der SS-Kommandeur wollte rasch im Sturm den Ort erobern. Er tat dies auch, ohne unsere Artillerie per Funk oder Telefon zu verständigen. Die Folgen waren furchtbar. Unsere Artillerie hatte den Auftrag, den Ort durch Dauerfeuer sturmreif zu schießen, und damit geschah das Unheil. Sie schossen in die eigenen Reihen bis ein paar rote Leuchtkugeln hochgingen, da wurde das Feuer sofort eingestellt. Die Folge: Mehrere Verwundete, ob auch Tote, haben wir nicht erfahren. Die SS-Einheit wurde sofort durch eine Infanterie-Einheit abgelöst. Einige Wochen danach hörten wir, dass sich der Kommandant dieser SS-Einheit das Leben genommen hat. Ich sagte zu meinem Abteilungsleiter: "So was feiges, als wenn dies eine Genugtuung für die Abteilung wäre. Hätte er sich zum einfachen Schützen degradieren lassen und so an einer anderen Front gekämpft, hätte man Achtung vor ihm gehabt." Seine Antwort: "Oh mei, Herr Gerritsen, was wissen sie über die Ehre eines SS-Offiziers, die steht bei manchem so hoch, dass sie an so etwas wie sie meinen, gar nicht denken." Ich erwiderte: "Darum werde ich nie ein zackiger Soldat, weil ich leider solche Beobachtungen machen muss." Der Ort dieses Unglücks heißt: Kiestinki, er wurde vom deutschen Regiment schnell erobert. Wir mussten zu diesem Posten das dicke Telefonkabel hochlegen, eine sehr schwere, langdauernde Arbeit. Alle zehn Meter mussten wir eine Tanne entasten, dann mit Steigeisen hinauf, unter dem Wipfel das Kabel anbinden. Das alte Kabel hatte viele Stellen, die wie angeknabbert aussahen, also gab es in dem Urwald Tiere, die sowas machten. Zurück ging es nach Alakurtti, wo wir auf einen Stellungskrieg eingerichtet waren. Unsere Wohnbunker waren sehr gut getarnt, sodass die russischen Bomber sie nicht entdeckten. Sie warfen deshalb ihre Bomben an Stellen ab, die durch vereinzelte Buschgruppen von oben aus betrachtet, wie bewohntes Gebiet aussahen (so erklärte uns ein Pilot von einer "Fieseler Storch"). Das beruhigte uns sehr. Der nächste Ort Kandalakscha wurde von uns mit zwölf Bombern und sechs Jägern (Jagdflugzeug-Messerschmitt) angegriffen. Russische Jagdflieger wollten dies verhindern, aber unsere Maschinen waren wendiger und schossen fünf ab, die anderen feindlichen Flieger drehten ab. Kandalakscha konnte nicht erobert werden, denn unsere Infanterie hatte drei russische Divisionen vor sich. Das Gelände war für unsere schwache Einheit strategisch sehr günstig, denn unsere Regimenter lagen auf einer Anhöhe, die Russen dagegen in der Tiefebene. Ein Angriff wäre also für beide Seiten ein Wahnsinn gewesen. Jetzt wurden auf unsere Seite drei Langrohrgeschütze (von

Krupp-Essen) einbetoniert und in Stellung gebracht. Sie schossen 60 Km weit, damit trafen sie eine wichtige Brücke der Russen (für ihren Nachschub). Besonders nachts schossen die Russen wie die Irren im Umkreis von Alakurtti, alles umsonst, als wenn sie keinen Orientierungssinn hätten, am eigentlichen Ziel vorbei. Das hat uns sehr beruhigt.

Der Sommer wurde extrem heiß, da waren wir froh, dass wir die Sauna nutzen konnten, auch als Bad. Das Thermometer zeigte 26 bis 30°, jeden Tag mal anders, dabei mussten wir immer die Uniform anhaben – schrecklich. Kaum dass mal ein Regenschauer Abkühlung brachte. Über die Feldpost waren wir sehr erfreut, denn sie kam jeden Tag. Für mich war meist etwas dabei. Leider erhielten manche Kameraden traurige Post: Wohnung total zerstört mit Todesopfern. Diese Kameraden bekamen sofort Sonderurlaub. Ein Kamerad (ein Kölner) kam ganz verzweifelt zurück. Seine Frau, seine drei Kinder und seine Eltern sind umgekommen. Er war so aggressiv, deshalb wurde er ins Hinterland, Versorgungsstelle, abkommandiert. Ich habe nie mehr von ihm etwas gehört. Er war ein feiner Kamerad, schade. Er hatte sehr jung geheiratet. Sein Spruch war immer: "Früh gefreit, nie bereut!" Und nun schon so jung Witwer.

An einem frühen Morgen hieß es: Heute Wäsche waschen! Die Finnen hatten uns einen riesigen Waschkessel gegeben und Waschpulver dazu. Wir waren sehr froh, denn wir hatten alle keine frische Wäsche mehr. Wasser wurde aus dem Fluss Tuntsajoki geholt. Die Flüsse waren auch im wärmsten Sommer kalt, denn sie wurden mit Schmelzwasser aus der Tundra gespeist. Nur die Seen waren angenehm warm zum Baden.

Jetzt wurden wir auch zur Feldwache eingeteilt, denn die Gebirgsjäger wurden zur Verstärkung an die Front

"Kiestinki" verlegt. Unsere Stukas flogen stündlich dorthin und warfen ihre Bomben ab, aber schon soviel, dass wir die Erschütterungen noch spürten, obwohl wir viele Kilometer davon entfernt waren. Wir hörten, dass dort eine kleine SS-Einheit von den Russen umzingelt war. Unsere Stukas mussten den Ort sturmreif schießen und die russische Artillerie "stumm" machen, was ihnen nach drei Tagen gelang. Die "SS-Leute" wurden befreit und gleich nach Südfinnland geschickt. Endlich wurde auch Alakurtti ganz eingenommen mitsamt dem Flugplatz. Unsere Stellung war ja fertig und sehr gut getarnt. Wir wurden nun auf den Winter vorbereitet. Von den Finnen erhielten wir Pelzmützen, Pelzjacken und Pelzmäntel, dazu weiße Überzüge. Es setzte im September drei Wochen Regen ein, der ging in Schnee über. Die Tage wurden sehr schnell kürzer, was uns nicht angenehm war. Ab November gab es keinen Tag mehr, sondern nur die lange Nacht. Dabei wurde es immer kälter. Uns machte dies nicht viel aus, aber den älteren Kameraden zwischen 40 und 50 Jahren, die noch vor dem Winter zu uns kamen, denen tat die Kälte sehr weh.

Auf unserer Feldwache hatten wir einen Hochstand. Von dort konnte man über den Fluss (Name des Flusses vergessen) auf die Wälder sehen, in denen sich eine kleine Einheit der Russen verschanzt hatte. Sie ließen uns in Ruhe, denn wir lagen ja auf eine Anhöhe. Sie schossen sehr selten mit einer Kanone, aber gleich kam von unserer Artillerie eine Salve aus acht Rohren zurück. Dadurch hatten wir sehr lange Ruhe. Auch schossen unsere Langrohrgeschütze wieder auf die Brücke. Durch unseren Pilot der "Fieseler-Storch" (Baujahr 1937) erfuhren wir, dass die Brücke wieder getroffen wurde. Unsere "Fieseler-Storch" konnte man bei der "ewigen Nacht" nicht sehen, der Pilot konnte trotzdem wegen der geschlossenen Schneedecke alles gut aus der Luft

117

beobachten. Bei meiner nächsten Feldwache wieder ein Ereignis: Ich sah mitten auf dem weißen, gefrorenen Flussteppich einen großen, braunen Fleck. Vom Beobachtungsstand, diese Kameraden hatten einen Feldstecher, erfuhr ich, dass es ein Braunbär war, wahrscheinlich schon verendet. Da plötzlich zwei Russen, die zum Bär wollten. Rechts von mir, von unserem Hochstand, eine MG-Salve. Gott sei Dank zu kurz, sodass die Russen heil verschwinden konnten. Sie wollten sicher den Bären holen, doch das war unmöglich – keiner konnte ihn wegen des Kreuzfeuers holen.

Auf meiner nächsten Wache, es war im neuen Jahr 1942, Ende Februar: Ich hörte einen Schuss, auf dem von mir aus rechten Hochstand. Sofort meldete ich es meinem Vorgesetzten, doch da kam schon der Offizier vom Dienst mit der Feldwache, neun Mann. Der Hochstand wurde umzingelt und langsam ging es auf ihn zu. Der Leutnant stieg vorsichtig hinauf, ich blieb mit einem Kameraden unten stehen. Da hörten wir den Leutnant leise: "Mein Gott!" Dann sagte er leise zu uns: "Kommt rauf." Also stieg ich mit dem anderen hinauf, da, oh Schreck, der Kamerad, Gefreiter Weidmann, auf dem Boden – Kopfschuss! Was wir noch sahen: Sein Gewehr war am Baum festgebunden, eine lange Schnur am Abzughahn, also Selbstmord! Tage später, ich hatte mit meinen Kameraden den Toten runtergebracht und unter den Baum gelegt, hörten wir voll Wut, dass der Kompaniechef nach München meldete: Selbstmord. Ich sagte zum Leutnant: "Warum meldet man nicht: Fürs Vaterland gefallen, denn der Krieg ist doch Schuld, dass seine junge Frau jetzt Witwe und sein Kind Halbwaise ist. Jetzt bekommt die Frau keine Kriegsrente, sondern nur eine kleine Invalidenrente und fürs Kind vielleicht nichts? Kein Mensch hätte das verraten, und der

Chef hätte dies vorm Herrgott verantworten können!" Der Leutnant antwortete:"Ach Gerritsen, was sie immer denken, es ist doch nicht unsere Sache." Nun, ich habe von der Sache nichts mehr gehört. Der tote Kamerad hatte bei Wolfratshausen gewohnt. Er hätte nie auf Wache dürfen, denn er war tags zuvor schwermütig gewesen. Schade!

Wir mussten nicht nur gegen den Feind kämpfen, sondern auch gegen die Kälte, denn das Thermometer fiel auf minus 40 Grad, einmal sogar minus 50 Grad. Schlimm war's immer, wenn wir aufs "Klo" mussten. Man ging immer zu zweit, der Zweite hielt eine Lötlampe ins 2. Balkenloch, der Erste machte dann sein "Geschäft" ins 1. Loch, dadurch klebte man mit der Haut nicht am Holz fest, wenn mal die Unterhose weggerutscht war. Es war zwar zum Lachen, aber traurige Tatsache und drei solche Winter mussten wir durchmachen. Trotz dieser Kälte gingen wir einmal in der Woche in unsere selbstgebaute Sauna. Statt mit kaltem Wasser, legten wir uns jedes Mal in den Schnee zum Abkühlen. Ein Kamerad hatte Fotos gemacht, die wurden uns bei der Gefangennahme in Norwegen von den Engländern abgenommen. Ein Unteroffizier sagte zu uns: "Es ist laut Genfer Bestimmung verboten, den Gefangenen etwas abzunehmen, denn es sind ja keine Sachen, die unmittelbar mit dem Krieg zu tun haben." Ein Kamerad der englisch konnte, sagte dies zu einem jener Engländer. Der wurde zornig und schrie: Er solle sein Maul halten, sonst könnte ihm etwas passieren."

Das Schlafen wurde auf einmal ein Problem – es juckte einem am ganzen Körper. Ein Kamerad machte Licht und rief: "Mensch, das sind ja Wanzen!" Alle waren wach, und es begann eine Wanzenjagd. Am nächsten Tag waren alle so fertig und fragten unseren "Sani", was da zu machen sei? Er antwortete: "Wartet, ich muss selbst Rat holen", und verschwand. Nach einer Stunde kam er wieder: "Der Arzt meint, ihr sollt die Holzbettgestelle mit Dieselsprit einpinseln. Hier hab ich euch drei Pinsel mitgebracht, den Diesel könnt ihr in Blechdosen aus den Kanistern holen (unsere KFZ fuhren nur mit Diesel) und die Bunkerluken weit aufmachen, ebenso die Tür zum Aufenthaltsraum." Sofort ging es an die Arbeit. Gleich in der ersten Nacht spürten wir schon Erfolg, in der zweiten noch weniger Wanzen, in der dritten Nacht nichts mehr – Gott sei Dank, der erste ruhige Schlaf. Doch nach acht Tagen ging die Juckerei aufs Neue los und zwar am Tage, was war diesmal die Ursache? Die Kleiderläuse! Sofort holte unser Sani vom Kompaniechef die schriftliche Erlaubnis, zu der finnischen Abteilung zu fahren, mit Ski, denn wir hatten drei Meter hohen Schnee. Die Finnen hatten neben ihrer Sauna einen Entlausungskessel. Wir fuhren also nach dem Mittagessen gleich hin (natürlich mit Schusswaffen). Es ging durch den Wald, entlang der Markierung, wir hatten ja die Polarnacht. Die Finnen begrüßten uns recht freundlich. Wir zeigten das Schreiben vom Chef. Ein Finne konnte deutsch, er las es und sagte: "Gut, zieht euch in der Sauna aus, wir holen eure Sachen. Hoffentlich habt ihr sie mit Namen versehen." "Ist schon gemacht", war unsere Antwort. Da saßen wir nun eineinhalb Stunden in der Sauna (ohne Schwitzen). Der Finne brachte uns Zeitung und Hefte, auf finnisch, schwedisch und deutsch, da hatten wir etwas zum Lesen. Endlich wurde uns die Kleidung gebracht, sie war noch handwarm, was uns nur recht war. Wir bedankten uns und fuhren zurück, um die nächsten Kameraden zu schicken. Nach vier oder fünf Tagen auf einmal wieder das Jucken – also nochmal in die Entlausung, danach war endlich Ruhe. Nur im Sommer die Mückenplage, da gab es kein Heilmittel, nur die Netze, trotzdem waren manche Kameraden jedes

Jahr sehr zerstochen. Bei mir war es Gott sei Dank nicht so schlimm, mein Blut mochten die Blutsauger wohl nicht?!

In Alakurtti hatten Pioniere eine schöne Halle gebaut, dort wurden viele Veranstaltungen für Soldaten gemacht. Bei einer Feier habe ich einen langen Vortrag gehalten, von mir selbst gedichtet:

"Laudate Alakurtti"

oder

"Des Winters Freud! Des Winters Leid!"

Nun ist der Winter fast vorbei
und wir sind alle noch gesund,
es ist deshalb mal an der Reih
zu sehen nach dem Grund,
denn ehedem, da war die Stimmung schlecht
man glaubte einfach nicht daran,
dass man einen Nordland-Winter
so frisch – fröhlich überleben kann.-
Es sagt ein Wort, das jeder kennt
und so ist's zum Glück auch uns ergangen,
dass es anders kommt als man da denkt,
will man sein Ziel erlangen.
In diesem Sinne lasst uns nochmal sehn,
Wie wir im Winter lebten –
lasst die Gedanken rückwärts geh'n,
nochmal in vergang'nen Sphären schweben.-

Schon ist es eine Weile her,
dass wir nach Alakurtti sind gekommen,
und mancher weiß es schon nicht mehr,
dass wir die Krätze mit hier her genommen,
und dass es auch schnell Läuse gab,
das war dann wirklich gar nicht schön
denn, Sakrament, jetzt schneidet's ab,
sie müssen zur Entlausung geh'n.
Dort standen sie im Adamskleid
und froren wie die Hunde,-
verflucht, die Läuse brauchten Zeit,
eh' von ihrem Tode kam die Kunde –
doch dafür hat man danach es leichter,
es juckt nicht mehr, man braucht auch nicht zu kratzen,
man konnte spielen, lesen und so weiter,
und sehr viel Kluges schwatzen;
denn zur Debatte stand ja vieles.
Die Parolen will man ja nicht missen,
fürwahr, in manchen Köpfen siedet's
vor lauter G'scheitheit und vor Wissen.

"Doch mit des Geschickes Mächten
ist kein ew'ger Bund zu flechten",
dies sagt ein altes Sprichwort,
so sind wir zum Trotz aller Mätzchen,
wir heute noch am gleichen Ort. –

Jetzt wäre noch einmal zu denken
an der Posten schwere Welt,
denn ein Bein konnt' man sich verrenken
bei dem Schlaf im "Steiner-Zelt".
Doch der Herr Leutnant ließ sich nicht beirren,
er wusst' wohl schon die nahe Zeit,
da vorbei sind diese Wirren,
Gott sei Dank – es ist so weit.

Von den dazwischen eingeschob'nen Tagen
soll ab jetz die Rede sein,
denn was wir da erlebet haben,
darf noch nicht vergessen sein.

Da wär' voran des Bunker –bauens zu gedenken,
und dieses gäb allein ein dickes Buch,
es sollte jeden gleich der Teufel henken,
der da sagt, er hätte nie geflucht.
Zu Anfang ging es ja ganz gut,
da war's nicht kalt, man konnte noch alles fassen,
aber schon beim Hallenbau hat mancher seine Wut
am Spaten oder Eisen ausgelassen.
Da scheute selbst Herr Leutnant nicht zurück,
er ließ den Hammer schwingen,
mit Kraft, mit List und viel Geschick,
konnt' manches Stückchen er bezwingen.
Den Göttern aber muss ich's klagen
sehr lange hat das nie gewährt,
da hat die "Pflicht", so muss ich sagen,
ihn in die "Moosalm" hingezerrt.
Trotzdem, es wurde munter aufgebaut
mit frischem, frohen Mut,
denn man sprach davon schon laut:
"Hernach, da habt Ihr's gut."
Und schließlich war's dann auch so weit,
auch das bekannte Örtchen (00) stand schon da –
Oh – Schreck, jetzt war die andere Sorge reif:
Die Kälte – und kein Stecken Holz war da.
Trotz tiefer Minusgrade fuhr man dann
per Diesel in den Wald hinaus,
und holte was man brauchen kann
zum Wärmen für das Haus.
Man hat geflucht und hat gefroren
es wollte keiner glauben,
dass so viel Holz war zu besorgen
für unsere Bunker-Bauten.

123

Doch heut' ist man schon belehrt,
denn jeder sagt: " 's war net verkehrt:"
Ein anderes Lied, 'ne traurige Mähr
war das Kommando zur Abteilung,
wenn dies nur einmal nicht mehr wär',
das wäre die Befreiung.
Und sieh', auch das kam einmal unverhofft,
wir brauchten nicht mehr nach dahinten gehen,
das war des Lebens neuer Trost,
sorgenfrei konnt' man in die Zukunft sehen.

Ja noch viel Schöneres hat uns erwartet,
es war weiß Gott zum Jauchzen schön,
die ersten war'n auf Urlaub schon gestartet,
und die zweiten sollten auch bald gehen.
Bei diesen Zweiten war – oh sel'ge Wonne
unser Herr Jablonski mit dabei.
Selbst in der Polarnacht schien für ihn die Sonne,
jetzt geht es heim zu Kind und Wei' (Weib).
Er fuhr auch los, blieb lange aus,
doch leider kam er niemals heim,
das dicke Eis trieb ihm den Vogel aus,
nicht wahr, - das muss doch furchtbar sein!
Wenn dann auch noch zum Überfluss
manch neue Laus im Hemde steckt,
da macht das Reisen nur Verdruss,
nicht mal vor Sternen ha'm die Biester da Respekt.
So kam er dann auch schwer geknickt
zum "Reserl-Bunker" rein,
da wird ein "Fläschchen" dann genippt,
denn das zu überleben – muss man besoffen sein.——

In diese Zeit da fällt dann auch
ein weiteres Ereignis,
von dort ab war'n wir "Jäger" auch,
die neue Kluft beweist es.
Man trägt jetzt stolz das Edelweiß,

und lernt gar eifrig an dem Ski,
man fühlt als ganzer "Jager" sich bereits,
bloß fällt's noch zu oft hi'.
So geht ein "Brettl" nach dem andern flöten,
die Stöcke reichen fast net aus,
es ist beinah zum Mäuse töten,
i' kriag das Schwingen net heraus.
Nun wär der Schlitten noch zu nennen,
mit dem Herr Leutnant durch die Gegend saust,
denn manchmal die schwarzen Seelen brennen,
wenn der Chef so leise kommt nach Haus.
Früher, ja da war dies angenehmer,
da hörte man von weitem schon sein Kommen,
für ihn war das sehr viel bequemer,
und wir war'n nie beklommen.

Und noch etwas darf nicht vergessen sein,
es ist der Bombensegen;
da fällt's doch so an "Lackl" ein,
uns einfach vier Stück vor'n Bau zu legen.
Es ist ja weiter nichts passiert,
nur d' Fensterscheib'n sind eingebrochen,
so san mir dann ganz ungeniert
wieder ins Bett hineingekrochen.
Am nächsten Tag gab es an Arbeit viel,
es war "am Arsch" die ganze Tarnung.
Das aber war des nächsten Tages Ziel,
der Schaden muss in Ordnung.
Auch ein Denkmal wurde noch gebaut,
mit einer Kampf – Trophäe,
ein Kenner, der dies Denkmal schaut,
weiht diesem Gestänge eine Träne.

Ich bin am Schluss, das Lied ist aus
vom Urlaub hab ich gern geschwiegen,
denn leider sieht es fast so aus,
dass diese Tage noch in weiter Ferne liegen.

Mein erster Auftritt! Das Erleben!

Ich weiß nicht, was bei mir auf Weihnachten aufgefallen ist: Meine Kunst des Tanzens, meine Redekunst oder mein Stummleben (auch Stilleben, ist mir wurst, wie man es meint), auf alle Fälle bin ich damals aufgefallen. Drum hieß es gestern beim Appel: "Selbstverständlich, Gerritsen auch raus!" Im ersten Moment konnte ich nichts denken, noch sagen (ein typisches Zeichen des Lapplandsoldaten), dann bekam ich eine innerliche Wut und dann – zog ich den "Schwanz" ein und stellte mich zu den Auserwählten (auch eine typische Erscheinung des Lapplandsoldaten), zu der Sondergruppe. Ich stellte mich also, jetzt steh ich. Stehen – ein interessantes Wort – aber auch ein festes Wort: Die Front steht... Es gibt auch ein Lied in dem das Wort: "steht" vorkommt, aber das hab ich schon lang nicht mehr gehört, ein Fremder könnte es auch nicht verstehen, aber in Oslo, da hat man es oft singen gehört: "Fällt er nicht, so bleibt er steh'n." Lappland, ein interessantes Kapitel. Oft meine ich, im Aufnahmezimmer eines Fotografen zu sein, denn wenn es heißt: "Es wird eine Aufnahme gemacht", dann ist alles stark beschäftigt mit dem "Herrichten", der eine hängt sich den Pelzmantel um, der andere einen Pelzanzug, Filzstiefel, wieder andere Gewehr, MG, Handgranaten, MG-Gurt usw. Selbstverständlich gibt es auch die verschiedenen Stellungen (Stellung nachmachen), wie beim Fotografen. Jetzt fällt mir auch mein letztes Fotografierenlassen in Sassnitz ein. Als ich hinein ging , kam eine hübsche Dame mit dem Fotografen heraus, einen kleinen Buben auf dem Arm, einen größeren an der Hand, und liebenswürdig sagte sie zum Fotografen: "Also, wenn die Aufnahme von meinen beiden Buben recht schön wird, dann komme ich auf meiner Hochzeit auch zu ihnen und lasse ein Brautbild machen. Erleben – auch ein geistreiches Wort. Der Polarwinter wird zum Beispiel verschieden erlebt, da hat's mal an einem Tag 30° Kälte, am nächsten Tag 35°, leider hat ein Kamerad des Morgens ganz vergessen, statt drei, wie gewöhnlich, nur ein Hemd angezogen. Er ist aber im Glauben, drei anzuhaben, deshalb schreibt er des Abends heim: Meine Lieben, meine holde Süße – heute hat's 50° Minus gehabt. Auf der Wache kann man auch manches erleben (es war auf der Korpswache). Als ich vom Patroillengang zu den Panzern zurück kam, sagte mein Kamerad, der auf dem Horchposten stand: "Da drunten sind zwei, ein Landser und eine Lotta (finnische Rotkreuz-Schwester), vor zehn Minuten sind sie hier runter gegangen." Ich schaute hinunter, richtig, da standen sie unten am Baum. Mein Kamerad machte jetzt den Kontrollgang zu den Panzern, ich blieb als Horchposten. Etwa zehn Minuten sah ich die zwei da unten stehen, dann waren sie plötzlich verschwunden. Es war mir ein Rätsel, wohin denn sie so schnell verschwinden konnten, das Tal endete gleich am Fluss, er war zugefroren. Es dauerte eine halbe Stunde, immer noch ließ sich niemand sehen. Da kam mein Kamerad zurück, gleich sagte ich ihm vom Verschwinden der beiden. Er meinte: "Geh doch mal runter und schau nach." Ich folgte seinem Rat. Es war ein verheerender Abstieg, oft rutschte ich aus, einmal flog ich hin, was aber mein Kamerad wegen der Sprungschanze nicht sehen konnte. Endlich kam ich doch heil unten an. Ganz überrascht war ich da, eine Sauna vorzufinden. Ich ging darauf zu und schaute in den Vorraum, nichts zu sehen. Es war nicht eingeheizt! Da ging ich zur Türe des Innenraumes, heftiges Schnaufen und Stöhnen hörte ich da. Plötzlich riss ich die Türe auf und rief: "Ist dort jemand?" "Ja, verdammt," sagte eine verärgerte Stimme. "Du weißt doch, dass ich hier bin!" - "Ich weiß nichts, der dies weiß, ist oben auf dem Horchposten", antwortete ich. "Verdammt, er hätte es dir sagen sollen!" "Hat er nicht, was tust du in der kalten Sauna?" "Macht nichts, ich hab "Feuer", geh nur, es passiert nichts." "Sooo, dann ist schon gut." Ich machte langsam die Türe zu mit der Bemerkung: "Brauchst du aber lange bei der Kälte." Oben angekommen, erzählte ich dem Kamerad von der Entdeckung und: "Ich hab schon "Feuer", dabei hab ich keins gesehen. "Oh du Depp, er hat doch die Lotta, das war sein Feuer!" So seht ihr also, dass man beim Erleben ein Depp sein kann. Kurz vor

127

meiner Ablösung sah man unten zwei Menschen sich aus der Sauna herausschleppen, ganz eng verbunden, kein Wunder bei   30° Kälte. Noch ein Erlebnis: Vorige Woche erhielt ein Kamerad, der 18 Monate nicht in Urlaub war, die freudige Mitteilung, dass er soeben "Papa" geworden ist. Er ließ den Brief sofort verschwinden. Ich habe kein freudiges Gesicht gesehen. Bei dem Erleben ist eben kein Ding unmöglich. Noch etwas habe ich erlebt: Da ist ein Kamerad, der litt eine Zeit lang unter Vitaminmangel mit Juckreiz und bekam deshalb einen Ausschlag. Der heilsamen Lehre sich erinnernd, dass Lebertran Vitamine spendet, nahm er jeden Morgen 2-3 Esslöffel Lebertran, am liebsten hätte er die ganze Flasche auf einmal ausgetrunken, aber der Ausschlag ging und ging nicht weg. In seiner Verzweiflung ging er zum Arzt. Da – oh Erleben – musste er erfahren, dass es Läuse waren. Bei der Entlausungsstation suchte er Zuflucht, vom Lebertran wollte er nie mehr was wissen, noch sehen! Und nun wünsche ich euch allen noch viele Erlebnisse, für mich ist hiermit mein erster Auftritt erledigt! Pfüat euch Gott!

Für den Beitrag bekam ich langanhaltenden Beifall. Auch wurde einmal ein Chor –Wettstreit ausgetragen: Unser Chor der 1. Kompanie bekam den 2. Preis, die Nachrichten-Nachschubkolonne den 1. Preis. Da wurde gespöttelt: Kein Wunder, die hatten ja mehr Zeit. Die Luftwaffe erhielt den 3. Preis.

Aber ich muss nun vom Sommer ab Ende Mai 1942 berichten: Wir mussten die Leitung nach Kiestinki reparieren, die nicht mehr in Ordnung war, mehrere Masten waren umgeknickt. Bei dieser Arbeit stürzte ich von einem Felsbrocken und konnte nicht mehr gehen, also rief der Truppführer die Sanitätskolonne an. Sie kamen auch bald und trugen mich 3 Km durch den Urwald nach Salla ins Lazarett. Es wurde von einem Arzt geführt, mit zwölf

Sanitätern und vier Operationsschwestern, die ihn unterstützten. Der Arzt gab mir zuerst eine Betäubungsspritze und sagte dabei: "Sie haben Glück, erst gestern kam der Nachschub an Medikamenten, wir hatten fast nichts mehr." Man legte mich dann in eine Baracke mit 25 Betten, alle besetzt, für mich stand ein Notbett bereit. Meine Knie waren dick geschwollen. Ich bekam Umschläge. Nach drei Tagen konnte ich aufstehen und etwas gehen. Am nächsten Tag ging es noch besser. Nach einer Woche fragte der Arzt: "Haben sie einen Sanitätskurs mitgemacht?" "Ja", sagte ich und zeigte ihm den Ausweis. Da meinte er begeistert: "Da könnten sie uns in der Not helfen, sie merken doch, wie meine Leute überbeansprucht sind." "Ja", sagte ich. "Ich sehe, wie manche bei der Arbeit sich Mühe geben nicht einzuschlafen." Also schrieb er mich für die nächsten 14 Tage krank und ließ es telefonisch an die Kompanie durchgeben. Der Spieß wünschte mir eine baldige Besserung. Ich begann sofort mit meiner Arbeit: Kameraden waschen, vorbereiten zur Notoperation, die Toten in den dazu bestimmten Raum zu tragen, ihre schmutzigen Sachen zu waschen. Ich kam immer etwas spät ins Bett. Die Verletzten waren alle sehr dankbar, ich muss dies betonen. Nach 14 Tagen sagte der Arzt: "Herr Gerritsen, sie sind wieder gestürzt, verstehen sie mich?" "Ja, ich verstehe sie, Herr Doktor!" "Das freut mich sehr, und wie sie sehen werden, ihre Kameraden auch." Das konnte ich feststellen, alle waren sehr gut zu mir. Als die zwei Wochen um waren, sagte der Arzt: "Leider geht eine nochmalige Verlängerung nicht, man holt sie morgenfrüh (Entlassungsdatum 29.6.1942) mit einem PKW ab, brauchen also nicht mit dem Zug fahren. Eines muss ich ihnen noch sagen, sie sind von einer schweren Arbeit verschont geblieben, ihre Kameraden mussten die Umgehungsstraße erweitern, damit auch Panzer durchfahren können." Das wusste ich schon, denn ich musste vorher schon ein paarmal helfen. Ich dankte dem Herrgott.

Bei der Truppe angekommen sagte der Spieß nach der Begrüßung: "Herr Gerritsen, sie müssen sofort alle ihre Sachen zusammenpacken, denn morgen gehen sie ab in die Heimat auf die Militär-Nachrichtenschule in Halle an der Saale. Einer von der 2. Kompanie und einer von der 3. Kompanie fahren mit, denn die müssen auch auf die Schule. Sie müssen alles mitnehmen, auch das Bild, denn es ist möglich, dass sie nicht mehr wiederkommen." Ich war sehr überrascht, und dieses: Nicht wiederkommen! – gefiel mir überhaupt nicht. Viel Post war für mich da: Briefe von den Eltern, Anni Holland, Jakob, Josef, Onkel Heini aus Berlin, Lehrerin Frau Heinz, Familie Heinz aus Niersbach, Heinz Fassbach, Michael Niederhofer und Präses Specht (Sanitäter in Starnberg). Ich war sprachlos über so viel Post, in der kurzen Zeit konnte ich keine Antwort schreiben, wollte es aber in der Schule in Halle erledigen.

Schnell kam der Herbst und damit gleich die Kälte. In meinem Notizbuch von 1942/43 steht:

3. Januar, Sonntag: Um 20 Uhr Abfahrt, 26 Grad Kälte

4. Januar, Montag: 9 Uhr in Torneo, gleich in die Stadt gegangen und Andenken gekauft, im Soldatenheim gut gegessen; um 18 Uhr mit dem Schwedenzug weiter (zum 2. Mal also durch Schweden), schwedische Landschaft sehr schön, die Schweden sehr freundlich, die Sauberkeit der Bahnhöfe und Züge ist lobenswert, die Schweden bitten um Alkohol, Tabak und Zigaretten; auf der höchsten Höhe, eine kleine Stadt, auf den Narvik-Zug gewartet, 3 Wagons

an unseren Zug angehängt, dann gleich weiter.

5. Januar, Dienstag: Schöne Fahrt durch Schweden, die Kälte dauert an (- 28 Grad).

6. Januar, Mittwoch: Um 20 Uhr in Trondheim, gleich in die Kaserne der Deutschen zum Übernachten.

7. Januar, Donnerstag: 7.40 Uhr Abfahrt (kurz vor der Abfahrt ein besoffener Soldat, der die Notbremse gezogen hat, vom Bahnhofs-Offizier gleich erwischt und abgeführt); um 24 Uhr in Oslo/Akershus im deutschen Soldatenheim übernachtet.

8. Januar, Freitag: Alle Finnlandkämpfer wurden morgens sehr gut bewirtet und verpflegt. Um 9 Uhr Abfahrt, 15 Uhr Ankunft in Göteborg, gleich mit der Fähre übergesetzt nach Helsingör, um 4 Uhr in Kopenhagen. Um 9 Uhr in Gedser gleich mit der deutschen Fähre weiter nach Warnemünde, um 12 Uhr dort, um 12.45 Uhr mit einem Urlauberzug weiter, um 18.15 Uhr in Berlin. Im Krieger-Vereinshaus übernachtet.

10. Januar, Sonntag: Um 8.30 Uhr vom Stettiner-Bahnhof mit der S-Bahn zum "Zoo", dort um 10.48 Uhr mit dem Urlauberzug weiter nach Sagan, gleich Anschluss mit dem Eilzug nach Liegnitz, um 16.20 Uhr dort zur N.E. Abtlg. 8 in die Zieten-Kaserne.

11. Januar, Montag: Bis Mittag neue Sachen gefasst und reisefertig gemacht, um 17 Uhr zum Bahnhof, der Zug 200 Minuten Verspätung, deshalb im Kino ein Film angeschaut, ein schöner Film. Anschließend schrieb ich an meine Eltern, an Maria Holland in München, Tante Marie und Anni in

131

Zusamaltheim. Um 23 Uhr mit dem Urlauberzug weiter nach Leipzig. Dort hatte ich zwei Stunden Aufenthalt, der Zug hatte 80 Minuten Verspätung. Die Reisenden schimpften nicht, sie waren es schon gewöhnt, Hauptsache es fuhr einer. Um 11 Uhr war ich in Halle/Saale, dort gleich mit der Straßenbahn zur Schule gefahren. Ich kam in die 5. Klasse. Meine Anschrift lautete:

H.N.5.B./IV 1/266, Halle/Saale 11

Man hatte mich vorher noch zum Hauptgefreiten befördert, dadurch wurde ich Gehaltsempfänger, das Gehalt wurde überwiesen auf die Münchner Sparkasse. Von jeder Sparkasse hätte ich etwas abheben können, aber es war nicht nötig, man konnte fast nichts kaufen. Als ich nach meiner Gefangenschaft von meinen 5000 Reichsmark etwas abholen wollte, gab man mir für die 5000 Reichsmark nur 50 DM. Es war sehr ärgerlich, aber nichts dran zu ändern.

Doch nun weiter von der Schulung:

Ein Hauptwachmeister und ein Leutnant gaben Unterricht, doch was da gelehrt wurde, kannte ich schon, deshalb habe ich bei meinem Vortrag (jeder wurde aufgefordert den Mitschülern zu erklären, wie der Umgang mit dem Gewehr und dem Telefon gehandhabt wird) den Leutnant gefragt: "Soll ich reden wie man erfahrene Krieger anspricht, oder wie man "Pimpfe" der "H.J." anredet?" Da sagte er gleich: "Setzen sie sich!" Ich brauchte während der dreimonatigen Ausbildung nie mehr etwas vortragen. Meine Kameraden waren da nicht so einverstanden, denn sie hätten gerne mal wieder gelacht. Warum er mich nicht mit der Landkarte befassen ließ, habe ich nicht erfahren, dies ließ er andere Kameraden machen. Meine schriftlichen

Arbeiten waren alle mit Note 2 (gut) markiert. Aber beim Abschied stand in meinem Wehrpass: "Noch geeignet". Meine Kameraden lachten, denn sie hatten "geeignet" stehen, also eine halbe Note besser. Nun, es störte mich nicht, es war halt Leutnants Rache.

Zurück zum Monat Januar: Am 16.01.1943 war ich Wachhabender und Kontrolleur: Posten schlafend angetroffen, aber keine Meldung gemacht (siehe Protokoll).

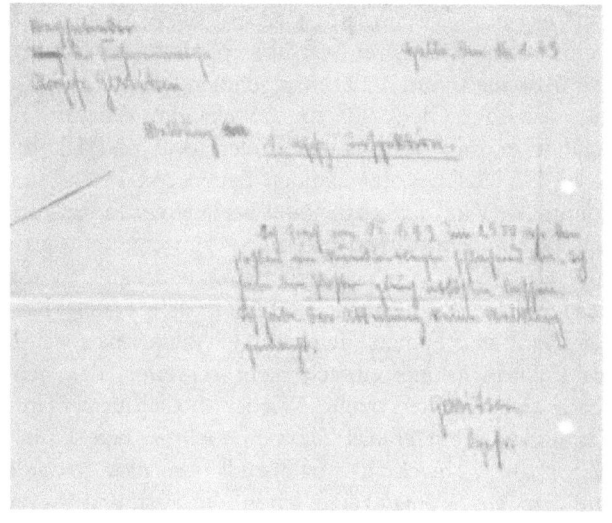

Dienstag, den 26.01.1943, Brief von den Eltern, dass Vater am Samstag, den 30.01. kommt – oh – welche Freude! Samstag um 17.55 Uhr holte ich ihn ab. Vorher musste ich mich in einer kleinen Wirtschaft um eine Schlafstelle bemühen. Zuerst wollte der Wirt nicht, denn er und seine Frau müssten alles alleine machen, Aushilfen gab es nicht mehr. Als ich ihm aber 100 Zigaretten gab, zeigte er mir das Zimmer und gab mir den Schlüssel, da war ich natürlich sehr froh.

Mit Vater verbrachte ich einen gemütlichen Abend in der Wirtschaft. Sonntag hatte ich frei, da hab ich mit Vater die Stadt angeschaut, abends wieder gemütliches Beisammensein in der Wirtschaft. Zum Abendessen mussten wir dem Wirt ein paar Essensmarken geben, ohne Marken gab es nichts mehr. Das Essen war aber noch reichlich und gut. Der Abschied vom Vater war schmerzlich – er wünschte mir weiterhin Glück für die unbekannte Zukunft. Auch erzählte er mir, dass meine Brüder Josef und Jakob den Krieg bis jetzt heil überstanden hatten. Am nächsten Tag konnte ich Vater nicht zur Bahn begleiten, weil wir von der Schule aus Feldübungen hatten, so wünschte ich ihm eine gute Heimfahrt. Am nächsten Samstag bekam ich wieder Besuch. Es kam ein Fräulein aus Niersbach, Traudel Platten. Nachbarin von Familie Heinz, wo ich einquartiert war. Dieses Fräulein konnte einfach nicht begreifen, dass ich im Krieg nicht heiraten wollte. Wieder gab ich dem Wirt 100 Zigaretten, damit er das Zimmer nochmal hergab. In der Wirtschaft verbrachten wir abends ein paar gemütliche Stunden. Am Sonntag zeigte ich ihr die Stadt und wo meine Nachrichten-Schule war. Abends wieder gemütliches Beisammensein beim Wirt, dann Verabschiedung, da ich Montag wieder Feldübung hatte. Dieses Fräulein hatte von Geburt an einen Buckel, hatte aber ein sehr feines

Benehmen. Sie schrieb mir jede Woche einen Brief, ich antwortete immer nur mit einer Karte. Es kam aber ein schnelles Ende, als sie einem Kameraden von meiner Einheit schrieb: Er solle mich beobachten, ob ich normal sei. Ich schrieb ihr einen Abschiedsbrief: Dass mein Wille, im Krieg nicht zu heiraten, nicht im Geringsten mit "normal, oder unnormal" zu tun hätte, aber somit sei nun Schluss mit ihr. Ich wünschte ihr alles Gute für ihr weiteres Leben und habe nie mehr etwas von ihr gehört.

Am 12. Februar erhielt ich schon meine Wäsche zurück, die ich dem Vater mitgegeben hatte, oh, meine liebe Mutter, ich habe mich gleich mit einem Brief bedankt. Noch einmal schickte ich meinen Eltern meine schmutzige Wäsche, in acht Tagen hatte ich sie zurück und habe mich wieder bedankt.

Samstag, am 6. März 1943 in der Früh bei der Post, eine Karte von Anni aus Zusamaltheim: Tante Marie schwer krank! Das machte mich sehr traurig, denn diesem guten Menschen hatte ich viel zu verdanken. Abends 18 Uhr ein Telegramm: Tante gestorben! Nachts im Bett musste ich tüchtig weinen, so gerne hätte ich sie noch einmal gesehen. Am nächsten Tag ging ich mit dem Telegramm zum Spieß, wegen Sonderurlaub. "Gerritsen – leider gibt es nur noch Sonderurlaub bei Eltern und Geschwistern", war seine Antwort. Schade! Also musste ich auf meinen Urlaub warten, der begann am 1. Mai. Mit 31. März war meine Schule beendet. Am 1. Mai bekam ich drei Wochen Urlaub, fuhr nach München und übergab der Maria Holland meine Fotos von der Front und das Gnadenbild. Sie war überrascht und staunte. Beim Abschied weinte sie. Ich fuhr nach Zusamaltheim, dort gab es viele Tränen. Mein Weg ging gleich ans Grab der guten Tante Marie, solche guten Menschen sterben immer zu früh, auch wenn sie alt sind.

Anni erzählte: "Zwei Nächte habe ich gewacht, in der dritten Nacht schlief ich ein. Als ich früh aufwachte, gab die Tante kein Lebenszeichen mehr. Ich machte mir schwere Gewissensbisse, lief zur Post und rief den Arzt an. Er kam erst am Mittag und stellte den Totenschein aus. Dabei sagte er, dass er unmöglich früher kommen konnte, er sei jetzt der einzige Arzt in der Stadt, das Krankenhaus bekam einen Hilfsarzt von München, also musste er das Krankenhaus mitversorgen. Er weiß oft nicht, wo sein Kopf steht, er bewundere seine Frau, die dies aushielt."

Ja, ja – dieser unselige Krieg.

Am nächsten Samstag fuhr ich mit Anni nach Oberhausen/Rheinland. Meine Eltern hatten ihr geschrieben, dass sie selbstverständlich mit mir mitkommen kann. Sie sollte aber bedenken, dass das Ruhrgebiet jeden Tag, besonders bei Nacht, Fliegeralarm hat. "Macht nichts", sagte Anni, "ich fahre gerne mit." Es fuhr ein großer Lastwagen, mit Sitzbänken ausgestattet, nach Augsburg Hauptbahnhof. Unterwegs hielt er einmal in einem Dorf. An die 20 Leute standen dort, aber nur 2 konnten noch mit, dann war der Wagen voll. Der Fahrer sagte zu den Wartenden. "In zwei Stunden kommt der nächste Bus." Ohne zu schimpfen gingen sie weg. In Augsburg liefen fast alle zum Bahnhof. Dort wurde über Lautsprecher bekannt gegeben, dass der nächste Schnellzug von München kommend mit Weiterfahrt nach Frankfurt – Köln – Dortmund, in etwa eineinhalb bis zwei Stunden kommen wird. Also setzte ich mich mit Anni auf eine Bank, ihren Koffer bei mir und mein Rucksack mit den 1000 Zigaretten für den Vater, gut 1 Kilo Rindfleisch, ein Pfund Bauernbutter und 1 Kilo Schweinefleisch. In Annis Koffer waren ihre Kleidung, gut 20 Pfund Mehl und ein Stück Bauernbutter.

Plötzlich eine Durchsage: "Der D-Zug von München nach Dortmund hat Einfahrt, bitte Vorsicht!" Mein Gott, war der voll! Menschen stiegen aus den Fenstern raus und hinein. Ich hatte Glück, denn als der Zug hielt, war die Tür direkt vor mir, doch zuerst aussteigen lassen. Nur ein paar, dann konnte ich schon mit Anni einsteigen. Die Zugtoilette stand weit auf: Inhalt voll Gepäck. Es konnte also keiner aufs Klo gehen. Kinder "machten" aus den Fenstern, keiner regte sich deshalb auf, im Gegenteil, sie hielten die Kinder fest, damit sie nicht rausfielen. Das war das einzige "Gute" im Krieg. Ein jeder half dem anderen! Da ertönte die Durchsage: "Ulm Hauptbahnhof kommt!" Ich musste auf die Seite mit dem Koffer und fragte Anni: "Wo hast du den Rucksack?" "Den musst du doch haben, ich hab ihn nicht", war Annis Antwort. "Mein Gott, der steht noch in Augsburg an der Sitzbank. Anni, wir müssen raus, ich fahr mit dem nächsten Zug zurück", sagte ich fassungslos. Schnell waren wir draußen. Ich trug Annis Koffer an eine Bank und rief: "Warte hier, ich fahre zurück, da kommt schon der Zug", und schnell lief ich zum nächsten Bahnsteig, wo gerade der Zug hielt. Durchs Fenster zogen Kameraden mich rein. "Gott sei Dank, geschafft", sagte ich erleichtert und lehnte mich an der Wand an – umfallen konnte keiner, so voll war der Zug. In Augsburg half mir einer aus dem Fenster. Ich bedankte mich und lief sofort nach Bahnsteig 1. Gott sei Dank, der Rucksack lehnte an der Bank. Ein Kamerad saß auf der Bank, der sagte gleich: "Gehört dir der Rucksack, ich sitze schon eine Stunde hier und dachte mir: Sollst du den bei der Bahnpolizei abgeben, denn es ist ja ein Militärrucksack!" Oh, wie bedankte ich mich, denn da er dort sitzen blieb, dachten sicher die Leute, dass ihm der Rucksack gehöre. Eine Stunde musste ich warten, bis der nächste Zug kam. Wieder musste ich schnell durchs Fenster, sonst hätte ich den Zug nicht mehr bekommen. Überglücklich war Anni, als sie mich sah. Nun wollten wir das Ulmer Münster anschauen, leider verschlossen. Das Münster gehörte ja einer evangelischen Gemeinde, und die verschließen immer ihre Gotteshäuser. Also gingen wir wieder zurück zum Bahnhof und warteten auf die nächste Ankündigung eines Zuges nach Dortmund oder Münster (Westfalen). Nach Münster hätten wir in Duisburg umsteigen müssen, denn dieser Zug fuhr über Mülheim/Ruhr – Essen nach Münster. Da wir wieder in der Nähe einer Türe standen, brauchte ich nicht wieder durchs Fenster steigen. Anni hatte auch einen etwas bequemeren Stehplatz, denn zwölf Stunden stehen ist eine große Anstrengung. Die Klos konnten wieder nicht benutzt werden, denn die waren mit Gepäck und Paketen vollgestopft. Bis zum Loreley-Felsen war Gott sei Dank kein "Halt", also kein Fliegeralarm. In Köln – ein langer Aufenthalt. Es gab für Soldaten und Kinder eine kleine Brotzeit vom Roten Kreuz. Ich gab meine einem recht mageren Burschen, er bedankte sich sehr und wünschte mir eine gute Heimkehr aus dem Krieg. Als die Durchsage kam: "Bitte einsteigen, der Zug fährt in Kürze ab", stieg alles friedlich wieder ein. Fast jeder hatte wegen der Enge einen unbequemen Stand – machte nichts, Hauptsache man war drin. Noch bei hellem Tage erreichten wir Oberhausen, dadurch war keine große Gefahr für Fliegeralarm. Es fuhr sogar die Straßenbahn, darüber waren wir natürlich sehr froh. Freudig wurden wir von den Eltern und meinen Schwestern empfangen. "Gott sei Dank, alles gut gegangen", sagte Anni und freute sich deshalb so sehr, weil sie endlich meine Heimat und mein Elternhaus kennen lernte. Ich hatte leider nur noch drei Tage Urlaub, dann hieß es Abschied nehmen.

Die Rückkehr zu meiner Einheit ging nicht wieder über Dänemark und Schweden, sondern ich hatte es schriftlich, dass die Rückreise über Berlin – Danzig, von dort mit dem Schiff nach Finnland (Turku – finnische Hafenstadt) geht. Beim Abschied wollten mich alle bis zum Bahnhof begleiten, doch ich winkte ab: "Es genügt bis zur Straßenbahn", war meine Bitte. Sie gaben sich damit zufrieden.

In Berlin suchte ich gleich Onkel Heini auf. Er, Tante Änne und die drei Töchter, Angela, Anni und Irmchen, alle freuten sich über dieses Wiedersehen. Onkel Heini meinte: "Fehlt nur noch, dass Jakob kommt, er hat bei mir angerufen, dass er vielleicht heute noch kommen kann. Er muss neues Material holen." Jakob war Unteroffizier der Luftwaffe. Ich sagte gleich: "Da bleibe ich und fahre erst morgen früh." Onkel Heini meinte: "Das ist sehr gewagt, nicht dass du eine schlimme Strafe bekommst." Meine Antwort: "Macht nichts, ich habe Jakob schon drei Jahre nicht gesehen, ich lass es drauf ankommen." Da, es begann schon dunkel zu werden, kam Jakob. Ach war das eine Freude! Es wurde ein sehr schöner Abend. Tante Änne hatte einen reichlichen Vorrat an Essen und Trinken. Von so einem schönen Abend zehrt man lange. Am nächsten Morgen war ich der erste, der Abschied nahm. Alle wünschten mir ein Wiedersehen, dasselbe ich natürlich auch.

In Berlin musste ich zum Schalter "Abteilung Wehrmacht" um die Fahrkarte zu holen. Als der Feldwebel meine Papiere anschaute, sagte er streng: "Sie hätten gestern fahren müssen, warum kommen sie erst heute?" "Weil ich meinen Bruder wiedersehen wollte, er ist bei der Luftwaffe und muss genauso wie ich wieder an die Front. Da war mir das

Wiedersehen sehr wichtig, wer weiß, ob es nochmal ein Wiedersehen gibt", war meine in verzweifelter Stimmung gehaltene Antwort. "Das ist ihre Sache, ich muss ihrem Kompaniechef Meldung machen." "Oh – bitte!" war meine Antwort, da gab er mir die Fahrkarte nach Danzig. In Danzig hieß es: Das Schiff geht von Königsberg – also ab mit dem Zug nach Königsberg. Dort kam die Durchsage: Das Schiff geht von Reval. Also wieder in den Zug, nach Reval. Dadurch lernte ich dieses Land auch kennen. Bei jedem Bahnhof winkten uns die Bewohner, sicher aus Dankbarkeit, denn durch "uns" wurden sie von Russland getrennt und selbständig. In Reval hieß es: Zurück nach Danzig. Ein russisches U-Boot hat unsere Sperre bei Leningrad durchbrochen. Also wieder in den Zug und zurück nach Danzig. Dort bekamen wir Verpflegung und ab ging's aufs Schiff nach Turku (Südfinnland). Nach zwei Tagen und und zwei Nachtfahrten waren wir endlich in Alakurtti bei unserer Einheit.

Im Herbst 1944 bekam ich einen Auftrag mit Marschbefehl (siehe Original-Dokument vom 25.09.1944). Den Marschbefehl bekam ich für einen Leitungsbau. Nur einer durfte mich begleiten und zwar einer der letzten Leute, die vor einem halben Jahr gekommen waren: Ein Gefreiter Brünning, ein feiner Kamerad, der uns nach unserer Arbeit ein großes Rätsel hinterließ: Er meldete sich freiwillig zur Infanterie an die Front. Der Abschied war kurz und schnell, ich konnte ihn nicht mehr fragen, warum er dies machte.

Für den Leitungsbau bekamen wir deshalb den schriftlichen
Marschbefehl, damit bei einer Kontrolle durch die
Feldgendamerie man uns nicht festnehmen konnte wegen
"Entfernung von der Truppe", was leider schon vor-
gekommen war. Manche hatten sich schon nach Schweden
abgesetzt. Die schwedische Grenzwache schickte sie zwar
zurück, trotzdem sind einige fahnenflüchtig untergetaucht.
Im Krieg war es ein Schwerverbrechen und wurde mit dem
Tode bestraft. Nach dem Krieg konnten alle ohne
Schwierigkeiten in die Heimat zurückkehren, nur nicht nach
Schlesien und Ostpreußen, diese Gebiete waren schon von
Deutschland abgetrennt durch die Siegermächte. Der Spieß
sagte zu mir: "Sie müssen sofort den Störtrupp
übernehmen, denn der Vorgänger musste heimfahren. Er
erhielt ein Telegramm: Totalschaden mit Todesopfer. Nur

141

noch mit der Nachricht "Todesopfer", wurde Sonderurlaub gewährt. Dieser Kamerad kam aber nicht mehr zurück. Wir erfuhren später, dass er an der Mittelfront in Russland eingesetzt wurde. Dort hatten wir sehr schwere Verluste, teils durch den strengen Winter, teils durch die schlechte Bekleidung, teils durch die Verstärkung der Russen durch die Amerikaner.

Per Funk erhielten wir die Nachricht, dass der General Paulus mit seiner Armee in Stalingrad eingeschlossen ist und der Aufruf des "Oberbefehlshabers Hitler" hieß: Durchhalten bis auf den letzten Mann! Wir alle waren sehr betroffen, besonders bei den Finnen bemerkten wir große Betroffenheit und Enttäuschung. Ich sagte zu meinem Wagenbegleiter: "Wie kann man nur so betroffen und sprachlos sein – jetzt wo die Amerikaner auch in den Krieg eingetreten sind, ist dies doch kein Wunder." Auch für uns kam eine schlechte Nachricht: Auf Druck der Amerikaner handelte Finnland mit den Russen einen Waffenstillstand aus. Marschall Mannerheim ist mit einigen Leuten seines Stabes nach Schweden geflohen und sie ließen sich internieren. Wir Deutschen mussten uns nach Norwegen absetzten. Ich musste also den Störtrupp übernehmen, bestehend aus: Kraftfahrer, Führer und zwei Mann, dazu ein kleiner Geländewagen mit Ersatzteilen für Sprechanlagen und Kabelausbesserung. Keine leichte Arbeit, aber ich wurde ja in der Nachrichtenschule in Halle speziell dafür ausgebildet. In mir sagte ich: "In Gottes Namen", und nahm den Auftrag an. Die drei Kameraden, die ich dafür bekam, waren in Ordnung, dafür dankte ich dem Herrgott. Da die Straße nach Salla ständig von den englischen Fernbombern unter Feuer lag, machten wir uns durch den Urwald auf einen Schleichweg dorthin, den unsere Pioniere mit den Finnen angelegt hatten, in der Zeit, da ich krank im

Lazarett in Salla war. Eine großartige Leistung! Dort bauten wir eine neue Funk- und Telefonstation auf. Bei der Abfahrt von Alakurtti meinte unser Zugführer: "In der Verpflegungsstelle sei bestimmt noch etwas zu holen." Also fuhr ich hin. Dort meinten die Kameraden: "Es kommt nur noch ein Lastwagen." Meine Kameraden und ich sagten: "Was, nur ein Lastwagen? Der kann ja gar nicht alles mitnehmen." "Nehmt halt soviel ihr könnt mit", war ihre Antwort. Also nahmen wir mit: 1 Fass Butter; 1 Sack Trockenmilch; 1 Sack Zucker; 1 große Dose gemahlenen Kaffee; 1 Karton Knäckebrot und 4 große Kastenbrote. Mit unseren Privatsachen dazu war unser kleiner Wagen restlos voll. In großer Kolonne ging es nun über den Schleichweg nach Salla. Es war eine ruhige und nicht zu kalte Nacht. In der Frühe beim Hellwerden waren wir dort. In einem Wald bauten wir mit der Kompanie ein Lager auf. Da plötzlich die Nachricht: Missglückter Anschlag auf unseren Führer Hitler im Bürgerbräukeller in München; die Täter sind verhaftet und hingerichtet worden. Im Lichthof der Universität München hängen die Gedenktafeln und Reliefs der unglücklichen Menschen. Ab sofort galt nicht mehr der übliche Militärgruß mit der Hand an der Kopfbedeckung, sondern nur der mit der ausgestreckten Hand. "Heil Hitler!" Gott sei Dank hatten wir vor lauter Arbeit keine Möglichkeit diesen Hitlergruß auszuführen, es blieb beim: "Guten Morgen, Grüß Gott und gute Nacht." Kein Vorgesetzter machte uns beim Grüßen darauf aufmerksam.

Beim Ausbessern eines Fernsprechkabels kamen englische Tiefflieger. Ich schrie noch: "Volle Deckung!" Aber für einen Kameraden der 2. Kompanie war es zu spät. Ein Schrapnell zerriss ihm den Kopf – nie werde ich das vergessen. Habe schon oft davon geträumt – furchtbar! In einer Nacht ging der Rückzug weiter Richtung Rovaniemi,

Hauptstelle der militärischen Führung. Da, unerwartet, sah ich den Militärwagen des finnischen Dolmetschers. Er und seine Kameraden machten mit uns also den Rückzug nach Norwegen mit. Sie glaubten noch an eine Geheimwaffe der Deutschen, die damit noch die Situation retten würde. Oh ihr armen Verblendeten, dachte ich mir. Manche Kameraden hofften auch auf eine Geheimwaffe – ich konnte mich dem nicht anschließen.

In der Nacht verließen wir Rovaniemi, es ging der schwedischen Grenze zu. In der Früh fuhren wir an einer Infanterieabteilung vorbei, die auch auf dem Rückzug war nach Norwegen und hier eine große Pause hatte. Auch wir machten hier eine Pause. Da – oh welche Freude, entdeckte ich einen Kameraden, den ich im letzten Urlaub bei der Rückfahrt kennen gelernt hatte. Er war an der Front bei Alakurtti, hatte mir genau beschrieben, wo seine Einheit in Stellung war, dadurch konnte ich ihn einen Monat später mit unserem Zugführer besuchen. Der Zugführer musste an einer Funkstelle etwas ändern, diese Stelle war nicht weit von seinem Bunker entfernt. Der Zugführer nahm mich gleich mit, als ich ihn darum bat, und nun dieses Wiedersehen. Wir umarmten uns vor Freude. Gleich holte ich aus meinem Wagen eine Flasche Rotwein und deutsches Knäckebrot. Dieses war besser zu genießen, als das finnische, das war größer und braun und steinhart, man musste es abends feucht einwickeln, um es am Morgen beißen zu können. Oft haben wir wochenlang davon leben müssen, weil der deutsche Nachschub nicht nach kam. Wir tranken gemütlich ein Glas Wein auf dieses Wiedersehen und auf eine gute Zukunft. Wir mussten am nächsten Tag weiter, deshalb hieß es zugleich Abschied nehmen. Wir wünschten uns ein Wiedersehen, was leider nie mehr stattfand.

Die Bahnstrecke Alakurtti – Rovaniemi wurde von unseren Pionieren gesprengt, damit der Russe uns nicht so schnell folgen konnte. Von Rovaniemi ging es nach Pello, weiter nach Kolari, Muonio, Palojoensuu, Hetta, Kautokeino, Solovomi (Suolovuobme) und Alta. Dort wurde eine lange Ruhepause (eine ganze Woche) eingelegt und ein paar Tage noch dazu. Im Ort stand eine große Halle, von der "Organisation Todt" aufgebaut, in dieser Halle fanden kleine Feiern statt mit Verleihung von Orden, so auch für unsere "Korp-Nachrichten-Abteilung". Auch ich bekam hier das Verdienstkreuz mit Schwertern verliehen (ohne Ansteckorden, denn da war von Deutschland nichts mehr geliefert worden – es wurde aber im Wehrpass eingetragen). Anschließend ein kleiner Imbiß mit Getränken; es wurde wenig davon Gebrauch gemacht, es gab keine Betrunkenen, die Lage war halt zu ernst.

Auf meiner "Störfahrt" nach Tromsö erlebte ich auch etwas Furchtbares: Im Hafen lag ein deutscher Kreuzer, das Überfliegen dieses Kriegsschiffes war streng verboten – es gab keine Ausnahme. Da hörten wir plötzlich das Motorengeräusch einer deutschen "JU 52". Wir funkten sofort rauf: Kehrt machen, zurück, zurück! Es kam keine Antwort, ganz verzweifelt funkten wir weiter, aber keine Antwort. Sie flog weiter Richtung Schiff. Da, der erste Warnschuss – sie flog weiter übers Schiff – dann, der gezielte Schuss, ein Volltreffer. Wie ein glühender Ball stürzte die Maschine ins Meer. Von den Finnen erfuhren wir, dass sich 50 "Lottas" (finnische Rotkreuz-Schwestern) an Bord befanden. Ob sie mit den deutschen Piloten nach England wollten? Es blieb uns ein Rätsel – auch die Finnen waren erschüttert.

Auf meiner "Störfahrt" nach Skarvik erlebte ich noch etwas Trauriges: Es gab nur felsige Straßen, die von deutschen Pionieren und der "Organisation Todt" mit vielen Sprengungen errichtet waren. Früher wurden diese Orte nur mit Schiffen erreicht. Bei der Kälte (es war ja schon die "ewige Nacht"/Winter mit dem herrlichen Nordlicht) waren die Straßen sehr glatt, sie wurden mit Kies gestreut. Als ich dort war, kam ein schweres Geschütz mit 6-er Pferdegespann. Dieses Gespann rutsche aus, die Kanoniere sprangen ab und das Gespann mit dem Geschütz stürzte in die Tiefe des Meeres – furchtbar! Wir waren entsetzt, doch Gott sei Dank kein Menschenleben verloren gegangen. Dem Führer des Fahrzeugs wurden Vorwürfe gemacht, er hätte noch warten sollen, bis mehr gestreut gewesen wäre. Diese deutschen Geschütze, die auf mehreren Halbinseln aufgestellt waren, beschossen die englischen Transportschiffe, die auf dem Weg nach Murmansk waren. Durch die Kälte gezwungen, navigierten sie deshalb näher ans Festland, wo die deutschen Geschütze sie dann leicht erreichen konnten. Nach fast zwei Wochen ging es weiter gen Süden nach Skibotn, Moen, kurze zwei Tage Pause, dann weiter nach Narvik. Hier sah man, wie schwer gekämpft worden war, man fand kein ganzes Haus mehr, nur noch Trümmer. Doch weiter ging's nach Mosjöen, eine Tagespause, so langsam merkte man den Unterschied zwischen Tag und Nacht, also "Ade" hoher Norden mit der Polarnacht – wir freuten uns auf das Tageslicht. Weiter ging es nach Steinkjer – dort ein großes Barackenlager und Depot der ehemaligen norwegischen Armee. Sofort richteten wir eine Vermittlung ein, es war noch alles zerstört. Eines Morgens musste ich zum Hauptmann, der sagte gleich bei meinem Eintreten: "Herr Gerritsen, hätten sie nicht Lust eine U-Bootfahrt mitzumachen?" "Eine U-Bootfahrt?" fragte ich zweifelnd. "Ja, eine richtige U-Bootfahrt. Sie wissen ja, dass Trondheim unser U-Boot Stützpunkt ist.

Mein ehemaliger Schulkamerad ist Kommandant eines U-Boots. Sein Boot wurde überholt für eine neue Feindfahrt; er macht nun drei Tage Übungsfahrten, ob alles in Ordnung ist. Er rief mich gestern an, ich soll an diesen drei Tagen je drei Mann schicken, die etwas besonderes verdient hätten, und da habe ich gleich an sie gedacht, machen sie also mit?" Ich war im Moment sprachlos, sagte aber zu und bedankte mich. Er weiter: "Also um 6 Uhr wecken, um 7 Uhr frühstücken und um 8 Uhr fahre ich euch selbst hin." So geschah es auch. Als ich um 8 Uhr beim Wagen vom Hauptmann stand, kamen der Hauptwachmeister (Spieß) und der Wachmeister vom 2. Zug. Der Wachmeister sagte gleich: "Gerritsen – sie?" Der Hauptmann: "Warum, ist was?" "Nein Herr Hauptmann!" Wir stiegen in den Wagen und der Hauptmann selbst fuhr uns zum U-Boot-Hafen Trondheim. Dort stand schon der Kommandant mit 6 Matrosen. Es war eine herzliche Begrüßung und Bekanntmachung, dann gingen wir an die Anlegestelle des U-Bootes. Ein Matrose reichte uns die Hand beim Übertreten und leitete uns zum Turm, wo die Luke geöffnet war. Über eine Eisenleiter ging es in die Tiefe. Unten empfingen uns drei Matrosen (zwei blieben also wegen uns drei Landratten/Landser zurück). Ein U-Boot-Maat, Vertreter des Kommandanten, erklärte uns die Einrichtung des Bootes. Alles war genau aufs Feinste eingeteilt. Der Küchenbulle zeigte uns seine kleine Küche (Kombüse). Der Speiseraum war in der Mitte des U-Bootes vor dem Aufstiegsturm mit dem Sitz beim Sehrohr. Der Koch kam mit zwei Eimern, beide mit verschließbaren Deckeln, und bat uns, die Kartoffeln zu schälen, aber die Eimer immer wieder zu verschließen. In einem der Eimer war Wasser, im anderen Kartoffeln. Wir warfen die geschälten Kartoffeln in den Wassereimer, verschlossen ihn jedesmal sofort, den anderen mit den Kartoffeln vergaßen wir zu verschließen. Da, auf einmal das Kommando: "Tauchen!" Wir hielten uns fest. Die Eimer stürzten. Wie gut, dass der mit Wasser gefüllte zugeschraubt war. Aus dem anderen rollten die Kartoffeln in der Kombüse herum. Der Koch grinste lustig, wir lachten über unsere Vergesslichkeit und holten die Kartoffeln wieder herbei. Kaum waren wir mit dem Schälen fertig, hörten wir den Ruf: "Landratte, komm her!" Ich schaute fragend dorthin, da sagte der Spieß zu mir: "Du bist gemeint." Ich stand auf und ging mit Spannung zum Turm. Der Kommandant saß beim Sehrohr und sagte: "Komm und schau mal." Ich tat es und sah ein englisches Kriegsschiff. Der Kommandant: " Keine Angst, der kommt nicht näher, er kennt sich in unserem Minenfeld nicht aus, auch bleibt er deshalb so weit, um von unseren Geschossen der Artillerie nicht erreicht zu werden." Ich bedankte mich, dann kam der Spieß dran, dann der Wachmeister. Mir war es peinlich, dass ich als Erster schauen konnte. Auf einmal verspürten wir eine leichte Erschütterung, da hieß es: Wir liegen auf einer Felsplatte, jetzt gibt es Mittagessen. Es war ein guter und kräftiger Eintopf. Wir lobten den Koch, er bedankte sich freudig, dann erzählten uns die vier Matrosen von ihren Feindfahrten. Acht schwere Transportschiffe der Amerikaner hatten sie versenkt, gleichzeitig mussten sie sofort abtauchen. Gott sei Dank wussten die Begleitschiffe der Amis nie die präzise Tiefe für die Zieleinrichtung ihrer Torpedos. Wir wünschten den Matrosen weiterhin viel Glück. Das Boot machte mehrmals Kehrtwendungen, dann hörten wir Geräusche, das Boot stieg höher. Danach nahmen wir laute Wassergeräusche wahr, die Tanks füllten sich mit Wasser, das Boot sank wieder. Manchmal wurde mir komisch, da betete ich still für mich, dass doch alles gut gehen möge. Wieder wurde ich vom Kommandanten gerufen zum Schauen, ich konnte erkennen, dass wir uns dem Hafen näherten. Ich dankte ihm, aber es war mir peinlich, dass ich immer als Erster dran kam. Nach einer kurzen Zeit wieder ein sonderbares Geräusch, wir sollten ein paar Mal schlucken, wir tauchten ganz auf, bald waren wir an der Anlegestelle. Die zwei Matrosen standen schon dort und reichten uns die Hände zum Aussteigen. Wir bedankten uns beim Kommandanten und den Matrosen. Unser Hauptmann war auch schon da, um uns abzuholen. Er unterhielt sich noch mit dem Kommandanten, dann fuhren wir zurück zu unserer Einheit. Meine Kameraden begrüßten mich und wollten wissen, wie es war. Einen hörte ich sagen: "Gott sei Dank, nichts passiert." Abends in der Kantine erzählte ich von der Fahrt. An den nächsten zwei Tagen erfuhren wir, dass nur Wachmeister und Unteroffiziere mitgefahren waren, ich war also der einzige einfache Soldat, der dies erleben durfte. Ich nehme an, dass ich dies nur dem Spieß zu verdanken hatte.

Eines Tages sagte ein Kamerad: "So, jetzt habe ich mich freiwillig für den Dienst in der Vermittlung Trondheim gemeldet, denn ich brauch ein Weib, habe so einen Drang, da brauche ich unbedingt ein Weib. Habe schon Geld um zahlen zu können." Ich antwortete: "Soo – du bist doch verheiratet? Voriges Jahr bist du Vater geworden, vor zwei Jahren war deine Hochzeit, hast bei der Rückkehr so begeistert von deiner Frau erzählt und das ist nun der Dank, dass du ihr die Treue brichst?" "Für den Ehemann gibt es keine Treue, wenn er in der Ferne ist und lange kein Weib mehr hatte. Das Weib hat die Kinder, die ihre Kräfte brauchen, der Mann braucht ein Weib, um seinen Druck loszuwerden", war seine Antwort. Ich sagte gleich: "Die eheliche Treue gilt für beide, ohne Ausnahme!" "Ach leck mich doch am Arsch!" war seine Antwort. Ich sofort: "Das geht nicht, das habe ich schon einer anderen Sau versprochen!" Schnell packte er seine Sachen, schlug laut die Türe zu und rannte zum Wagen, der nach Trondheim fuhr.

Dort in der ehemaligen norwegischen Kaserne hatten wir Deutschen drei Vermittlungen eingerichtet. Heer, Luftwaffe, Marine. Heer und Marine waren immer mit Soldaten besetzt. Die Luftwaffe hatte Telefonistinnen; es waren alle sehr nette und anständige Mädels.

Als ich einmal wieder Dienst hatte, morgens ab 7 Uhr, hörte ich plötzlich: "Hilfe – Hilfe!" aus der Vermittlung der Luftwaffe. Ich rannte sofort hin und sah die Telefonistin auf der Liege, dabei ein halbnackter, kräftiger Mann (die Uniform lag auf dem Stuhl), der hatte die Bluse der Telefonistin in der Hand. Wütend schaute er mich an und schrie: "Raus!" Ich ging auch und rief den Offizier vom Dienst an. Er kam auch sofort , hörte auch das Schreien, und ging sofort hinein. Dort hörte ich: "Herr Hauptmann, bitte anziehen und das Zimmer sofort verlassen, sonst rufe ich den General an." Nach geraumer Zeit ging die Tür auf und mit den Worten: "Verdammtes Weib, zuerst so tun und dann dies Theater", ging er eiligen Schrittes davon. Danach kam der Offizier zu mir. Ich sagte: "Ein sauberer Vorgesetzter, von welcher Einheit?" "Von der Artillerie, aber Herr Gerritsen, es gibt solche Sorten in jedem Stand, da gibt es keine Ausnahmen." Ein Hauptmann der Luftwaffe kam auch, fragte mich nach meinem Namen, welche Einheit, und wann ich dieses Schreien gehört hatte. Die Telefonistin erstattete Strafantrag. Ich dachte mir, ob der andere wohl bestraft wird, bei diesem Durcheinander in der Welt? Als ich zur Einheit zurückkam, hieß es: "Gerritsen, sie übernehmen sofort eine Gruppe der 2. Kompanie der Division "Nachrichten" im Lager nebenan. Der Unteroffizier dieser Gruppe liegt schwer erkrankt im Lazarett Trondheim, er wird nicht mehr zurück kommen. Ich packte meine Sachen und ging ins andere Lager und übernahm die Gruppe, alles nur sehr junge Soldaten, die Hälfte Österreicher, sehr anständige Burschen. Ich fragte sie, wo sie vorher waren. Sie antworteten: "In Oslo in einer Schule." Ich nahm an, dass es die Schule war, in der wir vor dem Finnland-Einsatz waren. Ein paar Tage darauf hieß es: Alles antreten am großen Appellplatz. Es kam der General und verkündete laut: "Kameraden, unser oberster Befehlshaber und Führer Deutschlands ist treu seines Eids fürs Vaterland gefallen – es lebe Deutschland!" Er grüßte wieder mit dem militärischen Gruß (Hand an der Mütze), nicht mehr mit ausgestrecktem Arm, wie vor einem Jahr befohlen wurde, nach dem missglückten Anschlag im Münchner Bürgerbräukeller. Die Antwort der versammelten Soldaten war kleinlaut: "Es lebe Deutschland!" Niedergeschlagen ging alles in die Baracken zurück. Ich musste wieder in die Vermittlung nach Trondheim, es kam solange ein Vertreter für meine Gruppe.

Leider musste ich wieder etwas Trauriges erleben: Ich hörte plötzlich aus dem Marinebüro einen Schuss. Ich ging sofort hinüber, es kamen auch die Telefonistin und der Offizier vom Dienst. Oh – welch furchtbare Entdeckung: Der Maat, ein älterer Marinesoldat, lag mit dem Kopf und dem Arm auf dem Tisch, eine Pistole daneben, aus der Schläfe rann Blut – tot! Daneben ein Abschiedsbrief: Als "Blutordensträger" von 1923 München, kann ich die Schmach der Niederlage Deutschlands nicht überleben und nehme Abschied wie mein Führer Adolf Hitler! – Es kam der Kommandant der Marine, ebenso der Sanitäter mit einer Bahre. Niemand fand Worte für diese Tragik. Als ich bei meiner neuen Truppe zurück war, hörte ich, dass Finnen auf dem Weg über die Berge nach Schweden waren, ich betete innerlich: Herr, lass sie gut drüben ankommen.

Die russischen Wlassow-Armee-Soldaten, die ab Herbst 1944 die deutschen Kämpfer unterstützt haben, erhielten beim Rückzug sofort ihre Uniformen zurück, sodass sie wieder als Gefangene galten und von Norwegen betreut wurden.

Ich bekam plötzlich eines morgens beim Aufstehen große Schmerzen in den Augen und konnte kaum sehen. Sofort schleppte ich mich, ein Kamerad führte mich, in die Sanitätsbaracke. Der Sani rief den Arzt, der schaute mich an und sagte: "Ich fahre sie sofort ins Luftwaffenlazarett Oeysand (vom 1.8. bis 11.8.1945). Mein Kamerad packte meine Sachen in den Rucksack und ab ging es. Dort kam ich in die Abteilung Augenklinik. Der zuständige Arzt schaute mich an und sagte: "Sie habem eine hartnäckige Binde- und Hornhautentzündung. Legen sie sich ins Bett, sie bekommen eine Spritze, davon bekommen sie Fieber, aber leider auch Schmerzen. Abends eine Spritze, damit sie schlafen können. Sie erhalten eine leichte Speise, tagsüber die Augen zugebunden, und ruhig liegen bleiben." Der Truppenarzt verabschiedete sich und wünschte mir guten Heilerfolg. Da lag ich nun – ich hatte den Ringrosenkranz am Mittelfinger der rechten Hand, das Kreuz nach innen in der Hand, so dass man meinen könnte, es ist ein Silberring – ich fing an den "Schmerzreichen Rosenkranz" zu beten. Der Sani kam, ich hatte die Augen zugebunden, und sagte: "Gerritsen, wenn du scheißen musst, lass mich rufen, ich komme mit der Bettpfanne, denn du darfst nicht aufstehen." "Ist schon gut", war meine Antwort. Dann kam die Krankenschwester, sie nannte ihren Namen und sagte: "So, jetzt bringe ich ihnen eine dicke Schleimsuppe, können sie alleine essen, oder soll ich helfen?" Ich konnte es allein, die Schwester blieb am Bett stehen, bis ich fertig war. Es schmeckte mir sehr gut. Abends bekam ich eine Spritze, damit konnte ich – Gott sei Dank – ein paar Stunden schlafen. Der Arzt kam dreimal am Tag und ließ sich die Temperatur zeigen, die die Schwester aufgezeichnet hatte. Ein paarmal am Tag hörte ich: "Jetzt lern doch endlich mal alles selbst zu machen – dein Gegenüber kann schon alleine essen, mit zugebundenen Augen, du gibst dir überhaupt keine Mühe, endlich mal etwas selbst zu machen." Als Antwort hörte ich: "Hab ich doch nicht nötig, in ein paar Tagen, wenn die Binde abkommt, kann ich ja sehen und werde eure Hilfe nicht mehr brauchen." Als ich abends den Sani fragte, was er für einer sei, der einfach nicht selbständig werden will, da sagte der Sani: "Ach, ein trauriger Fall, ein Pionier, junger kräftiger Mensch, beim Aufräumen und Entschärfen der Landminen ging eine hoch und verletzte ihm das Gesicht. Dabei gingen beide Augen verloren, was er aber noch nicht weiß. Wenn die Binde abkommt, bekommt er sofort Glasaugen, sie liegen schon bereit, damit sich die Hohlkörper nicht durch Fremdeinwirkung entzünden können. Ein großes Problem ist mit ihm, er sagt, wenn er nichts mehr sehen kann, will er sofort sterben. Er will seinen Eltern nicht zeitlebens eine Last sein, und sofort eine Todesspritze vom Arzt bekommen." Wir alle versuchten ihm beizubringen, dass er sich endlich selbst bedienen soll, wenn er vielleicht doch nicht mehr sehen könnte. Aber er blieb dabei, dass er dann sofort sterben will. Wir waren ratlos.

Als ich am 4. Tag sehr früh aufwachte, spürte ich keine Schmerzen mehr und ich konnte sehen. Ich dankte der hl. Maria und dem Herrgott für die Heilung. Auch der Arzt, die Schwestern und der Sani freuten sich mit mir. Ich stand auf und erfrischte mich im Waschraum, dann nahm ich mein Frühstück ein, es stand schon auf dem Tisch. Die Schwester saß am Bett des eigensinnigen Kameraden und fütterte ihn. Als sie fortging, bin ich zu ihm hin und sagte: "Schämst du dich nicht, sich wie ein kleines Kind füttern zu lassen, ich hab mich trotz meiner Schmerzen selbst bedient beim Essen und Trinken. Dabei hatte ich auch meine Augen zugebunden, hoffentlich begreifst du endlich, dass du selbständig werden musst. Es geht, wenn man den Willen dazu hat, andere haben es auch geschafft." Er gab mir zur Antwort: "Wenn ich blind bin, will ich nicht mehr leben. Ich fall meinen Eltern nicht zur Last, da könnt ihr reden, wie ihr wollt, mein Entschluss steht fest." Gleich sagte ich: "Dein Entschluss ist falsch, deine Eltern freuen sich, wenn du so gesund wie du bist, wieder zurückkommst, auch wenn du blind bist. Es gibt so viele Eltern, die ihre blinden Kinder pflegen, sie tun es gerne, alle richtigen Eltern tun es gerne, merke es dir. Es wird schon ein Schock sein, wenn sie erfahren, dass du blind bist, aber noch viel trauriger wären sie, wenn man ihnen sagen müsste, dass du dir das Leben genommen hast. Solange sie leben, würden sie immer fragen: Warum hat er das getan?" Ich bekam von ihm keine Antwort mehr. Später sagte der Sani zu mir: "Führ du ihn heute Nachmittag zum Duschen, da wirst du noch mehr erleben." "Gut, mach ich", gab ich zur Antwort. Nach der Mittagsruhe holte ich ihn und sagte: "Heute führ ich dich zum Duschen, der Sani muss was anderes tun." "Soo", erwiderte er, stand auf, und ich gab ihm den Bademantel (kein Soldat hat einen in seinem Rucksack, den gab es nur in diesem Lazarett). Beim Hinausgehen auf den Gang fragte ich ihn: "Hast du schonmal die Türen gezählt bis zum Bad und Klo?" "Nein", war die kurze, mürrische Antwort. "Warum nicht? Das könntest du alles allein machen: Ins

Bad zum Erfrischen, nicht brausen, da brauchst du Hilfe, und aufs Klo ohne Hilfe. Hör zu, die fünfte Tür ist der Waschraum, die sechste das Klo, merk dir dies!" "Hab ich nicht nötig, in ein paar Tagen sehe ich ja wieder, da brauch ich eure Hilfe nicht mehr!" "Was heißt da so verbittert: Da brauch ich euch nicht mehr! Was getan werden muss, tun die Ärzte, Schwestern und Sanitäter gerne, da brauchst du garnicht so verbittert reden", dann führte ich ihn in den Waschraum und stellte ihn unter die Dusche. Ich duschte ihn mit der Handdusche nur bis zum Hals, damit die Augenbinde nicht nass wurde, danach reichte ich ihm ein großes Handtuch. Er meinte: "Trockne du mich ab." "Was", rief ich, ich soll dich abtrocknen? Du hast keine Arm- oder Beinbrüche, du bist ganz gesund, also kannst du dich selbst abtrocknen." "Dann lege ich mich eben nass ins Bett", sagte er ganz verbittert. Ich gleich darauf: "Komm, ich führe dich, damit du dich nass ins Bett legen kannst!" Er blieb stehen, nahm das Handtuch und trocknete sich ab. Beim Rückführen zählte ich wieder laut die Türen, und beim Eintritt in den Saal sagte ich: "Nun links an der Wand entlang, das erste Bett ist deines." Er sagte kein Wort und legte sich hin. Abends fragte der Sani mich: "Na, wie war's?" Ich erzählte ihm alles und fragte: "Hast du ihn abgetrocknet?" "Ja, aber nur einmal nach seiner Operation, da waren Kopf, Hals und Schulter verbunden, unter Betäubung wurden ihm alle Splitter entfernt, auch die Augen. Wir wundern uns, dass er bis jetzt noch nicht gemerkt hat, dass er keine Augen mehr hat. In zwei Tagen ist es soweit." Morgens hatte er noch reichlich gefrühstückt, die Schwester freute sich darüber. Um 8 Uhr kamen zwei Ärzte und zwei Sanis (zur Vorsicht, im Falle, dass er toben würde, dachte ich mir, und damit hatte ich richtig getippt). Zuerst sprach ein Arzt lange mit ihm, dass alle wussten, dass

155

er keine Augen mehr hatte, man war nur sprachlos, dass er dies nicht selbst spürte. Nachdem nun die Augenränder geheilt waren, sollte er Glasaugen eingesetzt bekommen, damit keine Fremdkörper in die Augenhöhlen eindringen könnten. Da schrie er ganz laut: "Nein – nein – nein", wie ein Wahnsinniger. Darauf sagte der andere Arzt: "Komm, gehen wir, vielleicht hat er bis morgen den Schock überwunden." Die Schwester kam, um ihm eine Erfrischung zu bringen. "Nein", schrie er und hielt mit der Hand den Mund zu. Beim Mittagessen dasselbe, ebenso nachmittags zum Kaffee und abends beim Essen. "Nein, nein", und hielt sich immer den Mund zu, und das zwei Tage lang. Am dritten Tag musste ich Abschied nehmen, denn es kam ein Sani, um mich zu meiner neuen Truppe zu bringen. Ich ging an sein Bett, nahm seine Hand und sagte: "Sepp, zum Abschied wünsche ich dir alles Gute, vor allem bitte ich dich, wirf dein Leben nicht weg, lass dich heimfahren, deine Eltern werden sich freuen, auch wenn du blind bist. Stell dir vor, deine Eltern würden die Nachricht erhalten: Ihr Sohn hat Selbstmord begangen. Sie würden verzweifelt fragen: Herrgott, warum musste das sein? Was haben wir falsch gemacht? Wir haben ihn doch mit Liebe umsorgt und erzogen. Warum musste diese furchtbare Tat geschehen, oh welch ein Unglück! Ja Sepp, so würden deine Eltern jammern und wehklagen, solange sie leben. Also Sepp, ich bitte dich, befreie dich vom Selbstmordgedanken, er bringt nur Trauer und Unglück. Ich wünsche dir Gottes Segen, auf dass du dich von diesem schrecklichen Gedanken befreien kannst. Behüt' dich Gott!" Damit schüttelte ich ihm die Hand – er gab keine Antwort – schade!

Meine neue Gruppe freute sich, dass ich wieder geheilt war, dann erzählten sie mir: "Stell dir vor, Heini, Deutschland hatte doch noch eine neue Waffe: V/I und V/II. Die

V/I flog zu langsam, man konnte sie abschießen, aber mit der V/II haben sie in England eine ganze Stadt zerstört. Wochen vorher haben aber englische Fernbomber die freie Stadt Dresden dem Erdboden gleichgemacht, obwohl die Engländer wussten, dass es eine offene Stadt war, ohne Rüstungsbetrieb, und dass sie überfüllt war mit Flüchtlingen, hauptsächlich aus Schlesien, ein großes Verbrechen der Engländer."

- Ja, der unselige Krieg!

Ein paar Wochen später gab der kommandierende General der deutschen Armee in Norwegen bekannt, dass Waffenstillstand zwischen Norwegen, England und Amerika mit der deutschen Armee geschlossen wurde, wir sollten uns friedlich verhalten, wenn Engländer an Land kämen, um uns gefangen zu nehmen. Leider begann nach dieser Verkündigung wieder eine Serie von Selbstmorden der Deutschen, eine unbeschreibliche, ganz traurige Zeit. Ich konnte nur noch beten und nichts sagen, denn viele fragten: "Was nun?" Einige hauten nach Schweden ab, ob sie aufgenommen wurden, haben wir nicht erfahren. Wir mussten alles Material und die Fahrzeuge zusammenstellen und warten auf die Engländer. Die kamen bald mit ihren Jeeps, ihre Transportschiffe wurden durch unsere Boote durch das Minenfeld geleitet, damit sie in Trondheim, auch Bergen und Oslo, an Land gehen konnten. Wir wurden mit Bussen mit unseren Rucksäcken nach Trondheim gebracht und in Baracken einquartiert - September 1945.

Bevor wir nun auf deutsche Frachtschiffe kamen, wurden wir von den Engländern untersucht, dabei mit weißem Pulver bespritzt, auch Unterhemd und Unterhose, angeblich gegen Ungeziefer und Krankheiten. Unsere

Geschlechtsteile wurden mit brauner Flüssigkeit bepinselt, was keinem passte, aber man durfte nichts sagen, sonst wurden wir gleich angeschnautzt. Unsere Vorgesetzten durften nicht mehr bei uns sein, sonst hätten wir uns bei ihnen beschwert.

Die Untersuchung

Die unverschämte Untersuchung der Engländer, beschrieben wie im Film: "Der Gefangene in England". Nachdem es im Film gezeigt wurde, tue ich meinen Bericht dazu, denn jetzt wird man es mir glauben, denn es ist so gewesen! Es ist die **Wahrheit!**

Wir mussten uns ganz ausziehen und einzeln vor den englischen Sani vortreten. Er bepinselte den Penis mit einer braunen Flüssigkeit, auch die Hoden, dann musste ich mich umdrehen und tief bücken. Da spürte ich den Pinsel an meinem After – schön langsam fuhr er mit dem Pinsel weiter bis zum Hoden, dann sagte er: "Ab!" Wir mussten uns an die Seite stellen. Mit jedem verfuhr der englische Sani so. Ein Kamerad hatte einen etwas längeren Penis, er wollte ihn mit der Hand etwas hochheben, aber da sagte der Sani: "Ab", und schob mit dem Pinsel die Hand weg. Der Kamerad schaute nicht mehr runter, sondern an die Seite, man sah, welchen Zorn er hatte. Sehr langsam strich der Sani mit dem Pinsel um das Glied und hob es damit an – ob er dachte: hoffentlich wird er steif? Dem Kamerad hing sein rechter Hoden länger hinunter als normal – schön langsam strich die Sau um diesen Hoden herum, dann sagte er: "Ab", also umdrehen. Der Kamerad drehte sich um, seine Hände waren zu Fäusten gespannt. Mein Gott, er wird sich um Himmelswillen nicht vergessen, waren meine Gedanken.

Jetzt sagte der andere englische Sani: "Bücken!" Der Kamerad bückte sich, da drückte die Sau mit seiner Hand auf den Rücken, also tiefer. Der Kamerad tat es. Die Sau fuhr nun mit dem Pinsel ganz langsam über den After bis hin zum Hoden, dabei bückte er sich, um genau hin zu sehen. Ein Kamerad neben mir sagte leise: "Mensch, dem möchte ich jetzt eine in die Visage boxen, dass bei ihm sämtliche Zähne im Maul Fußball spielen können." "Maul halten", ertönte es vom englischen Sani her. Endlich sagte die Sau: "Ab!" Der Kamerad konnte sich jetzt, sichtlich genervt, zu uns stellen. Nachdem alle zwölf von uns (immer eine Gruppe) fertig waren, mussten wir in den Nebenraum. Dort erwartete uns wieder ein englischer Sani mit seiner großen Pulverkanone. Wir mussten unsere Unterwäsche anziehen, dabei bemerkte ich, dass sich in der Unterhose ein paar braune Flecken abfärbten. Ich fragte den deutschen Sani: "Was soll die braune Flüssigkeit?" Die Antwort lautete: "Gegen Sackratten (Flöhe)." "Maul halten", schrie der englische Sani wieder. Wir wurden nun vom Hals bis Fuß eingeräuchert. Als die Wolke verzogen war, konnten wir die Uniform anziehen, den Rucksack nehmen und ab in den Hof, um von dort mit zwei Mann Bewachung zum Hafen zu marschieren.

Als wir eine Zeit lang auf dem Schiff waren, kamen sehr viele Kameraden nach. "Wie, geht die Untersuchung auf einmal so schnell?", fragte ein Kamerad. "Warum, bei euch nicht?" "Nein – wir wurden unten bepinselt, wegen angeblicher Flöhe. Und wie die schwule Sau uns bepinselt hat! Wir mussten uns tief bücken, damit er unser "Arschloch" bepinseln konnte!" "Hättest du ihm doch ins Gesicht geschissen und dabei gesagt: Entschuldige, ich habe zurzeit große Blähungen." "Bei uns hieß es nur: Hose runter, Rock auf, ihr werdet mit dem Läusepulver angeblasen. Und es ging sehr schnell, dann hieß es: Schnell zum Hafen aufs Schiff, weil es bald abfährt. Übrigens, in England gibt es viele Lesbische und Schwule, die haben sogar Vereine."

In Deutschland gibt's keine Schwulen mehr, die wurden angeblich medizinisch umgekrempelt, sodass sie wieder "normal" wurden. In Wirklichkeit sind sie vergast worden, wie die Juden, Zigeuner, Schwachsinnige und Krüppel. Im Gefangenenlager wurde uns dies alles gesagt: Hitler ist nicht wie im Radio gemeldet, getreu seinem Eid für Deutschland gefallen bei der Abwehrschlacht zur Befreiung Berlins gegen die Russen. Hitler hat sich in seinem Bunker umgebracht, wie auch Goebbels mit seinen fünf Kindern und seiner Frau. Wer weiß, was uns noch in der Heimat blüht? Hoffentlich kommen wir gut an! Das wünschten wir uns alle!!!

Es wurden uns Briefe, Notizbücher und Fotos abgenommen, was gegen die Genfer-Verordnung war. Ich machte diese Bemerkung, da wurde ich aber gleich auf Deutsch angeschrien: "Maul halten!" Seitdem sind die Engländer mir verhasst und abgeschrieben – so wie die Franzosen mir sehr unsympathisch sind! Aber man muss sich einfach mit Tatsachen abfinden, sonst kommt man zu keinem "Entschluss".

Gedanken

- Die Juden werden uns alle verantwortlich machen, aber ich lehne alles ab. Wenn mein Bruder jemand tötet, kann man mich doch nicht verantwortlich machen. Es werden zwar fast alle sagen: Wir haben den Hitler nicht gewählt – was natürlich stimmen kann, denn die große Arbeitslosigkeit hat ja dafür gesorgt, dass Hitler an die Macht kam. Der Jude hätte dies ja verhindern können mit seinem Kapital und dem Staat Geld borgen können, da hätte Brüning die "Notverordnung" nicht verkünden brauchen. Zugleich kamen 4-Pfennig-Stücke aus Kupfer raus, so groß wie 1 Reichsmark-Stück, alles vergeblich. Brüning haute ab nach Amerika, um als Professor an einer Uni Vorlesungen zu halten. Der neue Chef "von Papen" konnte auch nichts mehr retten, deshalb übergab der Reichspräsident von Hindenburg dem Hitler die Leitung. -

Auf den deutschen Schiffen erhielt jeder eine eiserne Ration, vorher noch ein sehr gutes Mittagessen. Die deutsche Schiffsbesatzung war sehr kameradschaftlich, auch der Kommandant wünschte uns eine gute Heimreise nach Bremerhaven. Ein Minenräumboot fuhr voraus. Gott sei Dank war sehr schönes Frühjahrswetter, kein Regen und kein Sturm. Es ging zunächst an norwegischer Küste entlang, dann aber auf hohe See (nicht entlang der schwedischen Küste), direkt Richtung Bremerhaven. Die Nacht war auch ruhig, ebenso der nächste Tag, zwar etwas Wellengang, aber kein Sturm. Gegen Mittag kamen wir in Bremerhaven an. Weit vorher hatten wir noch ein Erlebnis: Unser Minensuchboot schoss auf eine Treibmine, bis sie hochging. Eine kleine Erschütterung des Schiffes verspürten wir, aber keine Gefahr, sagten die Matrosen zu uns. Wir bedankten uns für die gute Überfahrt, dann ging es gleich auf leere Güterwagons, ehemalige offene Kohlewagons, sehr sauber gefegt. Bei der Abfahrt des langen Güterzuges bekamen wir noch etwas Essen, dabei wurde uns gesagt, dass wir in Frankfurt/Main die Entlassungspapiere und die Fahrkarte für die Heimfahrt mit der Bahn bekämen. Langsam setzte sich der Menschen-Güterzug in Bewegung.

161

In einer Biegung sahen wir hinter der Lok einen geschlossenen Postwagen. Da die Tür weit offen war, sahen wir auf Bänken Unteroffiziere. Diese bessere Behandlung war uns wurscht, Hauptsache wir kamen bald heim. Es ging nach Bremen, immer wieder winkten uns Leute zu, es tat uns allen gut. Unterwegs sprangen einige ab mit dem Ruf: "Ich wohn nicht weit von hier, da fahr ich doch nicht erst nach Frankfurt." Eine Bewachung des Zuges gab es nicht, weder durch Engländer noch Amerikaner. Es hatte auch niemand etwas dagegen, wenn wieder einer absprang. In Bremen war der Aufenthalt nur kurz. Es ging weiter Richtung Süden nach Frankfurt, ab und zu sprang immer wieder einer ab. An Bahnhöfen hielt der Zug manchmal länger, bis die Kameraden ihre Notdurft verrichtet hatten. Auf einmal hieß es, Frankfurt kommt bald. Sofort richteten wir uns darauf ein, aber, oh Schreck, der Zug fuhr geradeaus, statt rechts zum Hauptbahnhof einzubiegen, es ging nach Frankfurt-Süd. Das Unheil nahm seinen Lauf!

Drittes Kapitel: Gefangenschaft

Wir sahen nur französische Soldaten, wir ahnten Schlimmes. Kaum hielt der Zug, sprangen auf jeden Wagon zwei französische Soldaten mit Maschinenpistolen, setzten sich hinten und vorne auf die Ecke der Bordwand und schrien: "Weg da!" Sie gaben unseren Kameraden Fußtritte, dabei schrien sie: "Keine Flucht – sofort erschießen!" Verbittert dachten wir an die Deutschen, die zu uns gesagt hatten: In Frankfurt gibt's die Entlassungspapiere. Wussten sie, dass hier die Franzosen auf uns warteten? Eine fürchterliche Wut hatten wir. Ich hatte ein kleines Päckchen mit einer Silberhalskette und ein paar Zigaretten, dazu meine Anschrift von München mit der Bitte: Bitte aufbewahren bis ich ein Lebenszeichen gebe. Ich warf es an einem Bahnhof einer Frau zu, als der Zug sehr langsam fuhr. Sie rief mir ihren Namen und Wohnort zu, ich schrieb es sofort auf (Engländer hatten mir einen Bleistift und ein paar Schmierzettel wiedergegeben). Jetzt ging es auf einer Notbrücke über den Rhein – Mainz – Richtung Saarland, dann kam Frankreich. An keinem Bahnhof durften wir aussteigen um unsere Notdurft zu erledigen, was blieb uns anderes übrig, unsere Hosen runter und über die Brüstung machen. Gegenseitig hielten wir uns fest, da sagte mein Nachbar: "Sieh nur den Franzosen, wie er sich rüber beugt um uns zuzusehen, diese Sau, scheint vom "anderen Ufer" zu sein." "Dies denke ich auch", gab ich zur Antwort.

Oh – diese Eisenbahnfahrt werde ich nie vergessen – es

war die schlimmste Bahnfahrt meines Lebens!

Wie musste ich dem Herrgott danken, dass ich wegen meiner Langsamkeit in Bremerhaven in den letzten Wagon kam, dadurch wurde niemand durch Steinwürfe von den Brücken verletzt, denn beim letzten hatten sie keine mehr. Sie pinkelten zwar runter, aber davon wurde ja keiner verletzt. Junge Frauen zogen ihre Hosen runter, um auf uns zu pissen. Oh, wie lernte ich Frankreich hassen, wie nie zuvor. Erst später kam mir zum Bewusstsein, dass es solche Menschen bei allen Völkern der Erde gibt, aber bei solchen Hassgedanken damals, dachte man soweit nicht. Durch Steinwürfe mussten vier Kameraden sterben und über hundert wurden verletzt. An keinem Bahnhof kamen Sanitäter, um die Toten zu holen und die Verwundeten zu verbinden. Mit unseren Notpäckchen haben wir sie verbunden. Das geschah in Clermont-Ferrand. Ab da mussten wir noch 12 Kilometer marschieren, obwohl wir schon wegen Hunger und Durst erledigt waren. Es war nur gut, dass es Nacht war, denn es war ein sehr heißer Sommer. Wenn wir an einem Kartoffelfeld vorbei kamen, gruben wir schnell ein paar aus und aßen sie gleich. Wehe, wenn einer vom Bewacher erwischt wurde, er wurde sofort mit dem Gewehrkolben niedergeschlagen. Dadurch blieben einige Kameraden auf der Strecke liegen, was mit ihnen geschehen ist, habe ich nie erfahren. Jetzt ging es durch einen riesigen Wald, er tat uns körperlich und seelisch gut. Manchmal dachte ich daran, den Rucksack wegzuwerfen, manche hatten es getan, deshalb hatten sie im Lager kein Geschirr zum Essen und keine Decke für die Nacht, um sich zuzudecken, denn es war manchmal kalt. In der Früh bei Sonnenschein, kamen wir endlich an, im Gefangenenlager Troncais, fast mitten im Wald. Wir erschraken über das schlechte Aussehen der anwesenden Kameraden, die wiederum staunten übers gute Aussehen der "Norweger" (so nannten sie uns). Der deutsche Lagerleiter; ein Feldwebel; der katholische Lagerpfarrer; ein Jesuitenpater und der evangelische Lagerpfarrer begrüßten uns kurz, dann wurden wir, je hundert Mann, in die Baracken eingewiesen, wie die Heringe, einer neben dem anderen auf Stroh, Rucksack als Kopfkissen. Diese stanken nach Urin, denn sie dienten uns als Kopfschutz während der Bahnfahrt, wenn eine Brücke kam. Nachdem jeder seinen Platz hatte, mussten wir vor der Küche antreten. Hoffnungsvoll erwarteten wir eine richtige Stärkung, aber wieder eine Enttäuschung: Es gab für jeden einen Becher schwarzen Kaffee und eine Schnitte trockenes Brot, mittags eine Kelle Erbsensuppe, aber was für eine Suppe, mehr Wasser als Suppe – furchtbar. Und das sollte uns stärken nach diesen drei Tagen und zwei Nächten ohne Wasser und Speise? – Einfach schrecklich! Eines morgens hieß es: "Ab morgen gibt es eine dicke Scheibe Brot für zwei Mann, tut euch also zusammen, dann müsst ihr die selbst teilen, damit das Murren aufhört", sagte der Franzose. Es kam immer wieder vor, dass einer eine dünne, der andere eine dicke Schnitte bekam. Sofort ging ich zu einem Kameraden vom Forstkommando und bat ihn, kleine Hölzer vom Wald mitzubringen. In der Schneiderei besorgte ich mir eine Rolle Zwirn. Als ich am nächsten Tag die Hölzer hatte, machte ich eine Waage daraus, um die Scheiben abzuwiegen. Als Kameraden dies sahen, kamen mehrere zu mir, dass ich ihnen so eine Waage auch machen soll, was ich natürlich für sie tat, es klappte prima. In jeder Baracke stand in der Mitte ein Kanonenofen, davor eine Tonne für die Notdurft. Leider war die Tonne zu klein für hundert Mann, sodass den Kameraden in der Früh die Füße nass wurden vom Urin, die Tonne lief über. Trotz Beanstandung gab es keine größere. Nach ein paar Nächten hörten wir plötzlich einen Schuss, in der Nähe der Nachbarbaracke lag ein Kamerad – tot. Er wollte aufs Klo, denn die Tonne war auch wieder beim Überlaufen. Er hatte wohl nicht glauben wollen, das die französische Wache ernst macht. Wer in der Nacht die Baracke verlässt, wird erschossen. Armer Kamerad – ich dachte auch an seine Eltern, wie werden sie diese Nachricht aufnehmen? Am anderen Tag konnten wir unsere Rucksäcke in dem kleinen Fluss Allier, Nebenfluss der Loire, sauber machen. Wir wurden aber gewarnt, nicht vom Fluss zu trinken, er sei sehr unrein. Wir richteten uns danach, denn wir konnten in der deutschen Küche Trinkwasser holen. Außerhalb des Gefangenenlagers waren auf einer großen Fläche schöne Wohnbaracken aufgebaut, auch eine große französische Küche, die stand am nächsten zu unserem Zaun. Alles war natürlich für die Bewacher und ihre Familien. Das grausame Benehmen der Wachmannschaft war nur so zu verstehen, dass es "IWIS"-Kämpfer waren, ehemalige französische Widerstandskämpfer, die 1941 beim Einmarsch der Deutschen gleich in die Schweiz abhauten, deshalb der schnelle Vormarsch der Deutschen und kaum größerer Widerstand. Nachdem der Waffenstillstand ausgerufen war, kamen sie zurück, um uns Wehrlosen zu zeigen, wie "tapfer" und gemein sie sind. Der Vertreter des Kommandanten war auch so einer. In der Früh zählte er immer mit einer Lederpeitsche: "Un, deux, trois, und so weiter", und schlug dabei immer auf die Beine der Kameraden. Wir mussten in 5-er Reihen antreten. Damit nun nicht immer nur einer die Schläge bekam, waren wir uns gleich einig, dass jeder abwechselnd nur am 5. Tag die Schläge bekam, es gab davon rote Striemen an den Beinen.

Dann, nach vier Wochen in der Früh, große Unruhe!

Alle Baracken wurden aufgerissen und der deutsche Lagerführer rief: "Alles heraustreten!" Alle sprangen gleich hoch und liefen hinaus. Da, welche Freude, das "Schweizer-Rote-Kreuz" war angekommen mit einem großen Wagen. Wir stellten uns auf, wie wir es gelernt hatten, in 5-er Reihen. Auch der französische Kommandant war mit ein paar Leuten da. Der Leiter des Roten Kreuzes sprach vernichtende Worte über das Verhalten der Franzosen den Gefangenen gegenüber, er sprach französisch und deutsch. Er sprach seine Hoffnung aus, dass sich dies sehr schnell ändern möge, sonst müsse man sie genauso verurteilen, wie Adolf Hitler und seine Bande. Daraufhin wurden Lebensmittel ausgeteilt, aus französischen Depots und aus der Schweiz. Ein jeder erhielt einen Laib Brot, ein halbes Pfund Butter, ein Glas Marmelade und einen Würfel Schweizer Käse. Dabei betonten die Sanitäter: Bitte nicht alles auf einmal essen, ihr werdet sonst krank, erreicht also das Gegenteil. Freudig trugen wir alles in die Baracke an unseren Platz. Die Franzosen verzogen sich leise. Wir bedankten uns sehr bei den Schweizern. Die versprachen, sehr laut, damit die Franzosen es hören konnten: "Wir kommen bald wieder, um festzustellen, ob sich wirklich alles geändert hat." Nachmittags sahen wir die Franzosen mit LKWs wegfahren. Bald darauf kamen mehrere LKWs mit Soldaten und ein Personenwagen mit neuem Kommandanten und seiner Familie (Frau und zwei Töchter, zwischen 8 und 10 Jahren). Sie begrüßten uns alle sehr freundlich. Für uns eine große, erfreuliche Überraschung: Die Soldaten waren Marokkaner (Marokko war ja noch eine französische Kolonie). Aus war's mit der strengen Kontrolle in der Früh, es wurde auch keiner mehr geschlagen. Jetzt war's im Lager auszuhalten. Die Piss-Tonnen kamen sofort raus aus den Baracken. Das Klo wurde erweitert. Eine

Baracke mit Gerümpel wurde ausgeräumt und in eine Kapelle umgewandelt für evangelische und katholische Gottesdienste. Mittags gab es einen kräftigen Eintopf.

Leider wurde ich nach vierzehn Tagen mit ein paar Kanmeraden abkommandiert zur Arbeit in das Dunlop-Werk bei Clermont-Ferand, was eigentlich nach Genfer-Recht verboten war. Ich musste Aufräumarbeiten am Werksplatz machen, nicht im Werk. Beim Werk war ein eingezäunter Platz mit ein paar Baracken, in denen wir wohnten, damit man nicht jeden Tag die Gefangenen vom Hauptlager holen musste. Das Werkslager wurde von einem österreichischen Arzt geführt, ein sehr feiner und guter Mensch. Er war ja selbst Gefangener. Nach einer Woche bekam ich dicke Füße. Ich zeigte sie dem Arzt, er meldete mich sofort krank bei der Werksführung, und ich musste das Bett hüten. Nach weiteren acht Tagen schwoll mein ganzer Körper an, ich tat mich schwer mit dem Schnaufen. Da ordnete der Arzt die Einweisung ins Gefangenen-Lazarett bei der Stadt an, ein großer, eingezäunter Platz mit mehreren Baracken: Eine für die deutschen Ärzte; eine Operationsbaracke; eine Leichenbaracke; sechs Patienten-baracken; eine für Küche und Vorrat der Lebensmittel; eine mit Apotheke und Wohnräumen der Sanitäter, alles unter deutscher Führung, nur die oberste Führung lag in französischen Händen. Der Pförtner war ein französischer Soldat, konnte aber Deutsch. Die Patientenbaracken waren in Boxen eingeteilt, in der Mitte ein großer Gang, links und rechts die Boxen mit je 3 Stahlbetten mit Strohmatten. Ich kam in die 3. Box in der Mitte. Links und rechts von mir schnappten Kameraden nach Luft. Gegenüber von mir saß ein Kamerad, noch mehr angeschwollen als ich. Auch ich konnte nur sitzen, sonst hätte ich überhaupt keine Luft bekommen. Der Sani sagte zu mir: "Wenn bei dem

168

gegenüber nicht bald das Wasser abfließt, sehe ich schwarz. Wir haben leider noch nicht die Medikamente, sie sind schon lange beim Schweizer Roten Kreuz angefordert."

Dann kam der Arzt, begrüßte mich und nannte seinen Namen (habe ich leider vergessen). Er untersuchte mich kurz und sagte zum Sani: "Jeden Tag 1 Tablette mit nur wenig Flüssigkeit." Als der Arzt wegging, fragte ich den Sani: "Was sind das für Tabletten?" Er sagte: "Für die Nieren, ich muss sie vorher in einem Löffel mit Wasser auflösen, denn wenn du sie so bekämest, müsstest du zuviel Wasser trinken, um sie runter zu kriegen." Auf einmal hörte ich links neben mir den Kameraden röcheln. Ich rief den Sani und fragte: "Ist dies das Todesröcheln?" Der Sani nickte: "Ja." Nach zwei Stunden hörte ich nichts mehr. Zwei Sanis kamen mit einer Wolldecke und trugen ihn hinaus. Obwohl ich fast nichts mehr denken konnte, betete ich: "Herr, gib ihm die ewige Ruhe!" In der nächsten Nacht sah ich, dass links gegenüber der Kamerad, er war auf dem Weg der Besserung, zum Kamerad nach rechts ging (das Bett in der Mitte war ja frei). Er setzte sich an sein Bett und redete mit ihm, fast zwei Stunden, dann hörte ich nichts mehr. Der Kamerad stand auf und zog ihm die Wolldecke übers Gesicht, da wusste ich es und betete: "Herr, gib ihm die ewige Ruhe!" Dann dachte ich: Mein Gott – schon der dritte, in der kurzen Zeit – wer ist der nächste? Da konnte ich nur innig die Muttergottes anrufen.

Um halb 8 Uhr kam der Arzt mit zwei Sanis. In einer Wolldecke trugen sie den Toten raus. Dann kam der Arzt zu mir, fühlte meinen Puls und meinte: "Nur nicht mutlos werden", und streichelte über meinen Kopf. In der vierten Nacht wachte ich erschreckt auf, denn mein Bett war ganz nass. Ich rief den Sani, der Nachtdienst hatte. Er kam sofort. Ich sagte, was mit mir los war. Er schlug die Decke zurück und sagte freudig: "Mensch, du bist gerettet, er pieselt, lass laufen, hör bloß nicht auf, warte, ich hole eine Schüssel und stell sie unters Bett, denn es läuft schon durch. Macht aber nichts, lass nur laufen!" Ich war glücklich – innerlich stimmte ich das Lied an: Großer Gott wir loben dich! Immer leichter wurde es mir, immer besser konnte ich atmen. Um 8.30 Uhr kam der Arzt, der schaute nach und sagte: "Gott sei Dank, sie sind gerettet, es läuft noch, spüren sie etwas Schmerzen?" "Nein", gab ich zur Antwort, "nur etwas, dass das Wasser abgeht." Da sagte er zum Sani: "Wenn er fertig ist, waschen sie ihn, neue Matratze und cremen sie ihn mit Hautcreme ein, damit nichts wund wird. Geben sie ihm etwas Weißbrot mit ein wenig Margarine und ein Stückchen Käse, dazu eine große Tasse Nierentee." Zu mir gewand: "Trinken sie den Tee nur schluckweise, verteilen sie ihn auf eine Stunde, dann gibt's den nächsten", damit verabschiedete er sich von mir. Der Sani tat alles wie angeordnet und ich konnte wieder richtig sitzen – oh, wie war ich glücklich!

Nach ein paar Tagen konnte ich aufstehen, ging hinaus an die Sonne, es war ein sehr warmer Sommer. Ich schaute mir alle Baracken an.

Als Krankenpfleger im Gefangenenlager

Franzosen sah ich nicht, die waren nur an der Pforte. Einer war in der Schreinerei, wo drei Deutsche die Särge herstellten für unsere Toten. Ich fragte die Kameraden, wie die Toten bestattet werden, da sagten sie verbittert: "Wir müssen sie nackt in den Sarg legen." "Was", sagte ich etwas laut. "Sind die Franzosen so unkultiviert und verkommen, dass sie ihre Toten auch nackt in die Särge legen?" Da schrie der Franzose: "Nein, wir – wir nicht!" Meine Antwort: "Doch, ich behaupte, dass die Franzosen ihre Leichen nackt in die Särge legen, sonst könntet ihr doch uns den Befehl nicht geben, dass wir es auch so machen müssen. Ich werde in meiner Heimat überall dies erzählen und dabei betonen, wie unkultiviert ihr seid, das kannst du deinem Vorgesetzten sagen und ihn gleich fragen, ob er meine Handlungsweisen verbietet. So – und nun tragen wir die vier Säcke in die Leichenhalle und legen unsere Toten Kameraden, wie es sich gehört, bedeckt in die Särge." Dann gingen wir mit den Säcken in die Leichenhalle. Mir war traurig zu Mute, als ich die toten Kameraden so nackt auf den Tischen liegen sah, die Särge standen auf dem Boden. Ohne Handschuhe, es gab keine, legten wir sie in die Särge. Als die anderen die Säcke holten, sagte ich: "Halt, zudecken tu nur ich, damit im Falle dass Morgen der französische Kommandant kommt, nur ich bestraft werde." Aber da gingen alle drei hoch: "Kommt nicht in Frage, wir helfen dir, da werden wir eben mit bestraft!" Ich freute mich über ihren Mut. Am nächsten Morgen sagte der Franzose: "Der Kommandant hat überhaupt nichts dagegen", ich sollte nur weiter so machen. Ein paar Tage danach lagen wieder nackte Tote auf den Tischen, manche hatten viele Schnitte am Laib und waren zugenäht. Der Sani meinte: "Ich glaube, unsere Ärzte studieren noch an unseren Kameraden, schau nur hier, der Kamerad ist nicht am Blinddarm gestorben, trotzdem ist die Seite aufgeschnitten, und wieder zugenäht, also hat einer daran studiert!" "Ich glaube, du hast Recht, ich muss es auch annehmen. Auch glaube ich nicht, dass die Pfarrer in die Leichenhalle gingen, um für die Toten ein Gebet zu sprechen, deshalb schauten sie so "sparsam", als ich sie zum ersten Mal rufen ließ. Später waren sie immer nicht da, oder irgendwo verhindert. Ich habe sie auch nicht mehr rufen lassen – aber durch die Baracken gingen sie schon, haben sich aber nie mit mir unterhalten." "Das fiel mir auch auf, wie sie mit nur einem kurzen Gruß an dir vorbei gingen, sie hatten es immer eilig", war seine Antwort. Nun, ich ging darüber hinweg, und half den Sanis weiter bei ihrer Arbeit.

Ein Kamerad, noch keine 20 Jahre alt, Flackhelfer, trotzdem von den Franzosen noch in die Gefangenschaft geführt, zu dem sagte ich eines morgens: "Fredi, du bist endlich fieberfrei, wenn du einverstanden bist, mache ich mit dir eine "Kneippkur", der Arzt meint: Ich soll es mit dir versuchen, damit du mehr essen kannst. Ich habe aus dem französischen Lager eine Unterlage ergaunert, damit die Matratze nicht feucht wird." "Meinst du, dass es hilft, dass ich doch noch heim komme?" "Sicher, man muss alles versuchen!" "Oh, dann mach es." Ich ging in die deutsche Küche und holte einen Eimer lauwarmes Wasser und aus der Apotheke einen Tuchfetzen zum Nassmachen. Dann brachte ich noch ein Leintuch und eine Wolldecke. "Jetzt, Fredi, Hemd und Unterhose runter, es muss alles schnell gehen." Aus Schwäche konnte er die Unterhose nicht selbst ausziehen, deshalb bat ich seinen Nachbarn: "Komm, hilf ihm." Er tat es auch gleich. "Nun zuerst auf den Bauch legen!" Der Sani kam hinzu und half. Schnell machte ich den ganzen Rücken von Kopf bis Fuß nass, dann rasch auf den Rücken gelegt, die Bauchseite vom Kinn bis zur Fußspitze, dann flott ganz zugedeckt. "Hier hab ich noch ein Leintuch, aus der französischen Küche entwendet, hatte niemand bemerkt, jetzt deine Wolldecke, dann hier die vom Sani. So bleibst du eine Stunde liegen. Ich stell dir die Uhr hin, der Sani hat sie mir gegeben, wenn ich sie nicht höre, rufst du mich." Nach einer Stunde hörte ich den Wecker. Mit dem Sani befreiten wir ihn von der Umwicklung und zogen ihm die Unterwäsche an. "Jetzt trink etwas Kaffee mit viel Milch, hab ich auch von der französischen Küche." "Danke", sagte er nach dem Trinken. "Ist schon gut, hoffentlich kannst du jetzt schlafen, hast ja fast die ganze Nacht kein Auge zugehabt." "Ich konnte nicht, hab immer an Mutter und Vater denken müssen, ob die noch leben?" "Gib die Hoffnung nicht auf", war meine Antwort.

"Heini", hörte ich in der hinteren Boxe mich rufen. Gleich ging ich zu ihm: "Was ist Juli (Julius hieß er)?" "Glaubst du an einen Gott?" "Warum nicht? Ich habe keinen Grund an ihn nicht zu glauben." "Ich kann es nicht, alles war einmal, kann auch nicht mehr beten." "Was heißt: Nicht mehr beten? Es genügt doch, wenn man sagt: Ach Gott hilf mir, oder: Oh Gott, gib mir Kraft, mehr braucht man nicht, wenn man nicht mehr kann." "Ich spür keine Besserung, ich kann kaum noch aufstehen!" "Trotzdem, gib die Hoffnung nicht auf. Hier trink etwas Milch mit einigen Keksen, hab sie aus der französischen Küche entwendet." "Ja, das schmeckt, ach Heini, du bringst die unmöglichen Sachen fertig. Danke für den guten Trunk, wenn es einen Herrgott gibt, so wird er dir immer in einer Notlage helfen, denn du hilfst ja auch immer." "Ja, ist schon gut, versuche zu schlafen." Ich deckte ihn mit der dünnen Wolldecke bis zum Hals zu, dabei musste ich mich beherrschen, denn man sah ja, dass es mit ihm abwärts ging. Er lebte noch zwei Tage, dann schlief er ein, ich war bei ihm. Mit dem Fredi machten wir, der Sani und ich, noch 5-mal die Kneippkur. Er nahm an Gewicht zu, konnte am 4. Tag aufstehen und war überglücklich. Auch der Arzt freute sich mit mir über den Erfolg. Fredi kam zu mir und sagte: " Heini, du hast mich gesund gemacht!" Gleich meine Antwort: "Ich nicht, ein "Anderer" hat dich gesund gemacht, ich war nur sein Handlanger!" "Heini", damit setzte er sich auf mein Bett, ich saß wie immer auf dem Stuhl davor und hatte ein Buch vor mir liegen. – "Heini", begann er wieder, "gibt es einen Gott?" "Du bist der Erste, der mich danach fragt", war meine Antwort, dann sagte ich weiter: "Wie kommst du darauf? Hast du bei deiner Krankheit so gedacht?" "Nein, erst als du sagtest: Ein Anderer hat dich gesund gemacht – du warst nur sein Handlanger. Da fing ich an zu denken." Meine Antwort: "Fredi, rein vom natürlichen Standpunkt aus, wird dir wohl keiner dies beantworten können, nur mit dem Glauben kann man da antworten. Fredi, dein Innerstes nur kann dir eine Antwort geben, dein Herz. Das natürliche Herz nicht, das die Ärzte wissenschaftlich feststellen und beschreiben , nein, das Herz nicht, ich meine die Seele, das Denken im Gehirn, dein Innerstes nur, kann dir eine Antwort geben. Denke also! Schaue abends den klaren Himmel an und denke dabei, da wird dir einmal innerlich die Antwort kommen. Leben deine Angehörigen noch?" "Weiß ich nicht, habe keine Nachricht." Ich erzählte: "Vor meiner Gefangenschaft, als ich noch in Nordfinnland war, erhielt ich ein Telegramm: Wohnung total zerstört, kein Todesopfer! Mehr weiß ich nicht, aber für den Satz: Kein Todesopfer, habe ich dem Herrgott schon gedankt." Fredi: "Heini, du musst Pastor werden, wenn du heimkommst." "Wie kommst du auf einmal auf die Idee? Mein lieber Fredi, ein jeder richtige Christ ist zugleich ein Pastor, ein Priester, indem er durch sein persönliches Verhalten und seine Worte dies Christliche weiter gibt." "Ach Heini, wenn ich nur deinen Glauben hätte." "Denk nur in Ruhe über alles nach, dann wirst du schon den Glauben erfahren. Kennst du die Bibel?" "Nein, nur in der Schulzeit habe ich darin gelesen." "Nur noch eins: Früher wurde ein Selbstmörder nicht kirchlich beerdigt, heute schon, und warum? Weil man festgestellt hat, dass ein Selbstmörder nicht aus Wut gegen Gott aus dem Leben geht, sondern in irgendeinem Wahn,

174

also nicht mit einem verbrecherischen Bewusstsein."

Eines Tages wurde ich vom Sani einer anderen Baracke gerufen. Er führte mich zu einem Kameraden, der bei einer französischen Firma schwer verunglückt war: Große Fleischwunde am Oberschenkel und Gesäß. Er hatte viel Blut verloren, die Ärzte aber hatten ihn gerettet, auch ohne Blutkonserven, denn die gab es nicht. Da er von Natur aus sehr kräftig war, konnte er es überstehen. Dieser Kamerad war von Beruf Schauspieler. Er zeigte mir ein Buch und meinte: "Ich habe von dir gehört, was für ein lustiger Sani du bist." "Ich bin hier nicht als Sani angestellt oder abkommandiert, ich bin als Kranker eingeliefert worden und helfe nun nach meiner Besserung den Sanis, und weil ich meine "Sache" angeblich so gut mache, schreibt der Arzt mich immer noch krank, damit ich noch nicht ins Lager zurück muss." Er zog das Buch hervor und sagte: "Hier habe ich ein Buch mit lauter lustigen Geschichten und Witze. Neben der Küche ist ein großer Raum, den kann man doch als Unterhaltungsraum einrichten und den Kameraden etwas Lustiges vorlesen, damit sie mal andere Gedanken bekommen, bevor sie ins Lager zurück müssen." Selbstverständlich war ich damit einverstanden. Die Sanis räumten die paar Sachen im Raum weg und stellten ein paar alte Stühle hinein. In der Schreinerei wurden zwei Bänke gemacht, so dass wir 15 Leute unterbringen konnten, manchmal waren es mehr. Auch die Ärzte kamen und zollten uns reichen Beifall.

Eines Morgens wurde ich vom Sani zu unserem "Bubi" gerufen. Ich fragte ihn gleich: " Was ist?" Er antwortete etwas freudig: "Heini, jetzt komme ich doch bald zu meiner Mama Heim." "Freilich, denn gestern wurden alle aufgerufen, die beim ersten Transport nach Österreich dabei sind, dich haben sie auch aufgeschrieben", gab ich freudig

175

zurück. Mir wurde es so weh ums Herz, denn ich wusste, dass er in Kürze sterben muss, er hatte eine "Nasse Rippenfellentzündung" – keine Rettung. Ich las ihm etwas aus dem lustigen Buch vor, er lächelte manchmal, dann sagte ich: "So, heute Abend komme ich nochmal." "Ja, komm", lächelte er. Nach dem Abendessen bin ich wieder mit dem Buch zu ihm. Vorher fragte ich den Sani: "Hat er etwas essen können?" "Ja, nur zwei Löffel Brei, mehr brachte er nicht runter." Ich las ihm wieder vor, er lächelte nur, wenn etwas Lustiges kam, richtig lachen konnte er nicht mehr. Als ich merkte, dass er müde wurde, wünschte ich ihm eine "gute Nacht" und ging, doch da rief mich der Sani: "Halt, komm mal!" "Was ist?" fragte ich. Leise sagte er: "Bubi wird morgen um 8 Uhr operiert." "Um Gottes Willen – was wollen die denn mit ihm noch machen, er ist doch nur Haut und Knochen, sieht aus wie ein Zwölfjähriger, ist aber sechzehn." "Damit er ohne Schmerzen sterben kann", war die Antwort. Am nächsten Morgen wurden wir um halb sechs Uhr schon wach, weil man einen Kranken, bewusstlosen Kameraden hereintrug. Mir gegenüber war ein Bett frei, darin legten sie ihn. Ich hörte: "Furchtbar, wie er stinkt." Ich stand auf, tatsächlich, er stank nach Mist. Ich fragte: "Ist er in eine Mistgrube gefallen und deshalb bewusstlos?" "Ach wo, ein Bauer hat ihn auf einem Mistwagen hergebracht. Wir ziehen ihm den Anzug aus, du kannst den reinigen, die Unterwäsche lassen wir ihm an, da ist nichts dran." Ich nahm den Anzug und reinigte ihn in der Waschbaracke, dann legte ich ihn auf die Wiese, denn es wurde wieder sehr heiß, da wurde er bald trocken. Ich sagte zum Sani: "Ich habe keinen Ausweis (Soldbuch) darin gefunden, die Schulterstücke waren ab, sodass man nichts feststellen konnte, ob er ein Infanterist, Nachrichter, Sani oder Kanonier ist:" "Der verdammte

Bauer", entfuhr es einem Sani. Was hat denn der Sani an der Pforte gesagt?" "Zwei Männer trugen ihn in einem alten Netz in die Wachstube und verschwanden wieder ohne ein Wort zu sagen. Dem Wachmann (Franzose) gaben sie auch keine Auskunft, sondern fuhren mit dem Mistwagen (ein Pferd vorgespannt) im Galopp davon", war die Auskunft. "Wir hoffen nun, dass er bald zu sich kommt, damit er seinen Namen nennt", meinte der andere Sani. Der Arzt meinte: "Der Puls geht sehr schwach und unregelmäßig. Wenn er zu sich kommt, ruft mich sofort!" Um 11 Uhr rief der Sani mich: "Heini, der Bubi ist zu sich gekommen, er ruft nach dir, aber nur leise:" Gleich ging ich zu ihm. Er redete ganz leise: "Heini, ich kann besser atmen, jetzt kann ich mitfahren zu meiner Mama." "Das ist ja gut, da wirst du dich jetzt schnell erholen, dann kannst du nächste Woche mitfahren. Da wird sich deine Mama aber freuen." Ich las ihm etwas aus dem Buch vor. Als ich merkte, dass er müde wurde, ging ich leise fort und schaute nach dem Anzug, ob er schon trocken ist, denn ich hatte ihn nicht zu nass gemacht, da der Mist schnell abging mit der Bürste. In der Baracke sagte der Sani: "Er ist immer noch bewusstlos, wir haben keine Sauerstoff-Apparate, sonst könnten wir ihn schneller aus der Bewusstlosigkeit holen." Wir zogen ihm den Anzug wieder an, dabei sagte der Sani: "Die Erkennungsmarke fehlt auch, der verdammte Bauer!"

Am späten Nachmittag wurde ich wieder zum Bubi gerufen. Beim Vorlesen aus dem Buch sagte er plötzlich: "Heini, tut das Sterben weh?" Sprachlos über diese Frage, die ich noch nie von ihm gehört hatte, sagte ich nach einer Weile leise: "Nein, von den Kameraden, bei denen ich am Bett stand, hat niemand gesagt, dass er größere Schmerzen hat, sondern sie wurden müde und schliefen ein." Ich wollte ihm noch eine Geschichte vorlesen, aber er hatte die Augen

177

zu und es schien, dass er schlief. Da ging ich leise fort. In meiner Baracke lebte der unbekannte Kamerad noch.

Am nächsten Morgen um halb sieben Uhr kam der Sani: "Heini, der Bubi ist heute Nacht gestorben, er liegt schon in der "Leichenhalle." "Auch nackt?" meine Frage. "Ja, auch nackt, es liegen noch zwei dort auf dem Tisch, die Särge stehen schon dabei." "Verdammt nochmal, ist es denn kein deutscher Soldat wert, angezogen in den Sarg gelegt zu werden? Da lob ich die Beerdigungen an der Front, wenn da einer fiel, wurde er in seine Zeltplane eingewickelt und auf dem weit rückwärts hinter der Front angelegten "Heldenfriedhof" beerdigt", damit ging ich mit dem Sani in die Schreinerei um 3 Säcke voll Späne und Holzmehl zu holen. In der Leichenhalle sprachen wir kein Wort. Voll Wut auf die Franzosen und die deutschen Truppenärzte, haute ich die Nägel in den Sarg. Da sagte der Sani: "Soll ich einen Pfarrer holen?" "Nein, die werden doch nur wieder sagen: Wir waren in den Baracken bei ihnen." Ziemlich erledigt legte ich mich auf mein Bett nach dieser Arbeit.

Nach dem Mittagessen ging ich mit dem Buch zu dem Schauspieler, der fragte gleich: "Was ist bloß mit dir los?" "Was mit mir los ist? In mir ist alles durcheinander. Glaubst du noch an einen guten Gott? Ich hasse Frankreich, nicht die "Nazis" haben mir den Franzosenhass beigebracht, sondern die Franzosen selbst. Auch hasse ich die deutschen Truppenärzte hier, wer gibt ihnen das Recht, jeden toten Kameraden herzunehmen, um an ihnen zu studieren und dann noch nackt beerdigen zu lassen. Haben die noch Achtung vor einem Menschen? Die Toten dienen ihnen nur zu ihrem Zweck und mehr nicht, sonst würden sie anordnen: Die Leichen wieder anzuziehen. Pfui Teufel, was sind das für Menschen? – Auch denke ich an das letzte Weihnachtsfest: Am Heiligen Abend kam der evangelische

Pfarrer, hielt eine Ansprache über die Bedeutung des Festes, dann gab er jedem die Hand, wünschte eine baldige Genesung und eine baldige Heimkehr und Wiedersehen mit den Angehörigen. Zwei Stunden später kam der katholische Pfarrer mit einem Sack voll Sachen und sagte: Kameraden, bei diesem Elend braucht's der vielen Worte nicht, ich komme zu jedem, damit ging er mit seinem Sack an jedes Bett und sagte: Kamerad, ich wünsche dir zu Weihnachten Gottvertrauen, baldige Gesundheit und eine baldige Heimkehr zu deinen Angehörigen. Das hat mir besser gefallen, als die Ansprache des evangelischen Pfarrers, die zwar auch gut war, aber das andere kam doch besser an." Darauf der Schauspieler: "Heini, nun beruhige dich erst mal, ich habe auch schon solche Gedanken gehabt, aber denke doch: Wir leben noch, unsere Freunde nicht mehr, woher kommt das? Haben wir mehr verdient bei Gott, dass er uns deshalb noch am Leben lies? Sollen wir uns nicht besser dafür bedanken für diese unverdiente Ausnahme? Lass uns also vorbereiten, damit wir heute Abend einigen Kameraden eine Freude bereiten können." "Ja, du hast ja Recht", war meine Antwort, und wir arbeiteten für den Abend vor, der recht gemütlich wurde für zwölf Kameraden, die kommen konnten.

Der Kamerad, der mir sein lustiges Buch auslieh, sagte am Abend, nachdem die anderen fort waren: "Heini, gibt es einen Gott und gibt es bei ihm ein Verzeihen? Wenn ja, warum ist denn dem Judas der Verräter, nicht verziehen worden. Judas hat es doch bereut, und brachte den Vorstehern die 30 Silberlinge zurück?" "Menschengedanken sind nicht Gottesgedanken und Menschenwege sind nicht Gotteswege. – Zu gleicher Zeit gibt es ein Gegenstück zum Judas, den Petrus, der bereute es, dass er Jesus verleugnet hatte und weinte bitterlich. Es ist ein Beweis, dass es zweierlei Reue gibt", war meine Antwort. Er sagte weiter: "Heini, es geschieht doch nichts ohne Gott?" – "Die Weisen und Heiligen der Kirche sagen es", meine Antwort. "Heini, wir sind doch alle Kinder Gottes?" "Geschöpfe Gottes, durch die Taufe – Kinder Gottes", antwortete ich. "Heini, wenn ein guter Mensch gepeinigt wird, gequält bis zum Tode, und er wird vom Papst heiliggesprochen, da kann der Gepeinigte und Gequälte dem Peiniger doch dankbar sein, sonst wäre er ja nicht "heilig" geworden?" Meine Gedanken sind nicht Eure Gedanken! – "Im Anfang der Kirchengeschichte wurde nur der Märtyrer heiliggesprochen. Erst später kam man auf den Gedanken, dass auch Einzelne, wie zum Beispiel auch Einsiedler, Ordensgründer, einfache Priester, Bischöfe, Äbte, Erzbischöfe, Kardinäle und Päpste, wenn man nur Gutes nachweisen kann, heiliggesprochen werden können. Was mit den Peinigern geschieht, das kann dir niemand sagen, aber wenn sie echte Reue zeigen und Opfer bringen, ich glaube nicht, dass sie trotzdem verloren sind, muss aber nochmals betonen: " Meine Gedanken sind nicht eure Gedanken und meine Wege nicht eure Wege!" (Bibelzitat) – Mein lieber Kamerad, du musst innerlich alles selbst verarbeiten, ein Außenstehender kann dir nur Zitate aus der Bibel, oder eigene Ansichten sagen, aber er kann dir nicht sagen: Du musst es so machen!?! Jeder Heilige hat etwas Anderes gemacht zu seiner Heiligkeit, da gibt es keine sture Norm." Er antwortete: "Heini, lass es gut sein, gehen wir schlafen – gute Nacht!"

In der folgenden Nacht habe ich gut geschlafen. Als ich aufwachte, stand der Sani an meinem Bett: "Heini, der Unbekannte ist heute Nacht gestorben, er ist schon in der Leichenbaracke." "Angezogen oder nackt?" war wieder meine Frage. "Angezogen", gab er zurück. Da sprang ich gleich hoch und sagte: "Komm, den sargen wir gleich ein, damit kein Arzt kommt und sagt: ausziehen." Gesagt und getan – der erste Kamerad, den ich angezogen eingesargt hatte. Danach nahm ich mein Frühsück ein.

Als der Österreicher-Sani mit dem Arzt durch die Baracken ging, um alle aufzuschreiben, die entlassen wurden, sagte ein kranker Kamerad zu mir: "Heini, ich freue mich nicht auf die Heimkehr – schau doch, wie ich aussehe, fast nur Haut und Knochen. Hätt ich nur nicht im ersten Urlaub geheiratet." "Warum, du hast doch eine schöne Hochzeit gehabt." "Oh ja, sehr schön, die ganze Nachbarschaft hat mitgemacht. Ach wie oft hat meine Resi gesagt: Du bist mei fescher Bua! Wo bin ich noch fesch? Hab keinen Arsch mehr, wenn ich mich hinsetze, tut er mir gleich weh." "Das geht mir genauso, siehst du nicht, wie ich immer mein Kopfkissen auf den Stuhl lege, bevor ich mich hinsetze, es fehlt halt das Sitzfleisch. Es dauert einfach lang, bis wieder etwas hinzu kommt, nur Geduld, die Hoffnung nicht aufgeben!" "Hab nur einmal Post von ihr bekommen, von meinen Eltern zweimal." "Das ist kein Beweis, dass sie dich nicht mehr liebt, jetzt mach dir nicht mehr so trübe Gedanken und leg dich frühzeitig hin zum Schlafen, damit du morgen mehr Kräfte hast für die Abreise." "Mir ist wurst wie ich aussehe, Hauptsache ich komme heim", sagte ein anderer Kamerad. "Hast du Nachrichten von deinen Angehörigen?" "Ja, aber nur durch die französische Zone, von all den anderen Zonen kam keine Antwort, obwohl wir doch jeden Monat einmal schreiben durften." Da sagte ich: "Mir ist es auch so ergangen, nachdem ich in der französischen Zone Bekannte habe, weiß ich, dass meine Eltern noch leben – Gott sei Dank."

Ich war bei vielen Kameraden in ihrer letzten Lebensstunde dabei. Habe immer etwas Lustiges vorgelesen, nie mit ihnen gebetet, aber wenn sie mit etwas lächelnder Miene einschliefen, dann hab ich immer im Stillen gebetet. Darüber hatte ich ein sehr beruhigendes Gefühl. Mir ist nie der Gedanke gekommen: Da hättest du beten müssen, statt Lustiges vorzulesen. Ich habe auch nie einen Priester gefragt, ob dies richtig war, ich hatte einfach das Gefühl: So war es richtig. In der Leichenbaracke habe ich immer für mich gebetet und zum "Herrn", für die Seelen meiner Kameraden.

Nach zwei Tagen musste ich zum Arzt, aber zu dem, der mir symphatisch war. Er sagte: "Gerritsen, sie müssen zurück in ihr Lager Troncais 132, wir können sie nicht länger halten. Für ihre vielseitige Hilfe sage ich herzlichen Dank, hoffentlich kommen sie bald gesund heim!" Ich bedankte mich für sein Hinausschieben der Entlassung und wünschte ihm auch eine baldige Heimkehr. Er sagte noch: "Sobald vom Lager ein Kranker kommt, werden sie mitgenommen." Meine Sanis und Kameraden waren betroffen und meinten: "Kannst du wirklich nicht mehr bleiben?" Meine Antwort: "Er sagt nein, es geht nicht mehr." "Schade, schade!" sagten sie. Nach drei Tagen kam ein Kranker, wahrscheinlich Blinddarm. Diese Operation konnte nur hier im Lazarett gemacht werden, denn der Lagerarzt war Internist und hatte nur wenig Medikamente für die Versorgung der Kranken in seiner Krankenbaracke.

So fuhr ich also ins Lager zurück, aber welch angenehme Überraschung, sehr viel war erneuert und verbessert! Dass keine Franzosen sondern Marokkaner da waren, wusste ich ja schon. Dieser freundliche Posten – da war ich sehr erstaunt. Kein Wunder, denn Marokko war noch eine französische Kolonie und die Marokkaner hassten die Franzosen und waren deshalb besonders freundlich zu uns. Ich kam in die Baracke der Künstler, die waren noch nicht da, als ich krank wurde. Es begrüßten mich die Kameraden: Kurt Unruh (Stuttgart); Max Mairich (Dresden-Leipzig); Hellmuth Schnello (Hamburg); Arthur Martzineck; Heinz Held (Schullehrer in Offenbach); Ottmar Gorges (Hamburg). Ich war sprachlos über diese freundliche Aufnahme, man merkte nicht mehr, dass wir Gefangene waren. Gleich gab man mir Arbeit: Kostüme für den 20. Juli 1946 zu machen (Hans Sachs-Spiele). Es war herrlich, ich dankte innerlich dem lieben Gott für diese großartige Wende. Die französische Küche wurde von einem deutschen Koch geführt, weil er mehr konnte, als die zwei französischen Köche (vom französischen Kommandant bestimmt), was uns natürlich sehr zu Gute kam. Dieser Kamerad war hilfsbereit und stets freundlich. Seine Heimat war der Schwarzwald, dort hatte er eine Wirtschaft mit einer sehr guten Küche. Nach der Gefangenschaft sollte ich ihn unbedingt besuchen, leider kam ich nie dazu.

Doch nun folgendes: Bei der "Deutschen Wehrmacht" hatten alle Kraftfahrer einen längeren und dickeren Mantel mit dickem Futter, dazu zwei große Taschen eingenäht. Mit diesem Mantel ging ich auch bei großer Hitze in die französische Küche. Da ich von unserem Zauberer Schnello allerhand Tricks mit den Fingern gelernt hatte, konnte ich damit die Marokkaner an der Kontrollstelle ablenken. Sie lachten schon von weitem, wenn sie mich sahen, schauten auf meine Hände, statt auf meinen Mantel, wo man manchmal sichtbar erkannte, was ich da verborgen mitnahm. So brachte ich einmal ein Pfund Bohnenkaffee mit. Meine Kameraden waren überglücklich. Wenn ein Posten vorbei ging, blieb er momentan stehen und roch den angenehmen Kaffeeduft. Ein Kamerad sagte da zu mir: "Heini, Heini – schau, da geht wieder einer vorbei!" "Stör mich nicht", gab ich zur Antwort. "Deine Ruhe möchte ich haben, er kann sich doch denken, dass du den Kaffee nur von der französischen Küche hast, denn die deutsche hat so etwas nicht." "Da muss ich dir Folgendes erklären: Die Marokkaner sind den Franzosen feindlich gesinnt, weil sie schon lange selbständig sein wollen, zudem wissen sie, dass ich ein Gefangener der Franzosen bin, somit auch kein Freund von ihnen. Folglich sind wir in dieser Beziehung einig, also denken sie gar nicht dran, mich bei der Sperre zu kontrollieren."

Der Lagerarzt fragte mich: "Kannst du mir was aus der französischen Küche besorgen, womit ich meine Magenkranken etwas besser kurieren kann?" "Oh ja!" sagte ich. Am nächsten Morgen zeigte mir der Koch-Kamerad das Lebensmittellager, natürlich waren die Franzosen nicht da. Der Koch hatte sie mit einem Auftrag weggeschickt, somit konnte ich in meinem Fahrermantel viel verschwinden lassen: Blockschokolade; Puddingpulver; Trockenmilch; Grieß; Weißbrot und Käse. Der Arzt war sprachlos: "Mein Gott Heini, wenn einer von der Familie des Kommandanten das gesehen hätte?" "Konnte nicht passieren, sie sind in der Stadt, um mir fürs nächste Theaterstück etwas zu besorgen", tröstete ich ihn. Er lachte und klopfte auf meine Schulter: "Mein Gott – bist du einer!" "Leider nur einer, sonst hätte ich das Doppelte mitgebracht", gab ich zurück. Da lachte er noch mehr. Am 23. November sollte das Lustspiel "Der Unbekannte" aufgeführt werden, und zwar draußen hinter dem Drahtzaun auf einer großen Wiese. Der Kommandant hatte dort eine Bühne aufbauen lassen, davor sehr viele Bänke, sodass nicht nur alle Gefangenen teilnehmen konnten, sondern auch der Kommandant mit mehreren Familien und ihren Kindern. In diesem Stück kammen zwei Frauen vor, und zwar eine Mutter und eine Tochter: Kurt Unruh entschied: Die "Lisette" sollte ich spielen, und "ein junges Fräulein" der Arthur Marzineck, ein 19 Jahre alter, langer Bursche (1,80 m groß), aber mit einem Milchgesicht, also als Mädel verkleidet, geeignet. Bei der Einstudierung gab's mit ihm immer eine Gaudi, denn bis er mit seinen langen Haxen das Trippeln gelernt hatte, brauchte es Zeit. Immer wenn er sich drehen sollte, verfiel er in seinen langen Schritt. Jetzt aber für mich ein großes Problem: Woher sollte ich die passenden Kleider nehmen? Ich wusste, dass ein Kamerad von Beruf Schneider war, und dass er deshalb in die französische Schneiderei abkommandiert war. Von ihm hatte ich schon viel Material bekommen: Stoffreste, Kräuselkrepp und Gaze, mit dem ich viel machen konnte. Ich wusste aber auch, dass er für die Frau des Kommandanten ein Kostüm und für die Tochter ein Kleid machen musste. Das Kostüm war schon fertig, für das Kleid brauchte er noch einen Tag. Ich ging also zu ihm hin und sagte: "Arthur, das Kostüm und das Kleid brauche ich für Sonntag, dazu musst du mir viel Kräuselkrepp und Gaze geben." "Um Himmelswillen, wenn sie das sieht, oder merkt, bin ich erledigt." "Du bist nicht erledigt, die Frau mit Tochter kommen erst Sonntag mit einer Schar ihrer Verwandten, das weiß ich vom Kommandanten selbst, also keine Aufregung. Beide Sachen verwandel ich so, dass sie nicht zu erkennen sind." Gesagt, getan, der Sonntag war ein toller Tag. Das Bühnenstück klappte sehr gut. Ein Kamerad, der hervorragend französisch konnte, machte bei einigen lustigen Stücken den Dolmetscher, da bekamen wir besonders viel Beifall, insbesondere von den Marokkanern. Nach der Vorstellung wollte der Kommandant, besonders seine Frau, die Schauspieler sprechen, die die zwei Frauen dargestellt hatten. Da waren wir aber schnell hinter der Bühne umgezogen. Arthur hatte seinen Anzug angelassen, um dadurch eine dicke Figur darzustellen, was ihm sehr gelungen war. Alle bedankten sich für die tolle Vorführung. Als unser Dolmetscher ihnen auch noch sagte, dass wir alle Laienspieler sind, nur der Leiter ein Berufsschauspieler, klatschten sie nochmal lange. Unser Schneider-Kamerad sagte: "Als ich hörte, dass die Franzosen nach der Vorstellung euch sprechen wollten, hab ich erst recht gezittert, dachte doch nicht, dass ihr euch so schnell umziehen konntet." "Was heißt da schnell, wir hatten doch die Uniform drunter an." "Bei der Hitze?" war seine Frage. "Auch bei solcher Hitze brauchten wir die Uniform, um uns mit Handtüchern auszustopfen, damit wir als Frauen erscheinen konnten", war meine Belehrung. "Ihr ward aber auch tolle Frauen gewesen, wir konnten mit dem Lachen kaum aufhören", war seine Antwort.

Am nächsten Tag hieß es: Nächsten Sonntag wird das Spiel wiederholt. Der Kommandant will es für die Familie, die nicht kommen konnte. Unser Schneider erschrak: "Um Gotteswillen, da müssen die Sachen hierbleiben, was soll ich da der Frau sagen?" "Wie, da weißt du nicht, was du sagen sollst? Ist doch ganz einfach: Du hast so viel für dieses Theaterstück arbeiten müssen, dass du für ihre Sachen keine Zeit hattest", war meine Antwort, und somit blieb alles in unserer Künstlerbaracke. Nach der nächsten Vorstellung gab es wieder einen Spass für uns. Viele Franzosen mit ihren Kindern lobten uns über alles, dabei meinte einer (unser Dolmetscher übersetzte uns): "So toll die Deutschen auch gespielt haben, und wir gezwungen wurden, sie besser zu behandeln, was nur richtig war, aber meinst du nicht, dass der Kommandant doch zu weit ging, indem er diese zwei Weiber rein ließ?" Da wurde er von seinen Landsleuten tüchtig ausgelacht. Einer sagte zu ihm: "Hast du nicht gemerkt, wie das "Fräulein" mit geübtem Schritt herauskam und richtige Männerschritte machte, worauf doch die meisten Gefangenen laut lachten?" "Aber die Frau war doch echt?" Da sagte unser Dolmetscher: "Ich hole ihnen die Frau", und ging auf mich zu. "Hier ist die Frau!" Da kam der Franzose auf mich zu und lobte mich wegen der sehr guten Aufführung, die anderen Franzosen zollten reichlich Beifall. Überhaupt waren sie an diesem Abend so freundlich und höflich zu uns Gefangenen, dass ich ganz überrascht war und mein "Franzosenhass" allmählich verschwand. Wir spielten noch manchen Sonntag im neuen Jahr.

Eines Tages sagte der Arzt zu mir: "Gerritsen, sie sind krank!" "Krank? – ich war krank", war meine erstaunte Antwort. "Nein, sie sind krank. Es werden in Kürze die ersten Transporte in die Heimat geschickt, das sind unsere Kranken, und dazu gehören sie. Sie haben so viel für uns getan, als Dank fahren sie mit den ersten in die Heimat!" Ich bedankte mich sehr und freute mich. Ich dachte an den traurigen Transport ins Lager und an den Adventsonntag, an dem meine Kameraden mit dem Lagerpfarrer aus einer kleinen französischen Marienkirche, von den Dorf-bewohnern, lauter Bauern, mit Schlegeln, Stöcken und Steinen aus der Kirche vertrieben wurden und sie nicht schnell genug in den Bus verschwinden konnten. Der Dorfpfarrer beschwor seine Schäflein, aber alles vergebens. Er kam zum Bus und bat um Verzeihung für das Verbrechen seiner Leute: "Ich kann ihnen versprechen, dass ich noch heute meinen Bischof in Lyon verständige." Er hatte Wort gehalten, denn vor Weihnachten kam ein Lieferwagen und brachte Lebensmittel und Süßigkeiten für Weihnachten, Unterwäsche für Kranke. Mit diesen Sachen erlebten wir ein schönes Weihnachtsfest, und darum hatten wir auch zugesagt, für die Franzosen Theater aufzuführen, wir hätten auch "nein" sagen können.

Es kam der Tag der Untersuchung, wer transportfähig

ist. Sie fand in der Krankenbaracke statt. Ich setzte mich dort an den Tisch, die anderen saßen alle an ihren Betten. Der Kommandant kam mit einem französischen Arzt, ein Jude, der gut deutsch konnte. Alle waren transportfähig. Als er zu mir kam und mich untersuchte, meinte er: "So krank sind sie nicht, dass sie schon beim ersten Transport dabei sein müssen." "Doch, doch", kam gleich der deutsche Lagerarzt. "Er bekommt epileptische Anfälle, in letzter Zeit immer öfter, er muss in München sofort ins Krankenhaus, ich hab ihm schon einen Bericht gegeben", (den ich auf seinen Wunsch auf der Heimfahrt vernichten musste). Gleich sagte der Arzt: "Gut, sie fahren mit." Danach bedankte ich mich bei diesem sehr guten Lagerarzt (seine Praxis war in Linz am Rhein). Der Abschied, drei Tage danach, brachte meine Kameraden in Spannung. Wir mussten mit Reisegepäck antreten, im Rucksack waren der Reiseproviant, Mantel und sonstige Privatsachen – ich hatte meinen großen Kraftfahrermantel, deshalb war mein Rucksack voller, als die anderen. Es kam der Kommandant mit Frau und einem französischen Offizier. Sie gaben jedem die Hand und wünschten eine gute Heimreise. Als sie zu mir kamen, steckte ich meine Hände hinter meinen Rücken. Der Kommandant fragte: "Sie wollen mir die Hand nicht geben?" Meine Antwort: "Herr Kommandant, ich habe 1941 bei Verdun einen Monat lang 100 Franzosen bewacht. Ich habe in dieser Zeit niemand angerührt, oder geschlagen. 1945 kam ich in die französische Gefangenschaft. Die Fahrt dorthin war für uns lebensgefährlich, es gab Tote und Verletzte. Von jeder Brücke urinierten eure Leute auf uns, hatten die Hosen runtergezogen, warfen mit Steinen. Wir hielten unsere Rucksäcke über unsere Köpfe, darum stanken unsere Rucksäcke, als wir hier im Lager ankamen. Hier bekamen wir in den ersten drei Monaten jeden Tag mit einer

Lederpeitsche einen Schlag auf die Beine beim Abzählen. Es war der Vertreter eures Kommandanten. Weil er eine helle, blaue Jacke anhatte, nannte wir ihn: Der blaue Hund." Der Kommandant antwortete: "Es stimmt, sie haben Recht, ich bitte vielmals um Verzeihung für das Vergehen meiner Landsleute. Mein Sohn war in deutscher Gefangenschaft bei Ulm, er musste auf einem Bauernhof arbeiten. Es ist ihm gut gegangen, er wurde nie geschlagen. Ich bitte sie nochmal um Verzeihung für das Vergehen meiner Landsleute. Ich wünsche ihnen eine gute Heimfart und ein glückliches Wiedersehen mit ihren Angehörigen!" Ich nickte kurz mit dem Kopf und sagte: "Danke!" Seine Frau und der Offizier wünschten auch gute Heimfahrt – mit einem Kopfnicken dankte ich. Nachdem sie gegangen waren, stürmten die Kameraden auf mich zu und riefen: "Mensch Heini, hast du Glück, wir dachten nicht mehr, dass er dich fahren lässt!" "Ich hab nur die Wahrheit gesagt, dass musste ich, denn in mir wurmte dies die ganze Zeit schon."

Es war der 31. März 1947, das Ende der Gefangenschaft!

Viertes Kapitel: Heimkehr und Gedanken

Nach drei Stunden kam der Bus und fuhr uns zum Bahnhof. Endlich ein richtiger Personenzug, ein ganzer Wagon nur für die Kriegsgefangenen. Ab Clemont-Ferrand ging es nach Lyon – Dijon – Nancy – Metz – Saarbrücken. Saarbrücken war französische Zone, die Siegermächte hatten Westdeutschland in drei Zonen aufgeteilt. In Saarbrücken mussten wir raus zum Bahnhofsgebäude. Dort gab es vom Roten Kreuz Verpflegung. Dann kamen die deutschen Bahnbeamten, hießen uns herzlich Willkommen in der Heimat und verteilten die Fahrkarten für die Heimfahrt. Auf meiner Karte stand: Oberhausen/Rheinland. Sofort meldete ich mich, dass dies falsch sei, Oberhausen sei zwar mein Geburtsort, aber mein Wohnort ist München, und ich zeigte ihnen mein Ausweis: Soldbuch und Wehrpass. Sofort bekam ich eine Karte nach München, dabei bemerkten sie, dass ich nach München Pech hätte, weil ich da in Koblenz umsteigen müsste, nach Oberhausen wäre das nicht der Fall. Mein Kamerad Hans Ernst bemerkte noch: "Sollten wir uns in Koblenz verlieren, du weißt meine Adresse. Du musst mich unbedingt besuchen kommen, denn die Schellingstraße ist nicht weit von der Nordendstraße, wo du wohnst." Ich sagte fest zu und verabschiedete mich von ihm, um an die Saar zu gehen, er konnte nicht mit, denn er musste mit zwei Stöcken gehen. Unten am Fluß kam eine ältere Frau mit einem gefüllten Rucksack auf mich zu und fragte: "Kommen sie aus der Gefangenschaft?" "Ja, aus Frankreich", war meine Antwort. "Oh, da haben sie es bestimmt schlecht gehabt?" sagte sie. "Da haben sie Recht, es war furchtbar", gab ich zurück. "Wohnen sie hier, da sie kein Gepäck dabei haben?" fragte

sie. "Nein ich wohne in München, mein Gepäck, ein Rucksack, hab ich im Bahnhof beim Roten Kreuz gelassen, denn
mein Zug geht erst in zwei Stunden." "Oh je, ich weiß nicht,
ob es von mir unverschämt ist, sie um einen großen
Gefallen zu bitten?" "Nun sagen sie schon, was ich ihnen
tun kann!" "Ach wissen sie, der Krieg hat uns nur Unheil
gebracht. Mein Mann ist beim Bombenangriff ums Leben
gekommen, ein Sohn von mir ist schwermütig, weil seine
Frau, eine Rot-Kreuz-Schwester, auch beim Bombenangriff
ums Leben kam. Mein anderer Sohn ist in Russland gefallen,
jetzt steht meine Schwiegertochter da mit zwei kleinen
Kindern. Meine Enkel, die haben immer Hunger. Die
Lebensmittelmarken sind weniger als im Krieg, da bin ich
nun "Hamstern" gegangen. In der Eifel habe ich ein paar
sehr gute Bekannte, bei ihnen habe ich übernachtet und die
gaben mir reichlich mit, im Rucksack sind nur Lebensmittel.
Bis jetzt ist alles gut gegangen. Hamstern ist streng verboten. Bei dieser Brücke ist eine sehr strenge Kontrolle." "Oh,
da kann ich helfen, als Heimkehrer werde ich nicht
kontrolliert, ich nehme den Rucksack. Sie gehen neben mir
mit recht freundlichem Gesicht, als wenn sie mich am
Bahnhof abgeholt hätten." "Machen sie das, mein Gott, wie
kann ich ihnen nur danken!" Ich nahm den Rucksack,
hübsches Gewicht, wie hat die alte Frau dies bloß bis hier
her geschafft? Ich nahm sie bei der Hand und ging auf die
Brücke, die Polizei grüßte recht freundlich: "Von
Frankreich?" "Ja, mir reicht's!" "Können wir verstehen,
Willkommen in der Heimat, alles Gute für die Zukunft!"
"Danke, das kann man wohl gebrauchen." Die Frau: "Dem
Herrgott sei Dank, mein langes Warten hat sich gelohnt."
Mit den besten Wünschen der Beamten ging es über die
Brücke. Als wir drüben ankamen, fiel die Frau mir um den
Hals, weinte und sagte: " Vielen Dank, der Herrgott möge

es ihnen reichlich vergelten." Schnell nahm ich Abschied. Auf der Brücke fragten die Beamten erstaunt: "Etwas vergessen?" "Ja, meine Tante, ihre Tasche! Vor lauter Freude des Wiedersehens dachte sie nicht mehr an ihre Tasche." "Hoffentlich steht sie noch da." "Ich denke schon, sind keine Wertsachen drin, nur ihr Ausweis und eine kleine Brotzeit", damit ging ich schnell weiter und holte beim Roten Kreuz meinen Rucksack.

Eine Stunde musste ich noch warten, bis endlich der Zug kam, sehr voll, trotzdem gab man mir als Heimkehrer einen Platz. Bis München brauchte der Zug sieben Stunden statt viereinhalb. Es wurde überall an den Gleisen gearbeitet. In München fuhr teilweise schon die Trambahn. Gott sei Dank, kam bald eine, Linie 7, Richtung Ostfriedhof, über Mariahilfplatz. Der Schaffner im Wagen, der die Fahrkarten ausgab und kontrollierte, war ein lustiger Geselle. Als ich ihm meinen Ausweis zeigte, sagte er: "Oh, ein Überlebender der Gefangenschaft, da heiße ich sie mit ganzem Herzen: Willkommen in der Heimat!" Obwohl die Bahn ganz voll war, stand sofort eine junge Frau auf und sagte: "Bitte, Heimkehrer!" Ich bedankte mich sehr und nahm Platz. Natürlich fragte man mich, wie es in der französischen Gefangenschaft war. Ich erzählte, wie es am Anfang sehr schlecht, und wie es später besser war. Als der Mariahilfplatz kam, rief der Schaffner: "Oh Maria hilf, wer Hilfe braucht, hier aussteigen!" Ich bedankte mich nochmal bei der Frau und wünschte alles Gute.

Familie Held (Franziska, Schwester von Anni und Maria) wohnte in der Schweigerstraße, nicht weit vom Mariahilfplatz. Sie waren noch auf, und hießen mich herzlich Willkommen. Egon, der Ehemann, sagte gleich: "Heinz, ab sofort sind wir per du, ich freue mich, dass du alles gut überstanden hast. Über die Franzosen haben wir nichts Gutes gehört. Du kannst solange bei uns wohnen, bis du ein Zimmer gefunden hast. Maria hat ein Zimmer bei der Familie Tuffelsamer, den Eltern ihrer Arbeitskollegin. Der Anni in Zusamaltheim geht es gut. Sie kann es natürlich kaum erwarten, bis du kommst. Sie hat die Nachricht von der Mosel, dass du noch lebst, von der Frau Stein in St. Aldegund." Dieses Gebiet war in der französischen Zone, und nur hier kam die Post der Gefangenen an. All die andere Post, die ich jeden Monat schrieb, kam nie an, denn die ging nach München (amerikanische Zone) und Oberhausen (englische Zone). Frau Stein aber hatte allen diese Nachricht mitgeteilt.

Am nächsten Tag ging ich zur Polizei am Mariahilfplatz, um mich anzumelden. Ich wurde von dem Beamten sehr freundlich begrüßt und um Angaben gebeten, wie es in der französischen Gefangenschaft war, wie viele täglich starben, denn sie hätten über die französische Gefangenschaft nicht viel Gutes gehört. Ich bestätigte dies und betonte besonders die schlimme Zugfahrt von Frankfurt-Süd nach Clermont-Ferrand. Alles schrieb der Beamte auf, und ich gab meine Unterschrift. Im nächsten Raum bekam ich von einem Beamten für einen Monat Lebensmittelmarken und eine Bescheinigung für einen Monat Erholungsurlaub als Heimkehrer, ebenso für diese Zeit einen Geldbetrag. Ich bedankte mich sehr und fuhr mit der Trambahn in die Ludwigstraße zur Pfarrei St. Ludwig, um den Kaplan Specht zu besuchen. Dort wurde mir gesagt, dass er beim katholischen Jugendamt tätig sei mit Kurt Wellenhofer. Ich ging gleich zu ihm hin, er begrüßte mich sehr herzlich und sagte: "Du kannst als Kraftfahrer beim Kurat Wellenhofer anfangen", und er führte mich zu ihm hin. Auch der Kurat empfing mich sehr freundlich und stellte mich gleich als seinen Kraftfahrer ein. Doch ich betonte, dass ich vier

Wochen Erholungsurlaub von Amtswegen habe und ich deshalb ins Ruhrgebiet fahre zu meinen Eltern und Geschwistern. Er war damit einverstanden und wünschte mir alles Gute.

Einen Fehler machte ich, indem ich mich nicht krank meldete bei der Krankenkasse. Die Folge war, dass ich später keinen Schwerbeschädigten Ausweis bekam.

Ich fuhr zunächst zu meiner lieben Anni nach Zusamaltheim. Nach der sehr herzlichen Begrüßung verschwand sie im Schlafzimmer und kam bald heraus mit meinem Marienbild und den vielen Fotos. Ich war sprachlos und umarmte sie voll Freude: "Ich dachte schon, dass dies alles beim Bombenangriff mit vernichtet worden wäre." "Ich war acht Tage vorher in der Wohnung in München und habe dies alles mitgenommen", war freudig ihre Antwort. Am nächsten Tag ging's zum Friedhof an die Gräber von guten Bekannten, die ich nie vergessen werde, und mit denen ich so gerne ein Wiedersehen gefeiert hätte. Dann besuchte ich mit ihr alte Bekannte, es war immer eine große Freude des Wiedersehens. Leider hörte ich dabei auch vom vielen Leid. Eine alte Frau, die mit ihrer Schwiegertochter und ihrem Enkel und einem etwas gehbehinderten Knecht ihren Hof weiterführte, tat mir besonders leid. Sie war kaum wieder zu erkennen, mager geworden, vergrämtes Gesicht vor Kummer, sie konnte kaum sprechen, als ich ihr mein Beileid aussprach. Ihre drei Söhne blieben im Krieg, zuerst der jüngste, dann der zweite und dann noch kurz vor Kriegsende ihr ältester, der verheiratet war und den Hof übernommen hatte.

Dann gingen wir zum Kleinbauer "Zacher", dem Kirchen- und Gemeindediener. Er und seine Frau freuten sich sehr, als sie mich wiedersahen. Er sagte gleich: "Heinz, so viel Leid, so viel Trauer, furchtbar – der Pfarrer konnte nicht mehr, der Bürgermeister krank, also musste ich immer die Todesnachrichten überbringen. Es war furchtbar, ich wusste oft nicht, welche Beileidsworte ich aussprechen sollte, diese Verzweiflungsausbrüche, diese Traurigkeit, einfach furchtbar, die schlimmste Zeit meines Lebens – nie mehr Krieg! Ich wünsche dir alles Gute!"

Nach acht Tagen fuhr ich weiter nach Oberhausen/Rheinland zu meinen Eltern. Der Empfang war auch sehr herzlich, denn man wartete schon lange auf mich. Meine Mutter weinte vor Freude. Mein älterer Bruder Josef kam auch mit seiner Frau und Töchterchen. Erstaunt und traurig begrüßte ich ihn, als ich ihn nur mit einem Arm (links) sah. "Dies ist acht Tage vor dem Waffenstillstand in Oberitalien geschehen – einem Sanitäter aus Frankfurt habe ich mein Leben zu verdanken, denn er fand mich im hohen Gras. Er verband mich sofort, sonst wäre ich verblutet, da ich ohnmächtig war und deshalb nicht um Hilfe rufen konnte. Ich habe ihn schon in Frankfurt besucht." Mein Bruder Jakob hatte den Krieg gut und ohne Verwundung überstanden, er kam auch mit seiner Familie, um mich zu begrüßen. Beide durften nach dem Waffenstillstand gleich heimfahren.

Etwas Trauriges erfuhr ich von meiner Mutter: Meine Lieblingstante, Anna Rissel (Schwester meines Vaters) lag mit einer unheilbaren Krebserkrankung im Krankenhaus, da musste ich natürlich hin. Mutter begleitete mich. Sie lag im katholischen Krankenhaus St. Josef. Die Tante weinte vor Freude, als sie mich sah. Ich konnte vor Ergriffenheit auch nicht viel sagen. Es gab ja so viel zu erzählen, sodass wir erstaunt waren, als es das Abendessen gab. Sofort gingen meine Mutter und ich heim, ich versprach aber, morgen wieder zu kommen. Am nächsten Tag war ich nachmittags alleine bei ihr. Es kam ihr Ehemann, Onkel Gerd mit Sohn

Gerd, meinem Cousin. Die Begrüßung war ausgesprochen herzlich. Gegen Abend kam eine sehr nette junge Schwester, um meine Tante zum Abendessen vorzubereiten. Sie begrüßte mich recht freundlich und freute sich, dass ich den Krieg so gut überstanden hatte und nun jeden Tag meine Tante besuchte. Beim Hinausgehen begleitete sie mich und meinte: "Besuchen sie ihre Tante so oft sie können, denn sie wird wohl nicht mehr lange leben." "Ich weiß, darum komme ich solange ich noch bleiben kann." Am nächsten Tag meinte meine Tante: "Heinz, hast du schon eine Freundin?" "Nein, ich bin ja noch nicht lange aus der Gefangenschaft entlassen, aber diese Schwester, ist sie schon verheiratet?" war meine Gegenfrage. "Nein mein lieber Heinz, das wäre die richtige Frau für dich, komm bitte so oft du noch kannst und Urlaub hast", meinte fürsorglich meine gute Tante. Sonntag war ich wieder nachmittags da und blieb bis zum Abend. Es gab Nudeln mit Zwetschgen. "Darf ich ihnen auch etwas bringen, denn in der Gefangenschaft haben sie doch sicherlich sehr gehungert", fragte freundlich die Schwester. "Oh ja, wenn sie es dürfen", war meine Antwort. Tatsächlich brachte sie mir einen Teller voll mit Nudeln und Zwetschgen. So aß ich mit meiner guten Tante zusammen das Abendessen und dachte mit Wehmut an das, was die Schwester zwei Tage vorher zu mir gesagt hatte. Als ich gehen wollte, sagte die Schwester: "Ich habe heute Abend frei und gehe gleich nach dem Essen heim, es ist der gleiche Weg, den sie haben, denn sie gehen immer an meiner Elternwohnung vorbei, wenn sie heimgehen, die Steelerstraße ist nicht weit von der Falkensteinstraße." Freudig war ich einverstanden und verabschiedete mich von meiner Tante. Die sagte leise: "Das freut mich, dass du sie begleitest, ich wünsche dir viel Glück." Ich begleitete sie also, da erzählte sie, dass ihr Vater kurz vor Ende des Krieges an Magendurchbruch gestorben sei, weil kein Arzt da war, der vielleicht hätte helfen können. In der Zeit war sie mit ihrer Mutter und den Geschwistern in Schlesien evakuiert, wegen der vielen Luftangriffe der Engländer auf das Ruhrgebiet. Bei der Rückkehr von Schlesien brach am Kinderwagen ein Rad, ihre jüngste Schwester Rita lag darin. Es geschah ausgerechnet vor dem Sparkassenhaus in Oberhausen, wo unsere Tante wohnte. Sie kam sofort und half beim Hinaufsteigen in ihre Wohnung, dort machte sie die traurige Mitteilung, dass unser Vater in der Leichenhalle liege und noch nicht beerdigt sei. Wir weinten alle über die unerwartete Nachricht, es war furchtbar. Bei diesem Erzählen kamen wir an ihrer Haustüre vorbei, sie sagte: "Oh, kommen sie bitte mit rauf zu meinen Leuten, die wissen Bescheid, denn meine Mutter kennt ihre Tante und hat sie schon besucht." Also ging ich mit hinauf. Das Kennenlernen und die Begrüßung waren sehr herzlich. Es wurde ein schöner und gemütlicher Abend, sodass ich ziemlich spät heim zu meinen Eltern kam. Sie staunten über mein Erzählen, wo ich war, und meine Mutter sagte: "Oh, die Schwester kenne ich, das wäre eine Frau für dich, da hat Tante Anna Recht, wenn sie dies sagt."

So ging ich jeden Tag nach dem Besuch meiner Tante in die Falkensteinstraße Nr. 199 und blieb immer bis 22 Uhr. Auf einmal bemerkte meine Mutter: "Bring sie doch auch einmal zu uns, wir kennen sie doch durch Tante Anna." Als ich ihr dies beim Heimgehen sagte, war sie im Moment etwas verlegen, doch dann meinte sie: "Halt, ich spring schnell rauf, um meine Mutter zu informieren und dass es wohl etwas später wird." Ich war glücklich über ihre Zusage und so führte ich sie in mein Elternhaus und stellte sie meinen Eltern und Schwestern vor. Meine Schwester Trudi hatte im Krieg geheiratet und wohnte mit ihrer Familie im

Anbau. Trudi begleitete mich, als ich meine Elisabeth um Mitternacht heim brachte. Auf dem Hinweg zu meinem Elternhaus hatte ich zum ersen Mal den "Du-Kuss" ausgetauscht. Ich war selig, meine Elisabeth bestimmt auch! Diesen Abend im Elternhaus werde ich nie vergessen! Doch nun hieß es Abschied nehmen. Ich ging noch einmal ins Krankenhaus. Meine liebe Tante Anna wurde traurig, als ich ihr sagte: "Morgen geht es zurück nach München." Der nächste Tag war der Abschiedstag. Die liebe Schwester Elisabeth und meine leibliche Schwester Marianne, brachten mich an die Bahn. Beim Abschied hieß es: Auf Wiedersehen in München!

Ich begann nun meine Arbeit als Kraftfahrer beim katholischen Jugendamt. Ich fuhr den Jugendseelsorger Kurat Wellenhofer, er war zugleich Kurat der kleinen Kuratie an der Thalkirchner Straße, gegenüber dem Arbeitsamt. Fast jeden Sonntag ging es in ein anderes Dorf von Oberbayern. Dort wurde eine Jugendmesse gehalten vom Kurat, mit einer Predigt über die Jugend nach dem Krieg. Doch was wusste der Kurat? Er hatte nur ein Bein, ich habe ihn nie gefragt, wie er das andere Bein verloren hat. Was wusste er von der Jugend an der Front, und von der Jugend in der Gefangenschaft? Bei manchen seiner Predigten war meine innere Einstellung ganz anders, sagte aber nie etwas, sondern ich schaute mich nach einer anderen Arbeit um.

Endlich fand ich eine, Nähe Sendlinger Tor, als Packer bei der Firma Lehmanns, medizinische Buchhandlung. Überstunden wurden mir bezahlt, da konnte ich endlich etwas sparen und hatte dabei jeden Sonntag frei. Ich trat dem Bergbund bei und hatte nun verbilligte Fahrten in verschiedene Orte der bayerischen Alpen. Von der "Schwester" Elisabeth hörte ich, dass sie im Krankenhaus gekündigt hatte und bei einer großen Firma als Packerin angefangen hatte, um mehr zu verdienen, und somit auch etwas sparen konnte.

Ich hatte nach meinem Weihnachtsurlaub eine kleine Jugendgruppe gegründet. Wir nannten uns "Edelweiß-Bergbund" und wurden vom Alpenverein anerkannt. Wir waren damals die einzige Gruppe, die am Ärmel das Edelweiß trug. Ich lud nun schriftlich die "Schwester" Elisabeth (d.h. sie war ja nicht mehr Schwester) ein, nach Mittenwald zu kommen. Sie sagte zu und nahm ihren ersten Urlaub. Groß war meine Freude und ich nahm auch einige Tage Urlaub. Für meine Jugendgruppe begannen ja die Pfingstferien. Ich führte sie am 1. Pfingsttag auf die Brunnsteinhütte im Karwendel. Am Abend traf pünktlich mit der Bahn meine Elisabeth in Mittenwald ein. Ich holte sie am Bahnhof ab. Nach zwei Stunden Aufstieg war ich mit ihr auf der Hütte, wo die Gruppe und auch der Hüttenwirt sie sehr freundlich empfingen. Mit ihrem Koffer tat ich mich schon sehr schwer beim Hochtragen, ließ mir aber nichts anmerken, ich war froh, dass sie da war. Beim nächsten Zusammentreffen im Alpenverein musste ich mir manche spöttische Bemerkung anhören, von wegen Koffer auf einer Hütte, statt Rucksack. Ich nahm es gelassen hin, denn es muss auch mal etwas geschehen, worüber man richtig lachen kann. Wir blieben acht Tage auf der Hütte, dann ging es zurück nach München in meine neue Unterkunft in der Hohenzollern Straße (Rückgebäude). Ich hatte ein Zimmer bekommen bei einer Großtante einer meiner Pfadfinder. Ich hatte zwölf Pfadfinder und acht "Wölflinge". Die Wölflinge wurden von meinem Pfadfinder Alfred Lachner geführt, er machte seine Sache sehr gut. Ein Teil meiner Pfadfinder gehörte zur Pfarrei St. Josef, ein Teil zu St. Ursula. Ich stellte mich zuerst beim Stadtpfarrer in St.

199

Ursula vor, er verwies mich an den Kaplan Fendt. Dieser war sehr freundlich und zeigte mir im Keller den Raum für die Jugend. Ich gab ihm beim Abschied die Adressen meiner Pfadfinder und meine Adresse. Nach acht Tagen ließ er mich rufen. Mit der Vorfreude für die Genehmigung ging ich am Abend zu ihm hin, doch als ich sein Gesicht sah, verging mir die Vorfreude. Er gab mir die Adressen zurück mit den Bemerkungen: Der Stadtpfarrer könne mir den Raum nicht überlassen, die Jugendgruppe könne zwar den Raum haben, aber ich dürfe in der Pfarrei als Jugendführer nicht arbeiten. Auf meine sofortige Gegenfrage, woher diese Absage wirklich käme, sagte er: "Vom erzbischöflichen Jugendamt!" "Sagen sie weiter, vom Kurat Wellenhofer", war meine Antwort. Er zog nur die Schultern hoch. Ich nahm die Sachen zurück mit den Worten: "Vielen Dank für ihr Bemühen – behüt' sie Gott", und ging fort. Ich lief gleich zur Pfarrei St. Josef und meldete mich beim Stadtpfarrer Pater Almar an. Er kam bald und führte mich in sein Sprechzimmer. Ich trug ihm mein Anliegen vor. Ich betonte dabei, dass heimlich der Verdacht umging: Ich sei ein "Schwuler". Der Pater sagte dann: "Komm bitte morgen Abend wieder." Ich tat so wie er sagte. Er führte mich gleich ins Kellergeschoß in einen großen Raum. Tische und Bänke standen dort, alles erst neu gemacht, es war ja vorher durch Bombenangriffe alles zerstört. Auch die Kirche lag noch in Trümmer, dafür stand auf dem Vorplatz – Josefsplatz – eine Notkirche aus Holz. Jeden Sonntag um 10 Uhr war ich nun mit einigen meiner Gruppe beim Gottesdienst. Darüber freute sich Pater Almar (Geschwendtner) und Kapuzinerbruder Sergius, der die Kirche in Ordnung hielt und die Sakristei verwaltete. Ich ministrierte oft mit anderen jungen Männern der Pfarrei. Mit meinem Jugendführer-Ausweis des Stadtjugendamtes

München ging ich zur Amerikanischen Stadtverwaltung und holte mir Gutscheine für das Lebensmittellager der Amerikaner (Amis) in der Orleansstraße, Nähe Ostbahnhof. Dort bekamen wir umsonst Fleisch, Gemüse und Obst in Dosen. Damit konnten wir schöne Ferientage auf den Hütten in Mittenwald, Schliersee und Berchtesgaden verbringen. Die Wirte staunten, denn für diese Dosen mussten sonst viele Lebensmittelmarken hergegeben werden. Auch die Eltern meiner Pfadfinder staunten und lobten mich sehr, weil ich so etwas fertig brachte. Pater Almar freute sich und lobte mich. Natürlich erfuhr auch Kurat Wellenhofer davon, konnte aber nichts dagegen machen.

Da ich vor dem Krieg Mitglied der Kolping-Familie im Zentralgesellenhaus München, Schommerstraße war, Nähe Stachus, bekam ich jeden Mittag dort verbilligt das Mittagessen. Beim Wiederaufbau habe ich viele Samstagnachmittag-Stunden geholfen, was mir natürlich auch zu Gute kam. Als das neue Kolpinghaus fertig war, wurde die Straße in Adolf Kolping Straße, vom Münchener Stadtrat angeordnet, umbenannt. Der Bau war größer und schöner, als der alte.

Es kam Weihnachten 1949

Ich fuhr nach Oberhausen und feierte mit meiner Elisabeth Verlobung bei ihren Angehörigen. Meine Eltern und meine zwei Schwestern feierten mit uns. Mein Bruder Josef konnte nicht kommen. Er war Finanzbeamter in Aachen und wohnte auch dort mit Frau und einer Tochter. Mein Bruder Jakob war Angestellter im Arbeitsamt Detmold und hatte eine schöne Wohnung mit Garten, er konnte auch nicht kommen. Es war recht gemütlich im Kreis der Familie Sydow. Dabei erfuhr ich, das Elisabeths Schwester in der Pfarrei St. Michael in Oberhausen eine Jugendgruppe gegründet hatte, mit Hilfe von Elisabeth, und der Pfarrer begeistert mitmachte. Gleich nach Weihnachten fuhr ich zurück nach München. Dort wartete viel Post von Kriegskameraden auf mich, unter anderem auch ein Brief von einem Kameraden aus der Gefangenschaft. Er war von Beruf Lehrer in einer Volksschule (vor dem Krieg) und bat mich im Brief, ich möge beim Kultusministerium für ihn bitten, um eine Neueinstellung in einer Schule in Nürnberg. Leider kam ich nur bis zum Vorzimmer. Dort sagte man mir: "Unmöglich, er ist ein alter "Nationalsozialist", Mitglied der ehemaligen NSDAP, dadurch damals befördert zum Oberlehrer, deshalb eine Einstellung unmöglich. Er sollte sich einen anderen Beruf auswählen." Diesen Bescheid schickte ich ihm. Ich erhielt von ihm keine Bestätigung, dass er meine Post erhalten hätte, habe auch nie mehr etwas von ihm gehört, schade, er war in der Gefangenschaft ein feiner, guter Kamerad und hat uns beim "Theater" sehr viel geholfen. Ich wollte manchem Kameraden helfen, aber jedesmal hieß es: Unmöglich, ein alter "Nazi". Ich habe es dann aufgegeben.

Bei einer Bergtour mit meinen Pfadfindern ins Karwendelgebirge lernten wir eine Studentengruppe aus Heidelberg kennen, geführt vom Student Karl Hermann Bergner. Er studierte an der Münchner Universität und wohnte bei einer älteren Dame, Fräulein Änne Müller, in der Clemensstraße (Schwabing). Karl Hermann wurde mein echter Freund.

Zu meiner Hochzeit an Pfingstsonntag 1950 kam er, seine Freundin konnte nicht mitkommen, sie war krank. Als er später seine Hella heiratete, konnte ich nicht kommen, da war ich krank und kam anschließend nach Bad Nauheim zur Kur. Nach der Kur machte ich auf der Rückfahrt nach München bei ihm in Ottersheim eine Fahrtunterbrechung, um auch seine Frau kennen zu lernen. Es war ein sehr schöner, gemütlicher Nachmittag. Abends begleiteten beide mich zum Bahnhof.

Ein Erlebnis sei noch bemerkt:

Meine beiden Kriegskameraden aus der Gefangenschaft baten mich an einem Sonntag, sie zu begleiten zu einem Kameraden, auch aus der Gefangenschaft, der bei der Entlassung zu mir sagte: "Du musst mich unbedingt mal besuchen, denn was du mir während meiner Krankheit Gutes getan hast, werde ich nie vergessen." Er wohnte nicht weit weg von München-Ramersdorf. Kamerad Hans Ernst wusste dieses Haus. Es war ein schöner Sonntag, Hans Ernst fuhr uns mit seinem Mercedes dorthin. Wir gingen zum Gartentor, sahen den gepflegten Rasen mit vielen Obstbäumen, im Hintergrund ein schönes Landhaus. Der Kamerad und seine Frau waren im Garten. Als sie uns erblickten, ging die Frau sofort ins Haus. Er kam zu uns ans Tor, machte aber nicht auf, sondern sagte: "Was wollt ihr, ich habe keine Zeit, ihr könnt weiter gehen." "Ach geh' — alles vergessen, du Schlawiner!" sagte Hans Ernst voller Empörung. Ich rief ihm nach: "...das werde ich nie vergessen, was du mir Gutes getan hast, besuche mich bitte!" Schnell verschwand er ins Haus, wir schauten uns sprachlos an, dann stiegen wir in den Wagen und fuhren in die Wohnung zu Hans Ernst. Seine Frau Lotte war auch sprachlos und servierte uns eine zünftige Brotzeit und eine Flasche Bier. Hans zog eine Liste hervor, auf der alle

Kriegskameraden eingetragen waren, den "gescherten" strich er mit einem Vermerk durch, den er beim nächsten Treffen vorlesen wollte.

Anmerkung 1997 bis 2001 geschrieben:

Pater Rupert Mayer

In den Jahren 1935 und 1937 machte ich von der Pfarrei St. Ludwig aus die Straßensammlung der Caritas mit. Ich ging immer die Ludwigstraße, Odeonsplatz, Weinstraße bis zum Marienplatz. Dort sah ich regelmässig Pater Mayer. Ich habe da aber nie mit ihm gesprochen, denn er war von Leuten umringt, auch wollte ich mich nicht "wichtig tun". Aber bei seinen Sprechstunden habe ich mit ihm über die Sammlung gesprochen. Ich habe fast alle seine Predigten angehört, ebenso die Predigten von Kardinal Faulhaber.

Als ich 1947 aus der französischen Gefangenschaft kam, habe ich das Grab von Pater Mayer in Pullach besucht. Ebenso habe ich seine Überführung in den "Bürgersaal" miterlebt. Sehr glücklich war ich, als ich die Seligsprechung im Stadion miterleben durfte. Ich ging oft am Samstag, Sonntag oder Feiertag in die Unterkirche im Bürgersaal zur Messe. Über ein Bild in der Kirchenzeitung war ich erstaunt, ich hätte den Pater Mayer bald nicht erkannt, denn ich kannte ihn nur mit dem schwarzen Hut. Es wird wohl Herbst oder Frühjahr gewesen sein, da war ihm nur mit dem Hut, ohne Mütze, wohl zu kalt. Pater Mayer hatte sehr unter Kreislaufstörungen zu leiden. Einmal, als ich ihn wieder besuchte, brachte ein Frater eine Tasse Kaffee. Ich sagte: "Herr Pater, sie haben wohl sehr unter Kreislaufstörungen zu leiden, so wie ich, bei mir ist es der niedrige Blutdruck."

Der Pater darauf: "Bei mir ist es das Bein, das wird bei jedem so sein, der Arm oder Bein verloren hat. Magst du auch eine Tasse Kaffee?" Ich sagte: "Ja!" Da sagte der Pater zu dem Frater: "Bringen sie ihm auch eine Tasse." Er holte eine Tasse. Es war das erste und zugleich das letzte Mal, dass ich mit Pater Mayer eine Tasse Kaffee getrunken habe. Bei einem anderen Besuch sagte ich: "Herr Pater, ich habe Sorge um sie. Bei der letzten Predigt habe ich mich hinten in der Kirche hingesetzt, wo ich die "Meckerer" vermutete, da hörte ich: Dem werden wir das Maul stopfen!" Der Pater darauf: "Angst? – wer ängstlich ist, der macht in der Angst Fehler. Man darf nicht ängstlich sein. Hast du nicht schon mal bei dir oder bei deinen Bekannten festgestellt, dass vor lauter Vorsicht und Angst erst recht dieses oder jenes passiert ist, sodass du oder deine Bekannten sagten: Warum musstest du auch so ängstlich sein, das wäre sonst bestimmt nicht passiert. Du musst so ein festes Gottvertrauen haben, und dieses auch jeden Tag erstreben, sodass die Angst dich nicht erfassen kann. Die Angst engt dich ja ein, dagegen das feste Gottvertrauen macht dich frei, sodass du Zeit findest für wichtige Sachen".

Nachtrag zu meiner Gefangenschaft im Lazarett

Nach meiner Genesung habe ich viele schwerkranke Kameraden betreut, habe kleine lustige Geschichten aus einem Buch vorgelesen. Ein kurzes, müdes Lächeln in ihrem Gesicht sagte mir, dass es gut war! Aber jetzt frage ich mich oft: Warum hast du aus dem Buch vorgelesen und nicht mit ihnen gebetet? Ich finde keine richtige Antwort. In der Leichenhalle beim Einsargen habe ich nur innerlich gebetet, kaum mit dem Kameraden geredet, der mir half. Ich war zu sehr verbittert über die Franzosen, denen ich die Schuld gab über den Tod dieser jungen Menschen, die man hätte retten können, wenn die Franzosen die Mittel gegeben hätten. Verbittert war ich auch über die zwei Lagergeistlichen, evangelisch und katholisch, wenn ich einen zum Schwerkranken holen wollte, hieß es immer: War schon bei ihm. Obwohl es oft nicht stimmte. Warum immer nur diese Notlügen? Konnten sie das Elend nicht mehr sehen? Ich nehme es an, denn ich konnte auch manchmal nicht mehr, bin hinausgegangen und habe im Stillen mich ausgeweint. Es war eben sehr oft furchtbar! Manchmal sagte der Sanitäter: "Heini, mach du bitte weiter:"

Es hat lange gedauert, bis der Hass gegen die Franzosen in mir sich legte. Zweimal habe ich das Angebot abgelehnt, als Sani mitzufahren nach Lourdes, es hätte mich nichts gekostet, aber ich befürchtete, dass ich bei den Kranken die Schlechtigkeiten der Franzosen von damals beredet hätte, und das geht bei einer Wallfahrt nicht!

Dafür habe ich dann die Wallfahrt nach Altötting zu Fuß mitgemacht, zuerst 1948 ganz alleine, im Winter, es hatte etwas Schnee. Ich pilgerte von 4 Uhr in der Früh, um 1 Uhr Mitternacht kam ich in Altötting an. Brotzeit und Kaffee hatte ich mitgenommen im Rucksack und bei drei kurzen Pausen alles verzehrt. Nun stand ich auf dem Platz vor der Gnadenkapelle. Es war sehr dunkel, nirgendwo brannte ein Licht, doch da sah ich einen schwachen Schein in einem Eckhaus, rechts Richtung Basilika. Mit Hoffnung ging ich darauf zu und läutete. Tatsächlich wurde nach geraumer Zeit die Türe leise und vorsichtig aufgemacht und eine Frau fragte: "Und sie wünschen?" "Ich komme zu Fuß von München, habe den ganzen Krieg und zwei Jahre Gefangenschaft überstanden, deshalb diese Wallfahrt zu

Fuß hierher. Habe es vor dem Krieg der Muttergottes versprochen, dass ich diese Wallfahrt machen würde, wenn ich alles überstehe." "Mein Gott – zu Fuß – kommen sie mit mir in die Küche, ich mache ihnen eine Brotzeit!" "Ich bitte sie um ein einfaches Übernachtungslager." "Ein einfaches Lager haben wir nicht, sie bekommen ein schönes Zimmer, für so eine Anstrengung." "Hier haben sie bitte die Lebensmittelmarken!" "Ich nehme von ihnen keine Marken an, danken wir dem Herrgott und der Muttergottes, dass alles gut verlaufen ist." Ich werde diese gute Frau nie vergessen. Ich habe selig in einem sehr schönen Zimmer geschlafen. Um 6 Uhr weckte die Frau mich. Um 7 Uhr war ich in der Gnadenkapelle bei der heiligen Messe, um 9 Uhr fuhr ich mit dem Zug nach München zurück. Dort wurde ich freudig von Maria Holland, Schwester von Anni, empfangen. Es war ein Sonntag!

Hörsaaldiener in der Münchner Universität

Seit 1958 arbeitete ich in der Universität München als Hörsaaldiener, durch Vermittlung meines Schwagers Hermann Weigl, der in der Universitäts-Buchbinderei beschäftigt war. Zwei "Spatzl-Namen" spielten dort eine Rolle: Amtmann Spatzl als Abteilungsleiter, er stellte mich ein, und sein Bruder Professor Spatzl, nicht verheiratet, Altertumsforscher. Ein sehr freundlicher, religiös eingestellter Mensch. Der Amtmann war das Gegenteil: verheiratet, 3 oder 4 Kinder, eine sehr gute und freundliche Ehefrau, er scheinheilig, dass sich die Balken biegen. Bei der Rektoratsübergabe vor dem Wintersemester begrüßte er immer besonders höflich den Kardinal. Dieser Amtmann war abends oft länger in seinem Büro mit seiner Sekretärin.

Mein Mitarbeiter, zweiter Hörsaaldiener, hatte deswegen oft ein höhnisches Lächeln und sagte: "Wenn du abends ab 21 Uhr den Schließer machst, dann kannst du vielleicht mal etwas erleben." Eines Tages geschah es, wir hatten immer in zwei Schichten Dienst: Die 1. Schicht von 6-14 Uhr, die 2. Schicht von 14- 22 Uhr, ab 21 Uhr Schließer.

Als ich vom Lichthof aus Licht im Amtmann-Zimmer sah, lief ich schnell rauf, den richtigen Schlüssel griffbereit in der Hand. Ich musste immer einen großen Schlüsselbund mittragen. Ich schloss auf, es war also zugesperrt, aber leider für den Amtmann sehr ungünstig, denn sein Schlüssel war von innen so gestellt, dass er gleich rausfiel. Ich hörte dies, und schon stand ich im Raum. Seine Sekretärin sprang erschrocken von seinem Schoß, er sprang auf und schrie mich an: "Haben sie mich von drüben nicht arbeiten sehen?" "Nein, ich komme von unten." "Und der Hausmeister? Hat der ihnen nichts gesagt?" Ich gleich: "Nein, nur die medizinische Fakultät arbeitet noch." "Da ruf ich gleich den Hausmeister an." Ich entschuldigte mich und ging. Der Hausmeister lachte, als ich ihm dies beim Abliefern der Schlüssel erzählte. "Bei mir hat er schon angerufen, er war sehr sauer, kann aber nichts machen. Bei mir war er auch nicht gemeldet, ein Student hatte die Meldung nicht abgegeben. Freut mich, dass sie ihn erwischt haben, der Schlawiner und Scheinheilige."

Acht Tage danach fragte mich sein Bruder Professor Spatzl, ob ich schon Nachricht habe über eine einmalige Zulage für meine Kinder? "Schon die Nachricht, aber abgelehnt, weil für dieses Quartal kein Geld mehr da sei, ich sollte nochmal einreichen." "Das gibt es doch nicht, ich weiß gewiss, dass noch etwas da ist. Ich werd mit meinem Bruder reden, was da bloß los ist." Nun, nochmal einreichen brauchte ich nicht, weil ich da krank wurde.

Freitag vor dem 2. Sonntag im Mai 1960 (Muttertag) kam mein Kollege aufgeregt, um mich abzulösen und sagte: "Heinz, was ich heute Nacht erlebt habe, werde ich nie vergessen!" "Um Gotteswillen, was denn?" – "Um Mitternacht rief mich meine Tante aufgeregt an, ich soll sofort kommen, der Hund sei verreckt. Ich sagte zu meiner Frau: Die Tante hat doch keinen Hund, dann zur Tante: gib mir mal den Onkel. Kann ich nicht, komm bitte sofort, und bring einen Arzt mit. – Ich fuhr mit dem Radl gleich hin, da lag mein Onkel nackt im Bett. Ich fragte die Tante: Hast du ihn ausgezogen? – Ich, ausgezogen, als wenn ich dies jemals gemacht hätte. Gestern war doch sein Kegelabend, da kam er angesäuselt heim, zog sich aus und sagte: Da woll' ma mal dem Weibi eine Schlafspritze geben, damit es gut schlafen kann! Als er bei mir war, sackte er zusammen. Schnell befreite ich mich von ihm und rollte ihn in sein Bett. So liegt er noch da. Ruf jetzt den Arzt an, damit der Kadaver schnell rauskommt! – Aber Tante, wie redest du, ich kenne dich so nicht? – Ich war mit einem Vieh verheiratet, nicht mit einem Menschen mit Herz! – Ich rief nun gleich den Arzt vom Nachtdienst an und sagte zu meiner Tante: Warum hast du dich nicht scheiden lassen? – Wovon hätte ich leben sollen? Nun bekomm ich seine Pension, ich danke jeden Tag dem Herrgott, dass ich dies noch erleben kann. Hier hast du eine Vollmacht mit allen Unterlagen, ein paar tausend Mark Sterbegeld kommen noch, schenke ich dir, ich fahre heute noch fort, gehe also nicht zur Beerdigung, bin da krank, will auch den Friedhof nicht wissen, denn ich werde nie dieses Grab besuchen. Er wird ja verbrannt, also, mach's gut! – Und mit einem Koffer fuhr sie per Taxi zur Bahn, ich weiß schon wohin. Du glaubst nicht, wie ich und meine Frau sprachlos sind."

Wie dies weitergegangen ist, weiß ich nicht, denn am

kommenden Sonntag wurde ich um Mitternacht ins Perlacher Krankenhaus eingeliefert, durch den Nachbar Sepp Kreuzinger, nur er im Haus hatte ein Auto.

Als Einbrecher verdächtigt

An einem Abend im März, Anni Holland hatte endlich ihren Bruder Josef und dessen Frau Dora zu uns mitgebracht, da kam ein Anruf bei Familie Kreuzinger, die einzigen, die im Haus ein Telefon hatten, ich sollte bitte ins Pfarrhaus St. Bernhard kommen. Ich ging also gleich hin. Mein angeblicher Freund Heinz Kistler empfing mich und führte mich in den kleinen Pfarrsaal. Dort saßen seine Mutter, daneben seine Schwester Anneliese, neben der Mutter auch der Sohn Bernd und daneben der jüngste Sohn Ludwig. Der Vater fehlte, ebenso der älteste Sohn Josef. Heinz fragte mich, warum ich vorige Woche bei ihnen in der Wohnung war, obwohl ich doch wusste, dass die Mutter in Köln ihren kranken Vater besuchte? Ich betonte gleich: "Ich war nicht in der Wohnung, sondern sah von aussen in der Küche das Durcheinander. Bin gleich zu euren Bekannten, die im Wasserturm eine kleine Wohnung haben und berichtete ihnen, in welchem Zustand ich eure Küche sah." "Und einen Kredit hast du vorige Woche aufgenommen?" "Was geht euch das an? Sag bloß, ich hätte bei euch eingebrochen!" "Man kann es annehmen, denn es sind über 1000 Mark weg!" Da fing seine Mutter an zu heulen, sie brauchte Wasser, weil es ihr schlecht war. Anneliese sprang gleich auf und lief in die Pfarrküche, wo die Gemeindeschwester vom Stadtpfarrer war, die 90-jährige Mutter und der Stadtpfarrer waren nicht da, und kam gleich mit einem Glas Wasser zurück. "Ich habe eure Wohnung nicht betreten, ich bin kein Einbrecher, darum gehe ich jetzt!" Verbittert verließ ich den Raum und lief schnell heim. Leider waren Anni mit Bruder und Schwägerin schon fort. Meine Elisabeth war ganz aufgeregt, ich konnte sie kaum beruhigen. "Warum bist du da überhaupt hingefahren nach der Untersuchung beim Facharzt (der mir die nächste Kur nach Bad Wörishofen verschrieben hatte)?" "Weil es nur 10 Minuten mit dem Rad dorthin entfernt war und ich schauen wollte, ob Frau Kistler von Köln schon zurück war." Dienstag darauf bekam ich von der Polizei in der Ettstraße eine Vorladung wegen "Diebstahl". Ich ging folglich am nächsten Morgen gleich hin, da wurde mir vom Beamten vorgelesen, dass ich verdächtigt werde, bei der Familie Kistler in Waldperlach eingebrochen zu haben und 1500 DM entwendet zu haben. Ich beteurte meine Unschuld und berichtete von der "Vernehmung" der Familie im Pfarrhaus. Der Beamte verabschiedete mich mit dem Vermerk: Ich bekäme noch näheren Bescheid. Nach 14 Tagen bekam ich wieder eine Vorladung. Ich ging hin, da kam mir der Beamte sehr freundlich entgegen und fragte: "Hat die Familie sich schon bei ihnen entschuldigt?" "Nein", sagte ich. "Herr Gerritsen, sie sind unschuldig. Der eigene Sohn Josef ist der Dieb, mit 1500 DM ist er nach Paris abgehauen, dort hat man ihn beim Diebstahl erwischt. Das deutsche Konsulat hat ihn per Bahn zurückgeschickt. Er ist schon seit fünf Tagen im Jugendgefängnis. Wollen sie die Eltern nun verklagen, das Recht haben sie?" "Nein, ich unternehme nichts", gab ich zur Antwort und nahm das Schriftstück mit, um es dem guten Pfarrer Berger zu zeigen. Meine Elisabeth war überglücklich über diesen Bericht, auch ich war es und ging gleich in die Unterkirche zum Grab von Pater Rupert Mayer, um meinen Dank auszusprechen. Auch Pfarrer Berger war sehr erfreut, schrieb das Schriftstück ab, gab mir 50

DM und wünschte mir guten Erfolg bei der Kur in Bad Wörishofen. Ich sollte mich gleich nach der Kur bei ihm melden. Während dieser Kur besuchte mich meine Elisabeth mit Kamerad Hans Ernst, der mir unerwartet ein Taschengeld gab. Nach der Kur ging ich gleich zum Pfarrer Berger. Auch er war erfreut über den Erfolg meiner Kur und sagte: "Heinz, der Familie Kistler habe ich die Meinung gesagt, von wegen in meinem Pfarrhof über einen Unschuldigen Gericht zu halten, und deinem ehemaligen Freund Heinz Kistler, dem habe ich Vorwürfe gemacht, von wegen Menschenkenntnisse als Lehrer. Hat er sich schon schriftlich bei dir entschuldigt?" "Nein, niemand hat sich gemeldet, weder schriftlich noch telefonisch." "So, so – so eine Feigheit, hoffentlich verlierst du über so etwas deinen Glauben nicht." "Nein, den verliere ich nicht, selbst wenn es noch dicker kommt."

1968 - endlich eine neue Arbeitsstelle

Bei Pfarrer Berger: "Hier Heinz, gebe ich dir eine Empfehlung an meinen ehemaligen Schulkameraden, er ist Gerichtspräsident in München I. Du gehst aber in seine Privatwohnung am Viktualienmarkt, ein schöner renovierter Altbau. Ich hab dich für Montag 10 Uhr bei ihm angemeldet. Ich wünsch dir viel Glück!" Vor Freude wusste ich nicht, wie ich mich bedanken sollte, ich drückte ihm die Hand. Er sagte: "Ist schon gut, ich wünsche dir Gottes Segen!"

Pünktlich um 10 Uhr war ich beim Präsidenten. Seine Frau empfing mich und führte mich ins Arbeitszimmer. Der Präsident kam gleich auf mich zu und begrüßte mich sehr herzlich. Mir war's peinlich, um so viel Ehre. Ich gab ihm meinen Ausweis, ebenso die Bescheinigung, dass ich nicht bei der Partei NSDAP war. Er schrieb alles ab und gab mir dann einen Brief: "So, jetzt gehen sie in die Denisstraße, nicht weit vom Hauptbahnhof, ein Neubau, Parterre das Landgericht II München, in den nächsten Stockwerken ist das Grundbuchamt, im 5. und 6. Stock ist das Registergericht. Im 5. Stock melden sie sich beim Direktor, ich wünsche ihnen alles Gute." Ich ging also gleich in die Denisstraße. Der zweite Direktor, Herr von Schütz, empfing mich, führte mich zum ersten Direktor, dieser nahm mich mit in den 6. Stock. Ein Angestellter, Hans Kirnberger, sollte mich in die Arbeit einweisen. Er tat es auch, ein feiner Kollege, er machte mit mir freiwillig ein paar Überstunden, damit ich schneller die volle Arbeit aufnehmen konnte.

Meine Elisabeth war überglücklich. Mit Spannung warteten wir auf mein erstes Gehalt. Am 28. des Monats bekam ich es schon. Ich sagte zu meiner Elisabeth: "Nun rate mal!" Sie antwortete: "Hoffentlich 650 DM – 100 DM mehr, als wir von der Fürsorge bekommen?" Ich antwortete: "Mehr!" – "700" – "mehr", "800" – "mehr", "900" – "mehr", "1000" – "mehr!" "Was – mehr? 1100" – "mehr", "1200" – "mehr", "1300?" "Nein, etwas weniger, 25 DM weniger!" Da fiel sie mir um den Hals und weinte vor Freude, dann sagte sie: "Morgen geh ich gleich den Rest des Kredits bezahlen – endlich keine Schulden mehr!"

Gedanken und Erinnerungen im Alter

WARUM ?!?!

Warum hängen viele Menschen am Leben?

Warum hängen viele Menschen **nicht** am Leben?
Warum ist es vielen Menschen egal wie lange sie leben?
Warum nehmen viele Menschen sich das Leben
(Selbstmörder)? Wie ist das mit dem "Gehirn"? Befiehlt das
Gehirn, was der Körper machen soll? Befiehlt der Körper,
was das Gehirn machen soll? Oder ist der Mensch so
verzweifelt, sodass das Gehirn aussetzt, und nur der Körper
handelt? Wenn ein Mensch ganz gesund ist, voll Freude,
kann da das Gehirn auf einmal sagen: "Halt – Schluss – jetzt
weg mit dem Leben!" Ich kann mir dies nicht vorstellen.
Ganz anders bei einem Körper, der voll von Krankheiten
ist, dabei natürlich mit starken Schmerzen. Dieser Körper
verlangt nach Linderung, dabei rückt er den normalen
Verstand an die Seite. Das ganze Sinnen verlangt nach
Linderung, jedes Mittel ist ihm recht, nur die Schmerzen
weg, da eine Spritze, da ein Röhrchen Tabletten, nur die
Schmerzen weg. Oh, welche Wohltat – man schläft ein – für
immer – aber ohne den festen, normalen Willen.
Ein Selbstmörder? – "Nein!"

Lange hat es gedauert, bis unsere Kirche dies eingesehen
hat. Jetzt werden diese armen Menschen kirchlich beerdigt –
"Gott sei Dank!"

Ein ganz anderer Fall (in gewisser Beziehung doch nicht
ein ganz anderer Fall): Ein alter Mensch, gesund und kann
sich selbst noch pflegen, hat dabei noch eine gute Pension
oder Rente, sollte nun in ein Altersheim, weil seine Kinder

sich nicht um ihn kümmern wollten. Der alte Mensch erschrak bei dieser Nachricht. Seine Kinder wussten, dass er nicht ins Altersheim wollte, trotzdem gaben sie einem Wohlfahrtsverband den Auftrag, ihn zu holen. Als die Leute in der Früh in die Wohnung kamen, den Schlüssel hatten sie von den Kindern, fanden sie ihn tot im Bett. Auf dem Nachtkästchen lag eine leere Flasche Wasser, daneben zwei leere Röhrchen Schlaftabletten. Auch diese Menschen werden inzwischen kirchlich beerdigt, wenn die Kinder dies wünschen, was leider oft nicht der Fall ist, weil sie sich schämen. Dieser Bericht über den alten Pensionär entspricht der Wahrheit, denn dieser alte Mann war mein Onkel Jakob (Bruder meines Vaters). Vom Tod und der Beerdigungn erfuhren wir von seinem Nachbarn, von seinem Sohn Günther haben wir nichts mehr gehört. Erst bei der Beerdigung meiner Schwester Marianne erfuhr ich, dass auch der Sohn Günther inzwischen gestorben war.

Die Trübung - oder Nebel meines "Alters"

Vier Wochen vor der Hochzeit meines Sohnes erhielt ich eine Einladung in seine Wohnung bei Bonn (die ich finanziell mit eingerichtet hatte), um vor der Hochzeit noch seine Schwiegereltern kennen zu lernen. Ich war zu der Zeit bei meiner Tochter Monika und Familie in Hontheim. Monika machte einen schönen großen "Fresskorb" zurecht, als Geschenk. Ich meldete mich bei ihm telefonisch an, dass ich um 15 Uhr in Bonn Hbf. ankomme. Kurz vor der Einfahrt, der Zug bremste schon, holte ich von der Gepäckablage den Fresskorb runter – in diesem Moment krachte es. Ich warf mich gleich auf den Boden. Ein Geschoss hatte in Kopfhöhe die Fensterscheibe durchschlagen und steckte gegenüber in der Holzwand. Gleich stürmten eine Zugführerin und mehrere Passanten in mein Abteil. Ich stand auf, da fragten sie gleich: "Sind sie verletzt? Wo geschah dies?" Meine Antwort: "Dort, wo der Zug so nah bei den beiden alten Wohnhäusern vorbei fuhr." "Kommen sie bitte raus – ich trage den Korb." Auf dem Bahnsteig hatten sich schon eine Menge Leute angesammelt mit dem Bahnhofs-Vorsteher und einem Sanitäter. Der Vorsteher: "Sind sie verletzt?" "Nein" – "Sind sie hier bekannt oder hier von Bonn?" "Nein" – "Haben sie Verwandte hier oder stehen mit irgend einem Diplomaten in Verbindung?" "Nein" – "Warum kommen sie also nach Bonn? Entschuldigen sie bitte, dass ich so frage, aber es ist alles so wichtig. Erwarten sie jemand?" "Ja, meinen Sohn, er hat mich eingeladen – er wohnt bei Bonn." Ich zeigte ihm die genaue Adresse. "Sehen sie ihn hier?" – "Nein, ich weiß nicht, warum er noch nicht da ist, telefonisch habe ich ihm die Ankunftszeit des Zuges mitgeteilt." "Kommen sie bitte mit in den Sanitätsraum und erholen sie sich erst mal, sie sehen ja schrecklich aus!" "Nein, danke für ihr Angebot, es geht mir gut, ich bleibe hier stehen und warte." Da verabschiedeten sich alle und wünschten mir "alles Gute".

Nach fünf Minuten kam Robert etwas eilig daher und sagte gleich: "Vater, wie schaust du aus, ist dir nicht gut?" Da erzählte ich ihm, was geschehen war. Er entschuldigte sich wegen der Verspätung, er hätte beim Metzger noch etwas besorgen müssen. Ich gab ihm den Fresskorb, dann gingen wir zum Wagen. Nach einer Viertelstunde standen wir vor einem kleinen Einfamilienhaus, ohne Schrägdach und ohne Keller. Im Haus wurde ich von seiner Freundin, deren Eltern und Großeltern freundlich empfangen. Beim frischen Kaffee gab es reichlich Kuchen und Torten, ebenso Semmeln mit Käse und Wurst. Bei der Unterhaltung wurde betont, dass sie mich vor der Hochzeit, und nicht erst bei der Hochzeit kennenlernen wollten. Ich zeigte Verständnis dafür. Um 20 Uhr brachte der Schwiegervater (in spe) mich zum Bahnhof, wünschte mir alles Gute, mit Grüßen an meine Tochter mit Familie, und ein Wiedersehen am Hochzeitstag.

Bei der Rückkehr sagte Monika: "Wie, der Robert hat dich für diese Nacht nicht dabehalten?" "Nein, es ging nicht! Der kleine Fluss ist wiedermal über die Ufer getreten und hat den Eingang überspült, den müssen sie noch sauber machen." Dann erzählte ich Reinhold und Monika von dem Vorfall im Zug, und dass am Abend ich den selben Zug hatte. Bei der Fahrkartenkontrolle auf der Rückfahrt hatte mich die Schaffnerin gleich erkannt und holte mich in das Abteil der Kontrolleure. Dort erzählte sie ihren zwei Arbeitskollegen, was um 15 Uhr vor Bonn passiert war. Ich blieb noch acht Tage bei Monika, dann fuhr ich wieder heim nach Fürstenfeldbruck.

Anmerkung: In meine Wohnung, die ich mit Manuela (mein Enkelkind) und ihrem Kind Magdalena gemeinsam bewohnte.

So schön die "Sonne" beim Kennenlernen auch war – die Trübung kam trotzdem – leider.

Acht Tage vor der Hochzeit kam die offizielle, vorgedruckte, schöne Einladung mit der persönlichen Bemerkung: Nur für Dich Vater – ohne Manuela und ihrem Kind! Sofort rief ich an. Robert meldete sich. Ich sagte streng: "Robert, was soll das, nimm es sofort zurück." "Ach, Vater", war seine Antwort. "Was soll das: Ach – Vater? Du sollst es zurück nehmen!" "Ach – Vater", hörte ich wieder. "Wenn du es nicht zurücknimmst, komme ich nicht!" "Das wirst du mir doch nicht antun!" "Doch, ich komme nicht, nehme es zurück!" "Ach – Vater", war nur die Antwort. Da legte ich auf und schrieb einen Brief. Ich rief Marianne an. Sie hatte auch so eine Einladung mit Roberts Bemerkung: Nur für Euch – ohne Manuela und ihrem Kind. Marianne schrieb sofort einen Brief, bekam aber keine Antwort. Annegret und Monika erhielten auch so eine Einladung, ohne persönliche Bemerkung von Robert – **warum?**

Am nächsten Morgen fuhr ich zu Monika, mit altem Trachtenanzug, ohne große Glückwunschkarte mit Umschlag, da wollte ich die 500 DM als Hochzeitsgeschenk reinstecken (wie ich es bei den drei Töchtern getan hatte). Zu Monika sagte ich gleich: " Ich fahre nicht mit, wenn er das nicht zurücknimmt." Es kam keine Rücknahme und kein Anruf. Am Abend vor der Hochzeit rief Marianne an: "Vater, geh bitte hin – bitte – sonst machst du dir vielleicht später Vorwürfe, fahre also bitte mit Monika hin." Nach kurzer Überlegung sagte ich: "Ja, ich fahre mit Monika und Reinhold hin, aber ohne Geschenke!"

Sehr früh fuhren wir los. Wir hatten uns in der Zeit verrechnet, darum waren wir eine Stunde zu früh da. Aber was ist mit einem Geschenk? Monika hatte zwei Wolldecken in Geschenkpapier eingewickelt, mit einer schönen, breiten Schleife verknotet. Für mich hatte sie ein Paket von der selben Größe, durchsichtigem Papier und schöner großen Schleife. Darin eine große Spardose, mit einem ganz neuen Pfennigstück, eingewickelt in ein Papier, worauf ich geschrieben hatte: Wer den Pfennig nicht ehrt, ist des Talers nicht wert! Dein Vater. Monika sagte: "So Vater, wenn etwas schief geht, bekommt er dies, wenn alles gut geht, bekommt er etwas anderes." Obwohl wir als erste da waren und nicht zu übersehen waren, wurden wir von niemandem begrüßt oder verständigt über den Brautzug, wie wir da eingereiht würden. Also gingen wir in die Kirche und setzten uns rechts in die letzte Bank, dabei sah ich den schön geschmückten Altar und rechts und links geschmückte Bänke, für die Verwandten. Ich drückte mich an die Wand. Es gab in der Kirche nur den Hauptgang, links und rechts endeten die Bänke an der Wand, also kein Seitengang. Da der Altarraum höher lag, konnte ich alles sehen. Der sehr junge Kirchenchor stellte sich links auf. Der Vater der Braut führte seine Tochter zur Kniebank mit Stuhl, alles schön geschmückt. Robert wurde begleitet von seiner Tante Trudi Sydow (Patentante und Schwester seiner Mutter – meiner unvergesslichen Elisabeth). Der Pfarrer des Ortes und Hans Schweiger (sein ehemaliger Studienkollege) führten den Zug an.

Merkt immer noch keiner, dass der Vater des Bräutigams fehlt? Oder ist es Absicht?

Hans Schweiger vollzog die Trauung, der andere Pfarrer hielt die Messe. Bei der Predigt betonte Hans: "Robert, deine Mutter starb leider so früh, du warst mit dem Studium noch nicht fertig, aber dein Vater (Anmerkung: und deine Geschwister) sorgte dafür, dass du das geworden bist, was dein Wunsch war!" Viele Köpfe gingen hoch und suchten den Vater (schöne Blamage für den Vater der Braut, der die Leute in die geschmückten Bänke eingewiesen hatte). Ich machte mich klein, weil ich niemanden sehen wollte. Da wir ja ganz hinten waren, gingen wir nach dem Schlusslied des Chores gleich als erste aus der Kirche und blieben am Fuß der Treppe stehen und ließen die Gäste vorbeiziehen, niemand begrüßte uns. Als das Brautpaar auf der letzten Stufe oben auf der hohen Treppe stehen blieb, reihten wir uns bei den Gratulanten ein. Monika stieß mich nach vorn, der größte Teil der Gratulanten war schon vorbei. Zuerst kam man zu Robert. Er umarmte mich sofort und bedankte sich für mein Kommen. Ich war ergriffen und umarmte auch ihn, konnte aber nicht viel sagen: "Wünsche alles Gute und Gottes Segen!" Vor mir waren Mädels – hinter mir Mädels – so kam ich zur Braut, meine Schwiegertochter. Ihr Blick ging mehr zu dem Mädel hinter mir, als zu mir, da gab ich ihr nur die Hand und wünschte: "Alles Gute!" "Danke", ihre Antwort – das war's schon – Danke!!! Keiner kam um uns zu sagen, wo es jetzt zum Hotel geht, also fuhren wir den anderen Wagen nach und kamen so zum Hotel. Im Speisesaal, sehr schön dekoriert, stellte ich mich ans Fenster, nahe des Brautpaartisches. Keiner kam, um mir einen Platz anzuweisen, so blieb ich zunächst einfach stehen. Viele schauten mich an, als wollten sie sagen: "Was willst du hier?" Mir wurde es seltsam ungemütlich und der Gedanke kam hoch: Verschwinde doch schnell! Als offenbar alle ihren Platz eingenommen hatten, ich stand immer noch an der Wand neben dem Fenster, da platzte meiner Monika der Kragen und laut rief sie: "Vater, du gehörst an den Brauttisch!" Mit rotem Kopf sprang der Vater der Braut auf, er saß am anderen Ende, also nach der Braut. "Entschuldige vielmals!" – und ging in die Küche. Mit einem Stuhl kam er heraus, drängte sich durch den schmalen Gang zu mir hin und stellte den Stuhl ans Eck hin, seine Frau musste noch etwas wegrücken. Er entschuldigte sich nochmal und sagte: "Du brauchst dich nicht anstellen, du bekommst Kaffee und Kuchen gebracht, was wünscht du dir?" "Nur eine Tasse Kaffee und ein Stück Trockenkuchen, sonst nichts." Es wurde mir ausnahmsweise gebracht, obwohl es schon das Mittagessen gab. Als viele sich anstellten um sich ihr Essen zu holen, kam der Brautvater und fragte höflich: "Was darf ich dir bringen?" "Nur etwas Suppe, drei Stückchen Kartoffeln und nur ein kleines Stück Braten, denn ich habe keinen Hunger." Am liebsten hätte ich gesagt:

Mir ist der Appetit vergangen! Es wurde mir alles sofort gebracht. Die Brautmutter, die sich beim Kennenlernen sehr nett mit mir unterhalten hatte, sprach kein Wort mit mir, ich brachte auch nichts heraus, mein Gedanke war nur: Hoffentlich wird die Tafel bald aufgehoben, damit ich frische Luft schnappen kann! Endlich war es soweit, und schnell ging ich mit Monika, Reinhold und Thomas hinaus. Reinhold sagte: "Ich leg mich im Wagen etwas hin." Monika darauf:"Leg dich nur hin, wir gehen eine Weile spazieren." Kaum waren wir ein Stück gegangen, lief uns der Brautvater nach und fragte höflich die Monika: "Darf ich dir den Vater entführen, ich möchte ihm die Heimat seiner Schwiegertochter zeigen?" "Selbstverständlich, Vater geh nur mit." Also ging ich mit. Er führte mich zu seinem Mercedes. Ich tat, als wenn ich so etwas gewohnt bin und stieg ein. Es ging den Berg hinunter und nach fünf Minuten standen wir vor seinem Haus, von aussen schlicht und einfach, von innen aber großartig, trotzdem entfiel mir kein Wort des Erstaunens oder der Bewunderung. **In mir war eben alles zerrissen.** Auf einer wunderbar geschnitzten Holzwendeltreppe ging es in den ersten Stock, sechs Zimmer mit Bad und Umkleideraum. Er zeigte mir die zwei leeren Zimmer, die seine Tochter hatte und sagte: "Heinz, du kannst hier einziehen, bist herzlich willkommen." "Danke für das Angebot, aber ich bleibe in meiner Dienstwohnung und in Fürstenfeldbruck", war meine Antwort. Im Erdgeschoss zeigte er mir noch seinen Wintergarten, sehr schön. An einer Bar bot er mir ein Glas Sekt an, dankend lehnte ich ab. Wir fuhren dann zurück. Monika und Thomas erwarteten mich schon. Auch Reinhold stand da. Hinzu kam mein Cousin Gerd Rissel mit Frau und Kind. Erstaunt fragte er: "Heinz, du hier, gestern hat Robert am Telefon gesagt, du seist krank und könntest zur Hochzeit nicht kommen." "Ich bin Gott sei Dank gesund, wegen etwas ganz anderem wäre ich bald nicht gekommen, jetzt reut es mich, dass ich auf Marianne gehört habe." Seine Frau: "Ich bin sprachlos über Roberts Verhalten." Monika darauf: "Es wird für ihn noch etwas kommen – abwarten." Damit wurde das Thema "Robert" beendet. Gerd und seine Frau stellten Monika ihre behinderte Tochter (Down-Syndrom) vor. Ich hatte sie als 5-jährige kennen gelernt, als Robert in St. Augustin bei Bonn, bei einer Witwe wohnte (zum Studium – Uni Bonn).

Zum Kaffee war alles wieder im Saal. Ich trank nur eine Tasse Kaffee und aß ein Stück Trockenkuchen. Bei dieser Gelegenheit stellte der Brautvater seine Familie vor, ebenso tat Robert es. Dann ging der "lustige" Teil los. Die Großmutter der Braut trug ein langes, von ihr selbst verfasstes Gedicht vor, über den Werdegang ihres Enkelkindes. Diese Großmutter saß neben mir am Tisch. Ich hörte kaum hin, weil es mir nicht gut war und konnte kaum erwarten, bis alles sich wieder erhob und hinausströmte. Sofort gab Monika die Geschenke an Robert, die Braut sah man nicht, zugleich nahmen wir Abschied. Robert tat betroffen: "Wie – jetzt schon – wo jetzt die Musikkapelle kommt und es richtig los geht?" "Mir ist nicht gut", damit ging ich hinaus zu unserem Wagen. Monika und Reinhold haben sich auch noch von der Braut verabschiedet, so sagten sie es mir im Auto. Die Braut hätte aber nicht nach mir gefragt, ebenso die "Tante Trudi" nicht. Dies war mir gleichgültig. Hauptsache wir fuhren jetzt heim.

Die Trübung nahm aber nicht ab, sondern sie wurde noch dunkler bei der Primiz von Toni Huber in Rettenbach bei Traunstein. Auf der Festwiese begrüßte mich Robert recht freundlich, dabei fragte ich: "Wo ist Claudia?" Er drehte sich etwas erstaunt um und sagte: "Im Moment weiß ich nicht, wo sie hingegangen ist." Ich sah sie hinter einem kleinen Busch verschwinden, sagte aber nichts. Nach der Messfeier ging es in die Wirtschaft, großer Saal, für 150 Personen gedeckt, festlich geschmückt. An jedem Tisch standen die Namen der ehemaligen Mitschüler, ihren Kindern und ihren Eltern. Unser Tisch war gleich der erste, mit Familie Schweiger. Kaplan Hans, ihr Sohn, konnte erst später kommen. Er hatte in seiner Pfarrei noch den Gottesdienst zu halten. Sein Vater saß neben mir und war so Zeuge über das Benehmen von Robert, denn der ging mit seiner Frau mit dem Rücken gegen uns vorbei, und setzte sich an den übernächsten Tisch. Die Eltern des anderen Schulkameraden schickte er an unseren Tisch. Die Mutter entschuldigte sich betroffen: "Ich weiß nicht, was Robert hat, aber er bat uns, uns an deinen Tisch zu setzen – was ist los – Heinz?" "Was los ist, wissen wir auch nicht , es hängt vielleicht mit seiner verkorksten Hochzeit zusammen, aber lassen wir das. Es würde uns nur die Festtagsstimmung verderben, freuen wir uns auf dieses schöne Wiedersehen." Das Mahl war reichlich und gut. Es kam die Vorspeise, dann das Hauptgericht. Bevor es Nachtisch gab, kam Robert mit seiner Frau, wieder mit dem Rücken gegen uns, und verschwand zum Ausgang. Ich stand auf und ging hinterher. Als ich aus der Wirtschaft kam, sah ich Robert mit seiner Claudia im Galopp zum Parkplatz rennen, da ging ich zurück in den Speisesaal. Marianne weinte, die Schwestern des Primizianten, Marianne und Elisabeth, waren bei ihr und versuchten sie zu trösten. Marianne wollte heimfahren, Gott sei Dank konnte man ihr dies ausreden. Ich nahm meine Urenkelin Magdalena auf meinen Schoß und lenkte sie von der sehr traurigen Oma ab. Mein Nachbar, Schweiger Georg sagte: "Konntest du ihm keinen "Renner" geben, dass er hingeflogen wäre, der "Saubua"?" "So schnell konnte ich nicht reagieren." – "Schau die gute Nachspeise", sagte ich zu meinem Schätzchen und setze es auf seinen Stuhl und fütterte es weiter. So nach und nach kehrte die Freude wieder ein. Nach dem Essen gab es eine Pause. Um 15 Uhr kam der Kindergarten und führte Tänze auf. Die Kleinen bekamen viel Beifall. Ein Bub und ein Mädel trugen auch Gedichte vor. Nach der Vorstellung erhielten sie Getränke und Süßigkeiten. Der Nachmittag war ausgefüllt mit Vorträgen und Musik der Dorfkapelle. Es gab bis zum Abendessen keine Langeweile. Dann ging der Korb rum mit der Bitte um eine Spende für den Primizianten, man sah, dass jeder reichlich gab. Nach dem Abendessen nahmen wir Abschied, man bedauerte, dass wir nicht noch etwas blieben, aber für unser Schätzchen wäre es zu spät geworden.

Mit Überraschungen muss man fertig werden!

Ein Jahr nach dem Tod meiner Elisabeth, sagte mein Freund Dieter Kappe am Telefon: "Heinz, ich muss nach Ruhpolding, zwei Leute abholen, auf dem Heimweg hole ich dich ab und du machst acht Tage bei mir Urlaub." "Oh, da freue ich mich, vielen Dank für die Einladung." Zwei Tage danach, morgens um 9 Uhr, läutete es, Dieter war's. "Wie, so früh schon von Ruhpolding zurück", fragte ich. "Ich bin schon gestern hingefahren, Bürgermeisterin und einen Stadtrat hab ich in meinem Kleinbus." Als ich vorne einstieg, wurde ich mit: "Morgen Hochwürden!" begrüßt. Ich grüßte mit: "Morgen Frau Bürgermeisterin, Morgen Herr Stadtrat!" Die Frau lachte: "Was sagen sie? Bürgermeisterin, ich bin keine Bürgermeisterin, ich halte Dieters Wohnung in Ordnung." "Und ich bin kein

Hochwürden", gab ich zur Antwort. "Was, sie sind kein Pfarrer?" "Und ich bin kein Stadtrat, sondern Kegelclub-Kollege vom Dieter. Der "Bazi" hat uns schon wieder reingelegt!" Dieter schaute stur nach vorne, grinste und gab Gas – ein allgemeines Gelächter! Nach zwei Stunden machten wir halt auf der Schwäbischen Alb auf einer Burg mit Gaststätte. Dieter bestellte ein tolles Mittagessen. Danach ging es bei schönstem Wetter weiter nach Königsbronn. Ich freute mich sehr, diesen schönen Ort nach Jahren wieder zu sehen. Als Dieters Eltern noch lebten, holte er uns in den großen Ferien, (circa 1964), Marianne, Monika und mich, für acht Tage. Er verwöhnte uns, es waren acht herrliche Tage, die man nicht vergisst. Leider war inzwischen seine Mutter schon gestorben. Seine älteste Schwester Ria hatte den Vater und dessen Schwester zu sich genommen, denn Ria hatte ein sehr großes Haus in Oberkochen. Da ihre fünf Kinder schon alle verheiratet waren, konnte sie den Vater und seine Schwester, über 80 Jahre alt, aufnehmen. Dem Dieter war es nur recht, denn er war doch immer wieder unterwegs. Ich besuchte auch seine Schwester Christl Veh und Ehemann Rudi, in einer Waldsiedlung oberhalb Köningsbronn, sehr schöne Gegend. Diese Siedlung bewohnten fast nur Familien aus dem Osten Deutschlands, die vor dem Mauerbau noch schnell in den Westen sind. Eine sehr schöne, neu angelegte Siedlung, fast nur Einfamilienhäuser mit großen Gärten. Dieter fuhr mich auch zu seinem Bruder Rolf. Ich sprach ihm und seiner Frau mein Beileid aus, denn ihr Sohn hatte sich vor einem Jahr das Leben genommen, mitten im Wald bei einem großen Aussichtsturm, in der Nähe von Oberkochen. Der Sohn hatte abends seine Freundin heimgebracht und kam nicht zurück, stattdessen kam die Polizei um Mitternacht und holte die Eltern ins Krankenhaus. Im Sterbezimmer lag ihr

Sohn – tot. Seitdem reden sie kaum miteinander und geben niemanden eine Auskunft. Die Freundin des Sohnes weinte nur und betonte immer wieder, dass sie wirklich nicht weiß warum. Er studierte noch, hatte sehr gute Zeugnisse mit Auszeichnung, mehr wusste man nicht. Auch Studienfreunde und Professoren wussten nicht, warum er dies gemacht hatte. Dieter fuhr mich dann zu seiner Schwester Ria und Schwager Guido, dort gab es ein schönes Wiedersehen mit seinem Vater und dessen Schwester. Auch sie waren über den Todesfall sehr traurig. Als Dieter mich nach acht Tagen heimfuhr, machte sein Vater die Fahrt mit, es war für ihn mal etwas anderes, nicht immer in der "Bude" hocken, zudem war es ein warmer Sommertag, wie aus dem Bilderbuch. Ein Jahr danach war ich wieder dort, von Ria und Guido eingeladen, denn in Oberkochen gab es ein großes Sommerfest. Leider waren Vater und Tante schon verstorben. 14 Tage war ich dort. Dieter fuhr mich in der Zeit an verschiedene, sehenswerte Orte. Herrliches Sommerwetter verschönerte alles. Als Dieter mich heimfahren wollte, sagte Ria: "Ich fahre mit." Ich fragte Dieter, ob er einen Umweg machen könnte, über Treuchtlingen, um dort die jüngste Schwester von Anni Holland, Schwester Petra, in einem Kloster zu besuchen, sie würde Allerheiligen 80 Jahre alt. "Freilich geht dies", gab er gleich zur Antwort. So fuhren wir also nach Treuchtlingen ins Kloster St. Maria Stern (mit Kindergarten und Schule für Mädchen). Wir wurden von der Oberin sehr freundlich begrüßt, aber leider mit den Worten: "Schwester Petra ist krank und kam deshalb ins Mutterkloster bei Augsburg." "Da fahren wir gleich hin", sagte Dieter und Ria war mit einverstanden. Auch mir war dies recht, und so fuhren wir nach Augsburg ins Kloster Maria Stern, in Bergheim 28. Die Schwester gab mir auch die Telefonnummer und ich bedankte mich dafür. Im Mutterkloster wurden Ria und ich, Dieter ging nicht mit, er fuhr zum Tanken, von einer Schwester sehr höflich empfangen: "Warten sie bitte, ich melde sie bei Schwester Petra an." Nach langem Warten kam sie verlegen: "Schwester Petra fühlt sich gar nicht wohl, sie hat so Kopfweh und eine Tablette nehmen müssen." Ich gab zur Antwort: "Ich möchte sie nur kurz begrüßen, seit der Beerdigung ihrer ältesten Schwester Anni in Zusamaltheim, habe ich sie nicht mehr gesehen. Ich war in der Zeit dreimal im Krankenhaus und habe jetzt einen Herzschrittmacher." "Warten sie mal, ich gehe nochmal zu ihr", damit ging sie. Ria meinte: "Ich weiß nicht Heinz, da stimmt was nicht, die will dich nicht sehen." Meine Antwort: "Ich wüsste nicht, was da nicht stimmt, ich hab noch nie mit dieser Schwester irgend eine Meinungsverschiedenheit gehabt." Nach einer Weile kam die Schwester und bedauerte: "Es geht wirklich nicht, sie musste sich hinlegen, entschuldigen sie also vielmals." Ria und ich verabschiedeten uns. Ich gab der Schwester 20 DM mit den Worten: "Hier, besorgen sie ihr bitte einen Blumenstrauß, wir wünschen ihr gute Besserung und ein Wiedersehen beim nächsten Mal." Beim Hinausgehen sagte Ria: "Heinz, ich bleib dabei, da stimmt etwas nicht." Ich sagte: " Du kannst Recht haben, die Schwester hat sich verlegen ausgedrückt. Allerheiligen rufe ich an, da hat sie ihren 80. Geburtstag, da werde ich vielleicht erfahren, warum wir sie nicht besuchen durften." Wie gesagt, so tat ich auch Allerheiligen 1986. Sie meldete sich: "Schwester Petra!" Ich: "Hier Heinz, Rosel wie geht es dir?" "Heinz, du, wie geht es dir und deiner Familie?" Ich antwortete ihr und sagte dann, dass ich ihr alles Gute zu ihrem Geburtstag wünsche. Da sagte sie gleich: "Halt, keine Glückwünsche, ich mach Schluss, weil du meine Schwester Fränzi schwer beleidigt hast." "Ich hab niemand beleidigt, ich bin dreimal zu Anni hingefahren, habe meinen Urlaub geopfert und meine Elisabeth mitgenommen, die ganze Wohnung auf Annis Wunsch durchsucht, um die zwei Sparbücher zu finden. Jedesmal meldete ich es der Fränzi, ihre Antwort war immer: Die werden sich schon mal finden, wenn Anni gestorben ist, dann bestimmt. Nach dem dritten Versuch habe ich dann auf den Rat meines Direktors vom Registergericht die Sparbücher sperren lassen, ohne dies der Fränzi zu melden, was aber nie mit Absicht geschah. Vor Weihnachten kam es dann auf, Egon (ihr Sohn) rief an, ob ich die Bücher hab sperren lassen? – Ja, ich war dreimal bei Anni, und jedesmal sagte deine Mutter: Die werden sich schon mal finden! – Ist schon gut, Heinz – und Egon hängte ein, ohne sich zu verabschieden. Eine Stunde später rief Fränzi an, weinend sagte sie: Heinz, du hättest mir dies melden müssen! Wieso – hättest du mir dies nicht gleich beim ersten Mal sagen müssen, dass du die Sparbücher hast? Heinz, du hättest mir dies melden müssen, weinend legte sie auf." Schwester Petra nochmal: "Heinz, du hast meine Schwester Fränzi schwer beleidigt, darum mache ich für immer Schluss mit dir." "Ich habe niemanden beleidigt, ich zwinge niemanden meine Freundschaft auf, sehr bedauerlich. Ich wünsche dir bis an dein Lebensende alles Gute und Gottes Segen, behüt' dich Gott!" damit legte ich den Hörer auf, ohne Antwort.

Ein Erlebnis, Herbst 1989

Wie so oft, war ich wieder bei meiner Tochter Marianne in Taufkirchen bei München. Spät fuhr ich heim, was sehr selten vorkam. Wie immer, am Ostbahnhof stieg ich um in die S-Bahn S 4 (meine Strecke Richtung Geltendorf). Am Hauptbahnhof stieg ein junger Bursche ein, etwa 20 Jahre alt, und setzte sich mir gegenüber an den Fensterplatz. Neben ihm saß ein älterer Herr. Der junge Mann fing ein Gespräch an. "Hoffentlich habe ich jetzt mehr Glück, sonst verzweifel ich noch ganz." Der Herr darauf: "Warum verzweifeln? Wenn man so jung ist, gibt's überhaupt keinen so wichtigen Grund, der zur Verzweiflung treiben könnte." Er antwortete: "Oh doch, ich war in England um meine Sprachkenntnisse zu erweitern, da bekam ich Streit mit einem Sohn eines hohen Beamten. Wir gingen beide mit Messer aufeinander los. Beide wurden wir verletzt (er knüpfte sein Hemd auf und zeigte die Verletzung – eine Narbe über zwei Rippen). Beide kamen wir ins Krankenhaus. Gleich nach meiner Genesung brachte man mich mit dem Flugzeug zurück nach München, weil in der Nähe von München meine zwei Schwestern wohnen, Eltern habe ich nicht mehr. Zuerst bin ich heute Nachmittag zur Schwester nach Maisach hingefahren. Mein Schwager warf mich raus und schrie dabei: Raus, mit einem Schwerverbrecher will ich nichts mehr zu tun haben! Ich bin gleich zurück zur Bahnhofsmission München, dort gab man mir eine Fahrkarte nach Fürstenfeldbruck zu meiner zweiten Schwester. Sie wohnt in der Buchenauer Strasse Nr. 6, ich soll 5-mal läuten. Ich war noch nie dort. Da ich bei der Bahnhofsmission etwas zu essen bekam, habe ich mich nun eine Stunde verspätet." Jetzt schaltete ich mich ins Gespräch ein "Ich weiß, wo ihre Schwester wohnt, Nr. 6 im 8. Stock – ich sammel dort 2-mal im Jahr für die Caritas und ihre Schwester gibt jedes Mal 10 DM. Solche Familie merkt man sich als Sammler. Ich kann sie hinführen." "Oh, das ist aber gütig von Ihnen, ich nehme es dankend an." Gesagt – getan. Von weitem sah man, dass oben Licht brannte. Ich drückte 5-mal auf die Klingel, da ging oben das Licht aus. Ich läutete nochmal, aber es drückte niemand auf den Türöffner. "Ich bin nicht überrascht, die will auch nichts mehr von mir wissen, darum sollte ich 5-mal läuten, sonst hätte ich ja ins Haus gekonnt und wäre dann vor ihrer Tür gestanden. Da hätte es sicher Krach gegeben und die Nachbarn hätten etwas davon mitbekommen. Was nun – es ist 23 Uhr und ich habe fast kein Geld mehr?" "Ich gehe mit dir zum Bahnhof, hier hast du 20 DM, am Bahnhof zieh ich eine Streifenkarte, am Hauptbahnhof kannst du noch ein Abendessen bekommen." Da blieb er stehen und sagte: "Was sind sie für ein Mensch, sie kennen mich nicht, meine Schwestern halten mich für einen Verbrecher, trozdem haben sie keine Angst!" "Ist schon gut, komm, in 10 Minuten geht die nächste S-Bahn nach München." Also ging es schnell zurück. An der nächsten Ecke blieb er stehen und sagte nochmal: "Was sind sie bloß für ein Mensch, sowas ist mir noch nicht begegnet." "Rede nicht so viel, sonst ist der Zug weg!" Am Bahnhof löste ich ihm eine Streifenkarte: "So, nun wünsche ich dir alles Gute, in der Bahnhofsgaststätte wirst du noch etwas zum Essen bekommen." In der S-Bahn blieb er an der offenen Tür stehen und sagte nochmal: "Was sind sie bloß für ein Mensch", da ging die Tür zu und ab nach München. Im Stillen wünschte ich ihm alles Gute und nahm mir vor, bei der Caritassammlung seine Schwester zu fragen, warum sie ihn nicht reingelassen hatte. Leider gab es diese Gelegenheit nicht, denn bei der nächsten Sammlung sagte die Nachbarin, dass sie vor drei Monaten ausgezogen war, wohin wüste sie nicht.

Ja, was gibt es doch komische Menschen! Von dem jungen Mann habe ich nichts mehr gehört, mir tat es aber gut, dass ich so gehandelt hatte. Nachbarn warnten mich, sowas nicht nochmal zu machen. Ich sollte so etwas besonders in der Nacht nicht machen, doch danach richte ich mich nicht.

Das neuzeitliche Vergessen

Ich beneide die Menschen von früher, die fleißig an ihre verstorbenen Eltern, Geschwister, Paten, Tanten und Onkel gedacht haben. Die Zahl der Menschen von heute, die noch an alle ihre Verstorbenen denken, und sogar einen Gedenkgottesdienst halten lassen, wird immer kleiner. Früher wurden Friedhöfe immer größer, heute werden sie kleiner, der Grund: Viele lassen sich verbrennen, viele werden anonym beerdigt, obwohl sie es selbst nicht wollten, ein Rasen kommt darüber, und Schluss – aus. Man braucht also nicht mehr zum Friedhof, weil man ja nicht weiß, wo die betreffende Person liegt. Ich bin sprachlos und innerlich empört über diesen "Werdegang" – leider kann ich dies nicht ändern!

Eine Verwandte hatte ein Familiengrab von ihren Eltern übernommen. Ihre Eltern und eine Schwester lagen schon dort. Als ihre älteste Schwester im Altersheim starb, ließ sie diese Schwester anonym beerdigen, obwohl im Familiengrab noch ein Platz frei gewesen wäre. Auf die Fage, warum dies so geschah, meinte sie: "Weil es so billiger kam und wahrscheinlich keiner mehr sich Zeit nimmt für die Grabpflege." Ich hatte für diese Antwort von der Vewandten nie Verständnis.

Wie kann man bloß so sein, wenn man jeden Sonntag in die Kirche geht?

Oh Mensch – was bist du doch ein komisches – unbeschreibliches Wesen!!!

Der Vatikan – der Papst – unsere Kirche!

Eine große Aufregung über das letzte Schreiben aus dem Vatikan (zur Zeit Papst Johannes Paul II.) war nicht angebracht, eher die Frage: Was nun, nach Beratungen über eine mögliche Einheit? Vielleicht als Warnung für die, die sich mit dem Gedanken befassen: Nachdem alle Bestrebungen umsonst sind und damit eine Einheit nicht möglich ist, stellen wir mal alle Religionsgemeinschaften an die Seite und gründen wir eine ganz neue Kirche!

Es ist doch möglich, dass bei manchem Berater solche Gedanken kommen, mancher Mensch hat im Eifer falsche Sachen fertig gebracht mit dem anschließenden Gedanken: Gott will es wohl, sonst hätte ich dies nicht fertig gebracht. Die vielen Religionsstifter, was haben sie in Wirklichkeit gebracht: Mord, Totschlag, Intrigen, Verleumdungen. Es waren eben alle Mittel recht, um zum Erfolg zu kommen. Bestrebungen zu einer "friedlichen" Einheit waren nirgendwo zu spüren, noch zu hören, sondern : Ich habe Recht! So mancher gute Mensch war im Glauben, dass er Recht habe, und hinterher stellte sich heraus, dass es doch nicht das "Rechte" war.

Martin Luther und seine Frau waren beide in Orden der Kirche eingetreten. Ich selbst hatte mir auch eingebildet für die "Heidenmission" geeignet zu sein und wollte in den französischen Orden der Maristen (Maristenkloster–Schule) an der Ems eintreten. Ich fühlte mich auch wohl, wurde aber krank, und man schickte mich heim. Nach meiner Aussprache mit Pater Rupert Mayer kam ich zu der Ansicht, dass ein Missionsleben für meinen Körper nicht geeignet ist, also ergriff ich einen anderen Beruf.

Hat Martin Luther seinen Körper vorher nicht gekannt?

Hat er die Regeln des Augustinerordens nicht gekannt? Sein Körper war für die "Entsagungen" des Ordens nicht geeignet, sonst hätte er nach dem Austritt aus dem Orden nicht sehr bald geheiratet und bei seiner Frau dasselbe. Auch sie hätte in den Schwesternorden gar nicht einteten dürfen. Ihre schnelle Heirat beweist es. Dass der damalige Papst mit seinem "Ablass-Erlass" so einen riesigen Fehler machte, war für Luther und seine Frau eine Gelegenheit, ihre Fehler in ein "Muss und Recht" umzuwandeln. Wenn sein Recht so 100% gewesen wäre, hätte er bei einer Gelegenheit nicht sagen dürfen: "Ich kann nicht mehr!"

Es gibt anerkannte Heilige, die gingen mit Ihrem "Recht" in den Tod als Märtyrer. Luther aber floh und lebte inkognito als "Junker Jörg" auf der Wartburg. Es tat ihm sehr leid, als er hörte und sah, dass seine "Idee der Reformation" so viel Mord und Totschlag auslöste.

Ich bin überzeugt, dass er so etwas "nie und niemals" wollte! Aber leider gab es dadurch die große Teilung in der europäischen Christenheit. Die Einheit wäre also so wichtig, aber niemals für eine ganz "Neue Kirche", wie manche es sicher wollten bei den Beratungen.

Um dem vorzubeugen, ist das neue Schreiben aus dem Vatikan gekommen, aber niemals für ein endgültiges "Aus" für die laufenden Gespräche. Die Weltpresse sollte sich mit Urteilen zurückhalten, oder überhaupt kein Urteil abgeben. Die Beratungen müssen weitergehen – und sie gehen auch weiter.

Wenn der jetzige Papst (Johannes Paul II.) den Papst Pius IX. seliggesprochen hat, dann nicht deshalb, weil er 1870 das Dogma der Unfehlbarkeit des Papstes verkündet hat, was zur Trennung der "Altkatholiken" geführt hat, sondern weil er ein gütiger Mensch war, der überall bemüht war, den Frieden zu bewahren. Es ging damals auch in der Kirche so stürmisch zu – jeder wollte Recht haben – jeder wollte ein Machtwort sprechen – so wie zur Zeit der Apostel. Fast jeder wollte festsetzen, dass man zuerst "Jude" sei (also sich zuerst "beschneiden" lassen muss), erst dann könne man "Christ" werden. Da trat Petrus auf (kein anderer Apostel) und verkündete: Dass jeder gleich Christ werden kann – und es wurde endgültig angenommen! Und an diese Entscheidung wird Papst Pius IX. gedacht haben, und somit hat er mit seiner Verkündigung "Recht"! Bei einer Beratung kann nicht jeder das Schlusswort sagen, sondern nur **Einer** – dieser Gedanke hängt mit der Verkündigung Papst Pius IX. zusammen! Davon bin ich fest überzeugt: Es kann nur einer das Schlusswort sprechen! – Und das ist in der Kirche "Christi", der Papst (Petrus-Nachfolger). Christus hat für die Einheit gebetet: Es gibt noch andere Schafe, die nicht aus diesem Stall sind, ich werde sie alle holen, und es wird eine Herde und ein Hirte sein! Wie kann also ein gläubiger Christ sich einbilden, er habe den Auftrag, eine neue Gemeinde zu gründen, bei der er dann der Oberste ist? Er denkt nicht an den Willen Gottes: "Es wird eine Herde und einen Hirten geben!"

Als bei dem Konzil in Rom (1962-1965) beschlossen wurde, dass ab sofort bei der hl. Messe die Muttersprache eingeführt wird, da bildete sich ein französischer Bischof (in der Schweiz) ein, er müsse am "Lateinischen" festhalten, und er trennte sich deshalb von der römisch-katholischen Kirche. Er fand Anhänger auch in Deutschland. Seit seinem Tode geht die Zahl zurück.

Es war bestimmt nicht der "Wille Gottes", wie eine ältere Dame mir gegenüber behaupten wollte, dass es der Wille Gotte sei. Deshalb sei sie zu dieser Gemeinde übergetreten. Diese hatte sich um einen Pater gegründet

Seitdem auch er tot ist, geht die Gemeindeanzahl zurück. Diese ältere Dame, deren Bruder katholischer Pfarrer war, die zuvor so papsttreu war, schimpfte auf einmal auf alles was nun "papsttreu" war. Wie kann man bloß so schnell so ganz anders denken?

Gibt es einen Gott?

Nie im Leben habe ich so oft die Frage gehört: "Gibt es einen Gott?", wie in der Gefangenschaft, und zwar nicht im Lager, sondern im Lazarett. Ich rang oft nach Antworten, manchmal dachte ich, lass uns erst beten, vielleicht fällt mir dann die Antwort ein, im Moment kann ich keine geben. Die Prediger betonen oft: "Wir sind Kinder Gottes und können zu Gott "Vater" sagen." Da kann aber einem guten Familienvater Zweifel aufkommen. Gebe ich meinem Kinde ein Spielzeug, wo ich im Voraus weiß, dass es damit das größte Unheil anrichten kann? "Nein – niemals!" Warum gibt Gott den Menschen den freien Willen, obwohl damit Unheil angerichtet werden kann? Wie viele Kriege hat es schon gegeben unter den Völkern? Warum gibt es immer wieder Erdbeben? Dabei werden jedes Mal viele Menschen (Kinder Gottes) vernichtet! Warum gibt es immer wieder Massenmörder? Nach dem 1. Weltkrieg gab es drei bekannte Massenmörder. Einer davon zerschnitt seine Opfer wie ein Metzger und verkaufte das Fleisch als Kalbfleisch auf dem Markt. Da nach der Inflation die Not so groß wurde, machte er damit ein gutes Geschäft. Es dauerte lange, bis man ihn erwischte. Alle drei Täter wurden hingerichtet durch den Strang. Schlimm war die Zeit, als ein "Kirmesmörder" (Jürgen Bartsch) sein Unheil trieb, erst beim 4. Mal wurde er erwischt und zwar durch einen Fehler, den er machte. Laut Aussage beim Gericht: Er hat den

Buben (10 Jahre alt) beim Karussel kennen gelernt, indem er für ihn bei der Kasse bezahlte. Dann nahm er ihn überall mit: Achterbahn; Rutschbahn; Schiffschaukel; Geisterbahn; Schokoladenbude. Dann sagte er zu ihm: "Komm mit, ich zeige dir etwas sehr Interessantes!" Und der Bub ging mit in eine Höhle (welches Kind ist nicht neugierig?). In der Höhle fesselte er den Buben, legte ihn auf den Boden, zog ihm die Kleidung vom Leib und verging sich an ihm. Die Kleidung versteckte er, dann ging er fort und ließ eine Kerze brennen – das war die Rettung des Buben. Er hielt die Hände über die Kerze, bis die Schnur durchgebrannt war. Dann brannte er mit der Kerze die Fesseln an den Füßen durch. Er stellte die Kerze wieder an den Platz und lief nackt aus der Höhle, seine Kleidung fand er nicht, gleich zum nächsten Haus. Die Leute staunten, einen nackten Buben vor sich zu sehen und ließen ihn gleich rein. Weinend erzählte er, was alles passiert war. Sie riefen sofort die Polizei und gaben ihm etwas zum Anziehen. Die Polizei kam auch gleich und ging mit ihm und den Leuten in die Höhle. Als nach zwei Stunden der Verbrecher kam und die Polizei und die Leute sah, ließ er sich ohne Widerstand festnehmen. Seine Pflegeeltern waren entsetzt. Die Pflegemutter weinte nur bei der Gerichtsverhandlung. Das Urteil lautete: 10 Jahre Jugendarrest, anschließend Sicherheitsverwahrung. Der Anstaltsgeistliche sagte nur Gutes über ihn, er diente sogar beim Gottesdienst. Eines Tages sagte der Geistliche: "Jürgen will sich kastrieren lassen, er will den Direktor und den Jugendpfleger sprechen". Alles fand statt, auch der Chirug und Narkosearzt waren bereit. Die Operation fand statt, aber, oh Schreck, der Patient Jürgen wachte nicht auf, sondern starb nach einigen Stunden. Interessant an der Sache ist, niemand stellte beim Gericht die Frage: Wie konnte so etwas geschehen?

Die Menschen sind also ein Rätsel. Wenn man schon einen Menschen nicht ganz durchschauen kann, wie will da ein Mensch Gott durchschauen, oder ihn sich vorstellen? – Einfach unmöglich! – So ähnlich redete ich mit meinen sterbenden Kameraden. Es blieb am Ende immer nur bei kleinen "Stoßgebeten". Man fand nicht viele Worte, die Ärzte sagten überhaupt nichts, sie zogen höchstens die Schultern hoch. Sie walteten nur als Arzt, nicht zusätzlich als Seelsorger, was oft angebracht gewesen wäre! Von den drei Ärzten, die ich im Lazarett kennen gelernt hatte, hat nur einer sich die Mühe gegeben, ihm habe ich es auch zu verdanken, dass ich länger im Lazarett blieb, als es nötig war. Als aber die deutsche Leitung im Lager Troncais hörte, wie vielseitig ich im Lazarett handelte, holten sie mich zurück. Alle Kameraden, bei denen ich mich verabschiedete, bedauerten es sehr, aber auch ein Sanitäter bestürmte die Ärzte, sie sollten mich noch behalten, aber es ging nicht mehr. Der Sani gab mir die Wolldecke mit als Andenken, womit ich manchen Kameraden mit der Wasserkur (Kneipp) behandelt hatte. Diese Lazarettzeit war die traurigste Zeit meines Lebens, trotzdem aber auch eine schöne Zeit, weil ich helfen konnte. Das gab mir eine gewisse innere Ruhe! Eigenartig ist: Ich möchte diese Zeit nicht vermissen.

Allerheiligen – Allerseelen

Zwei denkwürdige Tage, besonders für einen alten Menschen. Besonders wenn ein alter Mensch ganz alleine ist, also der letzte von einer schönen Gemeinschaft. Er wird am Grabe eines Verwandten, oder guten Bekannten, oder eines Freundes sagen: "Herrgott, warum hast du mir auch diesen noch genommen? Ich bin der letzte, kann mich mit niemanden mehr über "Früher" unterhalten." Wie oft muss ich hören von den Jüngeren: "Früher? – oh mein Alter – Früher? Wir leben jetzt – was geht uns "Früher" an – wir denken doch nicht an Früher – wir wissen doch nichts von Früher." Die schnelllebige Welt ist es, die den alten Menschen immer noch weiter in den Hintergrund drängt, da kann die Jugend nichts dafür. Es sind Bestrebungen im Gange, die Altersheime besser zu gestalten, aber das kostet Zeit und Geld! Zeit wäre vorhanden, aber Geld, das braucht man für riesige Neubauten der deutschen Regierung. Man hätte in Bonn bleiben können, es wäre bedeutend billiger gekommen. Nun will man noch ein großes Denkmal setzen für die vielen Juden die die Nazis hinrichten ließen. Es sind ja nicht nur Juden, sondern auch Christen, Kranke, geistig behinderte Menschen, Schwule und Andersdenkende hingerichtet worden. Warum werden diese Opfer selten genannt? Ihnen gehört auch ein Denkmal! Eine große "Gedenktafel" würde den selben Zweck erfüllen. Nein, es muss ein Denkmal sein, große viereckige, schwarze Blöcke von einem modernen Künstler. Man könnte empört sein über den großen Geldpreis.

Ich bin von falschen Beschlüssen unserer SPD-Regierung nicht mehr überrascht. So auch jetzt aufs Neue: Am Freitag, den 10.11.2000 hat die Staatsregierung die Lebensgemeinschaft von lesbischen und schwulen Paaren anerkannt, ähnlich wie Eheleute! Die Parteien CDU/CSU und FDP haben gleich im Bundestags-Saal dagegen protestiert: Verfassungswidrig, Gesetz gegen Kultur und normales Ehegesetz! Für mich eine "Genugtuung", dass ich nie diese SPD und Grüne–Partei gewählt habe. Beweis, wie "Grün" die Grüne-Partei hinter den Ohren ist. Wann werden diese Leute mal "reif" werden? Wie stehen diese Moralprediger der heranwachsenden Jugend gegenüber?

Was ist noch "normal" – "Natur – normal"? Armes Deutschland, was gehen dich die Vereinigten Staaten von Amerika an, wo alles schon lange erlaubt ist?! Eine Frau der "Grünen" betonte, dass damit die Herabsetzung und Diskriminierung der Menschen endlich beendet sei! Diese Behauptung der Frau stimmt nicht, es ist nur eine Behauptung, damit eine Entschuldigung für das neue Gesetz.

Problem Konzentrationslager

Ich muss gleich betonen: Was in Ausschwitz, Dachau und noch an anderen Orten geschah, war ein großes Verbrechen der Nazis. Uns wurde eingeprägt: Diese Orte sind Umbildungslager. Es kam auch keine andere Nachricht aus diesen Lagern. Erst später, als der Krieg schon angefangen hatte, hörte man vereinzelt von dem fürchterlichen Zustand in diesen Lagern. Ich ahnte vorher schon davon, durch die Cousine der Anni Holland. Der Verlobte der Cousine (ein Kommunist) war zur "Umschulung" in Dachau, er starb auch dort, keiner durfte dort zur Beerdigung. Die Eltern bekamen nur die Todesnachricht. Auf meinem Weg zur Arbeit sah ich das Ergebnis der "Kristallnacht" – es war furchtbar. Auf meiner Arbeitsstelle wurde nichts darüber gesprochen.

Ich habe meine Kinder in Gesprächen nie diesbezüglich beeinflusst, weil ich haben wollte, dass sich jedes Kind später seine eigenen Gedanken machen soll. Ich selbst habe mich noch nie als indirekter Mitschuldiger gefühlt, bin aber natürlich immer der Überzeugung, dass es ein großes Verbrechen war und bleibt, und habe den Wunsch, dass sich so etwas nie mehr wiederholen möge!

Sonntag, den 8. Juli 2001 - Gedanken

Immer wieder schweifen meine Gedanken zurück an die Zeit der Gefangenschaft. Immer wieder tauchen die sterbenden Kameraden auf, denen ich abends etwas Heiteres vorgelesen habe. Wenn sie dann lächelnd einschliefen, ging ich in meine Baracke zurück mit den Gedanken: Oh Gott, hole sie heute Nacht, denn es gibt ja keine Rettung, wie der Arzt gesagt hatte. Morgens kam der Sani: "Heini, komm in die Leichenbaracke!" Ich ging mit, nackt lagen sie wieder auf dem Tisch. Stumm bettete ich sie mit Hilfe des Sanis in die Särge und deckte sie mit Holzspäne zu, dabei betete ich still. Warum habe ich nie vor ihrem Abschied gebetet? Warum immer nur beim Einbetten in den Sarg? Warum war mir das Lächeln am Abend vor ihrem Abschied immer so angenehm? Warum konnte ich da nicht mit ihnen beten? Warum? – Immer wieder taucht diese Frage auf! Ein Geistlicher sagte mir vor ein paar Jahren: "Nachdem sie das Gefühl haben, noch keine richtige Antwort zu wissen, so nehmen sie doch an, der Herrgott will ihnen die Antwort selbst geben!" – Ich muss es glauben!?!

Oh unbekannter Gott – wie wirst du meinem Geist die Antwort geben?

Ich denke jeden Tag an die Kameraden, die in der Gefangenschaft an Hunger und Krankheiten gestorben sind, weil nichts da war (absichtlich von den Franzosen zurückgehalten, bis das Schweizer Rote Kreuz kam). Viele erzählten mir von ihren Eltern, ihren Müttern: Ob sie noch leben? Werde ich sie wiedersehen? Wenn ich nicht mehr kann, wirst du Heini, sie von mir grüßen? Ich gab nie eine sichere Antwort, sondern las wieder aus einem Buch etwas Heiteres vor, dabei schliefen sie ein und ich ging beruhigt in meine Baracke schlafen. – Hätte ich es anders machen sollen, oder müssen? Für sie wird kein Denkmal gesetzt, höchstens dass ihre Angehörigen in ihrer Kirche auf einer Gedenktafel ihre Namen anbringen lassen, was ich sehr lobe und gut finde. Innerlich muss ich immer an sie denken – es ist möglich, dass sie schon lange keine lebenden Angehörigen mehr haben, die an sie denken. Ich muss an sie denken, solange ich lebe! Ich tue es gerne, sehe es als einen Liebesdienst für die Ewigkeit an!

"Ewigkeit" – was ist das?

Gott ist die Ewigkeit? – Doch wer ist das eigentlich: Gott? Fast täglich lese ich in dem Taschenbuch von "Suhrkamp": Wer ist das eigentlich – Gott? Viele Theologen sagen darin ihre Ansicht. Ich finde dieses Buch lehrreich!

Als ich noch in der Firma Lehmanns medizinische Buchhandlung tätig war, lernte ich eine junge Frau kennen, die ein religiöses Buch kaufte. Diese Frau lud mich ein, an einem Abend in ihren Gemeindesaal zu kommen. Ich ging hin. Der Saal befand sich in einem Neubau, nicht weit von der Bayerstraße, dahinter eine kleine Kirche aus Holz gebaut, eine Notkirche, wurde mir gesagt. Die Frau zeigte mir die Kirche, eine evangelische Kirche: Ein einfacher Altartisch, dahinter an der kahlen Holzwand ein großes Kreuz, auch aus Holz. Links und rechts an den Wänden Ölgemälde, Luther und einige Pastoren. Im Gemeindesaal war man in der Vorbereitung auf das Konfirmationsfest am Palmsonntag. Die Eltern waren mit ihren Konfirmationskindern auch anwesend. Besonders eine Witwe mit ihrem 14-jährigen Sohn fiel mir auf, ihr Mann, Vater des Buben, war im Krieg gefallen. Sie bat mich, ich sollte mich zu ihnen setzten. Meine Bekannte ermunterte mich, es zu machen. Also saß ich dort zwischen der Mutter und ihrem Buben. Der Bub wollte viel wissen, wie es im Krieg in Finnland und Norwegen war. Die Mutter wollte erfahren, wie es in der Gefangenschaft in Frankreich war. Nach circa zwei Stunden gingen alle heim. Ich wurde gebeten, in der nächsten Woche wieder zu kommen, was ich auch ausführte. Ich bedankte mich sehr für den angenehmen Abend, an dem es auch eine kleine Brotzeit gab. Bei der nächsten Zusammenkunft lernte ich den Pastor und seine Familie kennen, ein junges Paar. Die Frau des Pastors staunte über mein religiöses Wissen und bat mich, beim nächsten Mal wieder da zu sein, was ich tat. Bei diesem Treffen bat mich die Witwe: "Darf ich sie einladen am Palmsonntag nach der Feier zu uns in die Wohnung zu kommen, um mit uns zu feiern?" Ich versprach sowohl in die Kirche, als auch in ihre Wohnung zu kommen. Der Bub freute sich sehr über meine Zusage.

Am Palmsonntag war ich pünktlich um 10 Uhr in der evangelischen Notkirche. Der Wiederaufbau der Stadt München war erst im Anfang. Ich ging in die letzte Sitzreihe, um nicht aufzufallen. Die Konfirmanden saßen in einem Halbrund um den Altar. Der Pastor hielt eine begeisternde Predigt über den jetzigen Stand der Jugend und über die unbekannte Zukunft. Auch gedachte er den gefallenen Vätern, die Hälfte der Konfirmanden waren Halbwaisen. Nach der Feier ging es auf den kleinen Vorplatz der Kirche ans Gratulieren, dann ging ich mit der Witwe und ihrem Sohn in die Wohnung. Dabei stellte die Frau mir ihre Schwester mit Familie und noch einige Verwandte vor. Wir waren vierzehn Personen beim Mittagessen. Die Mutter und ihre Verwandten hatten gut organisiert, denn es gab noch nicht so viel Lebensmittel, die Not war noch sehr groß.

Einen Monat danach war ich wieder im Gemeindesaal.

Der Pastor war verhindert, nur seine Frau war anwesend. Sie interessierte sich sehr für meine religiöse Einstellung. Auch die Frau der ersten Bekanntschaft beteiligte sich häufig an den religiösen Gesprächen. Die Pastorenfrau betonte einmal: "Ach, würde mein Mann sich freuen, wenn sie, Herr Gerritsen, evangelisch würden." Fest und betont antwortete ich: "Das wird nie stattfinden." Sie schaute betroffen, aber die andere, erstbekannte Frau, tat nicht verwundert. Es wurde trotzdem ein sehr unterhaltsamer Abend. Acht Tage danach kam meine Bekannte ins Geschäft und sagte: "Herr Gerritsen, sie können leider bei der nächsten Zusammenkunft nicht mehr kommen, es sei denn, sie würden evangelisch werden. So will es der Pastor." "Das tut mir leid, ich habe mich doch nicht so scheinheilig benommen, als würde ich in seine Gemeinde eintreten." "Haben sie auch nicht, darum habe ich mit dem Pastor eine heftige Auseinandersetzung gehabt. Mich sieht er nicht mehr, ich gehe in eine andere Luthergemeinde, die ist hinter der Theresienhöhe, etwas weiter ist eure katholische Kirche." "Mein Bedauern, das wollte ich nicht erreichen. Ich wünsche ihnen weiterhin alles Gute und Gottes Segen." "Das wünsche ich ihnen auch, Grüße soll ich ihnen bestellen von der Witwe (Name habe ich vergessen), und ihrem Sohn, der es sehr bedauert, wenn sie nicht mehr kommen." Meine Antwort: "Hier haben sie die Fotos von der Feier, verteilen sie die bitte, eines behalte ich für mein Fotoalbum", damit verabschiedeten wir uns. Ich habe sie nie mehr getroffen – schade! Samstag darauf war ich im Pfarrsaal von St. Josef in Schwabing in der Tengstraße zum Treffen meiner Pfadfinder. Unserem Freund und Helfer Pater Almar erzählte ich die Angelegenheit mit der "Freien evangelischen Kirche", sein Kommentar: "Aber Heini Gerritsen, hier hast du doch so viel Arbeit, die Buben

243

warten auf dich. Jetzt beginnen die Sommerferien, da fährst du doch mit ihnen fort!" "Ja, wir fahren per Anhalter nach Mittenwald auf die Brunnsteinhütte. Wir sind durch den "Bergbund", ich war bereits Mitglied, dort schon angemeldet. Ich war schon im Versorgungslager der Amerikaner, habe 12 Dosen Erbsensuppe, 1 Stange Käse und 6 Laibe Brot erhalten." Pater Almar lobte mich, meine Pfadfinder jubelten. Ja, so war es damals, meine Pfadfinder und ihre Familien sind mir bis heute dankbar und treu. Hoffentlich bleiben sie auch Gott und der Kirche treu!

Zur Zeit geht es in Berlin ganz wild und ausgelassen mit der Jugend zu, die Veranstaltung nennt sich "Love-Parade". Drei Tage und Nächte wird gesungen und getanzt, alle fast nackt. Die "Weiber" schlimmer ausgelassen als die Männer, viele tragen nur "Schnur-Badehosen" (Tangas), oben natürlich "ohne". Dabei fiel mir die Schrift im Alten Testament ein, über die Ausschweifungen der Städte Sodom und Gomorrha. Innerlich kam mir das Gefühl: Ach Herrgott, wie gut ist es, dass ich nicht in Berlin wohne! Der Fernseh-Ansager bemerkte: "Es werden an die achttausend Teilnehmer sein, kommt fast dem Faschingstreiben in Rio gleich. Der Veranstalter muss die Straßenreinigung nach den drei Tagen zahlen".

Strengere Gesetzte für Erziehungsberechtigte hat die Regierung inzwischen erlassen: Eltern dürfen ihre Kinder nicht mehr schlagen (ein Klaps auf frischer Tat hat schon bei vielen jungen Menschen gewirkt, das sollte man so lassen – hat mit Misshandlung nichts zu tun). Was tut die Regierung gegen Drogenmissbrauch und Ausschweifungen in den Nachtlokalen? Leider zu wenig! Die Lehrkräfte in den Schulen dürfen auch nicht mehr schlagen – nun, da kann man nichts dagegen sagen, denn früher hat mancher

Lehrer seine Befugnisse missbraucht ohne bestraft zu werden, was ein großer Fehler war. Früher waren der Herr Pfarrer, der Herr Lehrer und der Bürgermeister die Respektpersonen im Ort, was leider heutzutage nur noch vereinzelt der Fall ist. So mancher Lehrer hat es bereut, diesen Beruf ergriffen zu haben. Die Jugend ist leider ganz anders eingestellt als früher, sie ist zu freizügig! Es ist aber eine "Binsenwahrheit": Die Jugend kann sich nicht selbst erziehen, das müssen die Eltern und die Regierung durch "Taten" vorleben!

Die Zeugen "Jehovas" gehen immer zu zweit von Tür zu Tür und verteilen ihre Zeitschriften "Der Wachtturm" und "Erwachet". Man muss Staunen mit welcher Dreistigkeit da Dinge geschrieben werden, als wenn nur sie die wirkliche Wahrheit der Bibel kennen würden. Da steht im Heft über die Kirchen in Rom und Mailand: Bibelleser werden es interessant finden, hoch oben in einem gotischen Fenster der Domfassade, den Namen Gottes in der Form "Jahve" lesen zu können. Ebenso schreiben sie etwas über den bekannten Künstler und Wissenschaftler Leonardo da Vinci und haben sein berühmtes Bild "Abendmahl" abgebildet. Sie schildern auch wie fürsorglich sie sich jedem Menschen annehmen (aber wehe, wenn sich einer erlaubt, von ihrer Religionsgemeinschaft abzuspringen, dann wird er mit dem "Fluch Jehovas" bedroht). Ich habe es selbst erlebt, als ich noch bei der Uni München als Hörsaaldiener beschäftigt war. Bei den Putzfrauen waren drei Frauen von den "Zeugen Jehovas". Die jüngste war verheiratet, die anderen waren Witwen. Die jüngste lud mich ein, an einemAbend zu kommen, und gab mir die Adresse. Samstag darauf ging ich hin, ihr Mann war bedeutend älter als sie. Ich wurde sehr freundlich empfangen. Bei der Unterhaltung entdeckte ich in einer Ecke eine Nähmaschine, Marke "Singer". Ich bemerkte gleich: "So eine könnten wir dringend gebrauchen, aber für eine neue reicht unser Geld nicht." Gleich sagte die Frau: "Sie können sie haben, ich schenke sie ihnen, denn ich komm doch nicht mehr dazu, etwas zu nähen." Gleich am nächsten Tag wurde uns die Nähmaschine gebracht. Meine Elisabeth freute sich unbändig, ebenso ihre Schwester Marianne (Tante Jaja), die zu Besuch war. Später blieb sie in München, denn sie lernte den Hermann Weigl kennen, der abends immer bei "Rieger" (Gastwirtschaft gegenüber) entweder das Abendessen einnahm oder einen "Schoppen" trank. Er wohnte in der Nähe bei seiner Tante. Er war in der Uni München, Ludwigstraße – Geschwister Scholl Platz, als Buchbinder beschäftigt. Er hatte mir die Stelle als Hörsaaldiener besorgt – Gott sei Dank.

Mit den drei Jehovas-Zeugen unterhielt ich mich öfters, mehr als es mir manchmal lieb war, immer kamen sie mit neuen Ansichten. Ich hörte ihnen immer geduldig zu. Die älteste erzählte mit Begeisterung von ihrer Taufe im Müllerschen Volksbad. Es war die Badeanstalt, welche die Zeugen Jehovas gemietet hatten. Die Frau erzählte also: "Es kam zuerst eine Flasche "Jordanwasser" zum Schwimmwasser, dann wurde ich kurz untergetaucht. Es ist schwer zu sagen, wie es mir war – eigenartig." "Das glaube ich schon, dass es dir eigenartig war, also etwas schwindelig, kein Wunder, bei einem älteren Menschen. Wenn man den untertaucht, ganz natürlich, dass es dem dabei mulmig wird. Hat mit dem wahren Glauben nichts zu tun, eine reine Einbildung!" Jetzt schaltete sich die Frau ein, von der ich die Nähmaschine hatte: "Wie redest du auf einmal? Warst du so scheinheilig zu uns?" "Ich – scheinheilig, wenn man zuhört, da ist man doch nicht scheinheilig. Ich habe euch immer nur zugehört." "Wenn du jetzt abtrünning wirst, wird dich der "Fluch Jehovas" treffen, denn du gehörst geistig schon zu uns, darum hast du immer zugehört!" "Der Fluch Jehovas kann mich nicht treffen, denn er ist ja nicht mein Jehova. Mein Gott ist Jesus und sein Vater! Jesus, den ihr ja nicht als Gott anerkennt, denn er ist der "höchste Gesandte Jehovas" bei euch. Immer redet ihr von Jesus, um uns Christen zu täuschen. Ihr seid in Wahrheit die Scheinheiligen, das ist meine Einstellung." "Wenn das so ist, will ich die Nähmaschine wieder haben!" "Ah, so ist eure Nächstenliebe? Jesus hat aber gesagt: Liebet eure Feinde und tuet Gutes denen, die euch hassen und verfolgen!" "Wir lieben schon unsere Feinde, darum sind wir nett zu ihnen, damit sie zu uns in die Gemeinde kommen, aber wen der Fluch Jehovas trifft, dem können wir doch nicht mehr gut sein!" "So, so – so genau wisst ihr also, wen der Fluch Jehovas trifft, was seid ihr doch eine schlimme Sekte. Ich habe in einem Heft gelesen, geschrieben von einem ehemaligen Zeugen Jehovas, dass ihr noch viel schlimmer seid, als die katholische Kirche war, darum ist er zurück in seine ehemalige Kirche!" "So, solche Satanshefte liest du, da wird dich der Fluch Jehovas treffen!" "Ich werde später meinen Kindern über euch berichten!" "Ist mir egal, was du den Kindern vorschwindelst, ich hole morgen die Nähmaschine ab." "Ich bitte dich sehr, lasse sie mir, was verlangst du dafür?" "Dann gib mir 100 DM." "Die gebe ich dir gerne, aber bitte in zwei Raten, auf einmal ist mir dies zu viel." So geschah es auch. Elisabeth und ihre Schwester freuten sich über den guten Ausgang. Noch ein paar Sekten lernte ich kennen. "Die Heiligen der letzten sieben Tage": Sie hatten ihren Saal in der Kaulbachstraße. Dann lernte ich die Sekte "Die Neu- Apostolischen" kennen, sehr fanatisch. Die Frau, die für Hermann Weigl einmal in der Woche seine Wohnung reinigte, gehörte dieser Sekte an.

Als ich bereits in Hontheim wohnte, nahm auch die gute Marianne Knipper, Witwe von meinem Kriegskameraden, evangelischer Pfarrer Dr. Werner Knipper, für immer Abschied. Ihr jüngster Sohn teilte mir dies mit. Leider konnte ich nicht zur Beerdigung hinfahren. Frühestens im Oktober hätte mich jemand zu ihr ins Altersheim fahren können, vorher wäre es in der Erntezeit nicht möglich gewesen. Ich schrieb ihr jede Woche einen Brief, ihr Sohn Jürgen bat mich darum. Er las ihr immer die Briefe vor, sie konnte nicht mehr lesen, auch nicht mehr gehen. Nun ist auch der letzte der Alten nicht mehr, die mir echte Freunde waren. Jetzt bin ich tatsächlich der allerletzte. Marianne war 10 Monate älter als ich.

Heute Samstag, den 25. August 2001, um 16 Uhr habe ich mir die Prinzenhochzeit von Norwegen-Oslo, im Fernsehen angeschaut. Bei einem Teil der Bevölkerung ist die Braut nicht beliebt, denn sie hat ein lediges Kind (was nichts Schlechtes ist), schlimm ist ihre wilde Vergangenheit. Sie gestand dies im Fernsehen ein: Das war einmal, soll nicht mehr vorkommen.

Wieder stand in der Zeitung: Lasst die katholischen Pfarrer doch heiraten! So ein ziemlich "geistloses Geschreibe" – warum sollten sie heiraten? Warum gibt es nicht mehr Sendungen mit der Aufklärung über eine echte, liebevolle Ehe mit richtigem Familiensinn? Warum wünscht man keine Kinder, oder höchstens ein Kind? Die Themen sind doch viel wichtiger als: Lasst die katholischen Pfarrer doch heiraten! Da kommen leider Sendungen mit "Lebemännern" und "Lebefrauen" denen der Sex das Höchste im Leben ist. Vom richtigen "Wert des Lebens" keine Spur – leider – sehr traurig, aber Tatsache! Wo gibt es den Mann, wo gibt es die Frau, die den Wert so einer echten Ehe richtig erklärt, sodass ein jeder endlich begreift, dass es so nicht weiter gehen kann?

Noch eine Nachricht im Fernsehen: Ein ehemaliger deutscher General sagte: "Die Versenkung des großen Luxusschiffes "Wilhelm Gustloff" sei berechtigt gewesen." Es geschah durch ein russisches U-Boot, das 1945 die See-Sperre durchbrochen hatte, und dadurch die Gelegenheit hatte, die "Wilhelm Gustloff" mit 3 Torpedos zu versenken. Dieses Schiff, bezeichnet als KDF-Schiff Wilhelm Gustloff (Kraft durch Freude), hatte in meiner Erinnerung keine Flugabwehr-Geschütze noch sonstige militärische Einrichtungen an Bord. Es waren nur Flüchtlinge aus Ostpreußen, von Königsberg und Umgebung, auf dem Schiff. Dass ein paar Soldaten dabei waren, die für Ordnung sorgten, hat mit einem Kriegsschiff nichts zu tun. Also war es für mich ein Verbrechen. Über 9000 Menschen versanken schnell in den Fluten, etwa 1200 konnten sich retten oder gerettet werden. Wie da ein alter General sagen kann: "Es war kein Verbrechen", ist mir unbegreiflich. Wir Soldaten erhielten die Nachricht 1945 in Nord-Norwegen bei unserem Rückzug von Finnland, wir waren alle erschüttert und traurig und verurteilten die Tat der Russen.

Der Unfriede unter den Völkern breitet sich leider immer mehr aus. Ebenso der Abstand zwischen Reich und Arm verkündet nichts Gutes. Der jetzige Papst Johannes Paul II. (ein Pole) arbeitet sehr für den Frieden. Die internationale Zusammenkunft der Weltreligionen in Assisi war ein großer Erfolg des Papstes und ganz im Sinne "Jesus Christus, dem Friedensfürst". Wer nicht kam, war der Patriarch von Moskau, er lehnte Assisi ab. Es gibt in Moskau eine römisch-katholische Gemeinde, doch er vermeidet jede Zusammenkunft mit dieser. Er erklärt die von Lenin ermordete Zarenfamilie als "Heilige".

Von Rom – kein Kommentar – mit Recht!

Oft denke ich an Onkel Hermann Herschaft (Sohn von Tante Anna Herschaft, der Schwester von Oma). Als er starb, war ich gerade 6 Jahre alt, meine Schwester Marianne war noch nicht auf der Welt. Er hatte mit der Kriegsrentenstelle (nach 1914-1918) einen Prozess geführt und gewonnen. Von der Rentennachzahlung kaufte er mir ein Schaukelpferd (Apfelschimmel nannte ich es), Jakob bekam einen Tretroller, Josef einen Fußball und Trudi eine Puppe. Leider starb der Onkel sehr früh. Nach der Beerdigung fragte meine Mutter die Tante Anna Herschaft: "Komische Leichenrede, wusstest du, dass Hermann beim "Freidenkerverein" war?" "Nein", sagte Tante Anna. "Ich war sehr erstaunt, als ich statt einem Geistlichen einen Redner sah, die anderen Trauernden waren es auch. Meine Mutter: "Nie mehr gehe ich zu so einer Beerdigung. Wo ist Lenchen (Frau von Onkel Hermann)?" "Die ist gleich heim zu den Kindern (Hermann und Annelies), die zu der Nachbarschaft hingebracht worden waren." Unsere Oma hat auf uns aufgepasst, darum konnte sie auch nicht zu der Beerdigung mitgehen. Onkel Hermann war ein guter Mensch, er brachte uns immer etwas mit, wenn er uns besuchte.

Gedanken an meinem 83. Geburtstag am 1.10.1999

So alt bist du also geworden, das Gegenteil von dem, was zwei Kinderärzte gesagt hatten. Der erste Arzt erklärte meiner Mutter (ich war 5 Jahre alt): "Sie müssen sich vorbereiten, dass er das Schulalter wohl nicht erreicht." Der zweite Kinderarzt sagte zu meiner Oma (Mutter meines Vaters): "Es ist fraglich, ob er das Pubertätsalter überlebt. Ich werde ihn nochmal nach Weihnachten zu einer Kur für vier Wochen in den Hunsrück schicken, wo er schon einmal war." Auf dem Heimweg sagte meine Oma zu mir: "Mein lieber Heinerle, du wirst alt werden. Es ist schon der zweite Arzt, der so eine düstere Zukunft vorausgesagt hat. Du wirst alt! Was diese Ärzte sagen, wird nicht in Erfüllung gehen, denn du wirst alt werden!" Wie Recht hatte doch meine liebe Oma, ich werde ihre Worte niemals vergessen! Alt werden hat Vor- und Nachteile. Vorteil: Man denkt endlich über den Wert des Lebens nach, wozu man früher keine Zeit hatte, oder keine Zeit haben wollte! Nachteil: Man fühlt sich überflüssig (Abstellgleis). Eine Last für die Nachkommen, die weiter vorwärts kommen wollen und für Pflege keine Zeit, kein Verständnis aufbringen können. Zudem brauchen sie das Geld für andere Zwecke, als für die Pflege der Alten. Es lohnt sich also nachzudenken, wie man den goldenen Mittelweg finden kann. Auch das Alter hat seinen Sinn und Zweck! Wenn man alte Menschen mit einer Situation überrascht, die sie nicht wollten, so kann das eine schreckliche Auswirkung haben.

Fall 1: Eine gute alte Frau in einem schwäbischen Dorf erhielt von ihrer Tochter die Nachricht: Mutter, ich komme morgen, um alles herzurichten. Du kommst ins Altersheim in Wertingen, habe dich schon lange angemeldet. Jetzt ist ein Platz frei. Übermorgen wirst du geholt. Als sie am nächsten Tag kam, war die Mutter nicht da, aber Leute waren da und sagten: "Beim Wasserfall der Zusam liegt eine Leiche." Es war ihre Mutter, die in kein Altersheim wollte. Die Tochter kam zu Anni Holland und weinte sehr. So hätte sie es nicht gemeint! Anni erwiderte: "Du hättest vorher mit ihr reden müssen, jeder wusste, dass sie nicht in ein Heim wollte. Zudem hat sie ja ihre Wohnung immer in Ordnung gehalten." Anni ging mit ihr zum Pfarrer.

Fall 2: Der Bruder meines Vaters, Onkel Jakob (Zollbeamter-Pensionär) wurde von seinem Sohn angerufen: "Vater, morgen kommst du in ein Altersheim. Wir hatten dich schon lange angemeldet, jetzt ist ein Platz frei, du wirst morgen abgeholt. Wir kommen mit." Als sie am nächsten Morgen kamen, lag er tot im Bett, zwei leere Röhrchen Schlaftabletten lagen auf dem Nachtschränkchen. Jeder wusste, dass er in kein Altersheim wollte. Niemand erhielt vom Sohn die Todesnachricht, also konnte keiner zur Beerdigung kommen. Jahre später erfuhr meine Schwester Marianne durch Fremde, dass der Sohn plötzlich verstorben sei – mehr nicht.

Fall 3: Mein bester Freund und Kriegskamerad, Hans Ernst, erlitt einen leichten Schlaganfall, sofort steckten seine drei Kinder ihn in ein Alters- und Pflegeheim in der Heßstraße, nicht weit von seiner Wohnung. Von einer Krankenschwester des Heimes bekam ich diese Nachricht. Sofort fuhr ich hin. Er war sehr niedergeschlagen und sprach kaum. Die Schwester und ich redeten sehr auf ihn ein, und ich machte dabei den Vorschlag, dass ich ihn in 14 Tagen zu mir holen werde, für ein paar Wochen. Meine

Elisabeth würde sich freuen. Er stimmte zu. Doch leider wurde er krank, immer wieder Fieber, es ging so vier Wochen. Ich besuchte ihn jede Woche zweimal, denn ich hatte noch zwei andere Bekannte in Altersheimen, wo ich Besuch machte, "Mutti" Apollonia Wilhelm und einen Pensionierten Schauspieler, Walter Schwarz. Als ich in der vierten Woche Hans besuchte, um ihm zu sagen, dass ihn am nächsten Tag ein Saniwagen zu uns bringen würde, hörte ich beim Hinaufgehen in den 1. Stock: "Ich will sterben, ich will sterben." Die Schwester kam: "Herr Gerritsen, wir wissen nicht, was wir machen sollen. Vor zwei Tagen waren seine zwei Töchter da, haben lange mit ihm geredet, dann hat er etwas unterschrieben, wahrscheinlich, wer seine Häuser erbt. Seitdem sagt er nichts anderes als: Ich will sterben. Vorher haben die Kinder sich nicht einmal sehen lassen, nur sie Herr Gerritsen, kommen immer." Zu zweit versuchten wir nun, ihn auf andere Gedanken zu bringen, leider vergeblich. Nach zwei Stunden ging ich heim. Als ich am übernächsten Tag wieder hinkam, sagte die Schwester: "Hat man ihnen keine Nachricht gegeben? Ihr Kamerad ist in der Nacht von vorgestern auf gestern gestorben. Er hatte weder gegessen noch etwas getrunken, sondern nur gesagt: Ich will sterben. Der Leichnam ist zum Nordfriedhof in die Aussegnungshalle gebracht worden." Ich bedankte mich und ging traurig heim.

Warum diese Entfremdung, die sich leider in der heutigen Zeit verbreitet? Dabei tut es einem alten Menschen so gut, wenn er merkt, dass er nicht vergessen ist!

Denken viele junge Menschen nicht mehr an später?

In dieser schnelllebigen Zeit ist es wunderbar, wenn Menschen sich noch Zeit nehmen für ein Familienfest. So gestalteten Monika und Reinhold meinen 85. Geburtstag recht schön in der geschmückten Garage in Hontheim. Meine treuen Pfadfinder kamen mit ihren Frauen und gestalteten die Feier mit, sodass keine Langeweile aufkam. Marianne und Norbert konnten wegen einer länger geplanten Reise leider nicht kommen.

Familie Gerritsen 1927   1. Hl. Kommunion 1926

Zusamaltheim 1935

Tante Marie und Anni 1926   Weihnachten bei Familie Holland

Arbeitsdienst an der Rott 1938

Einberufung 11.11.1938

Madonnenbild

Granateinschlag in Polen

Fieseler-Storch September 1939/Polen

256

Toul-
Frankreich
1940

Verladung nach Norwegen

Oslo 1941

am Gerätewagen

in Lappland

LKW-Transport in Finnland

Bunker bei Alakurtti

MG-Stellung

unsere Fronthelfer
Dezember 1942

Mai 1943/Finnland

Gefangenenlager-Troncais
1945-1947

Hochzeit Pfingsten 1950

in Oberhausen/Rheinland

mit den Eltern

…wir vier im Tierpark Hellabrunn-München ca. 1962

x

260

Zeitfracht Medien GmbH
Ferdinand-Jühlke-Straße 7
99095 Erfurt, Deutschland
produktsicherheit@kolibri360.de